もう戦争は、いや

戦跡、基地、平和、沖縄――見て歩きの記録

岸本重夫　著

ボーダーインク

まえがき

二〇〇三年三月、三十八年間勤務した高校教師という仕事を定年退職した。この数年間は首や肩が痛いなどの体調不良が続き通院していたが、これを契機に健康管理のためのウォーキングを始めることにした。最初は、自宅から近い公園で、早朝や夕方に限定し、三―四キロほどの距離をゆっくり歩き続けた。次第にその要領をおぼえ、日々の生活の中にリズムを創りだして行く工夫をしているうちに、体調が快方に向かい出した。早朝から午後五時を過ぎて晩遅くまでの勤務を繰り返していた公務員時代に比べ、ストレスから解放され、自由で、身体の程よい運動によって健康を引き戻しつつあるように感じ始めた。一年経った頃、ウォーキングの範囲を公園の中から、市街地へと広げていった。那覇市周辺の街道沿いには、注意を払うと、見るべきものが多いことに気づいた。そうなってくると、楽しみは、「歩き回ること」と「見て回ること」が半々になってきた。ウォーキングの距離は、通常七―八キロとなり、時には十キロ以上に及ぶ日もある。

那覇市国場川下流にある奥武山公園を起点に、市街地の国際通りや平和通り若狭海岸や首里、浦添などへと踏み出した。那覇空港や小禄、糸満方面までも歩いたりした。那覇空港は、沖縄県の空の玄関である。毎日、東京や大阪、名古屋、福岡などへの国内便だけではなく、近隣のアジアや遠い西欧の国々へも直行や成田、関西空港経由で数多くの旅客機が飛び立ち、またそこから飛来する。観光地沖縄としての面目を発揮し、近年、沖縄が世界から注目されてきたのは嬉しい。しかし、沖縄には、もう一つの顔がある。それは、在日米軍基地の七五%が沖縄にあり、今、戦時体制にあるイラクへ、この沖縄基地から米海兵隊が派兵されているという実態があることだ。しかも、大幅な米軍再編構想の中にあっても、沖縄基地が重視され続け、その整理縮小の課題はなかなか前進しない。「基地の島沖縄」という状況がいつまでも続き、基地に絡んだ事件や事故が後を絶たない。那覇空港も、軍民共用の飛行場である。

那覇空港から明治橋に至る大通りを「那覇空港通り」と呼ぶ。「那覇空港通り」に沿って左側約四キロに及ぶ金網で囲まれた施設が那覇軍港である。那覇軍港には、金網に「OFF LIMITS」の看板があちこちに掛かっている。さらに、約三〇メートル間隔に「米国軍施設 米国用地 無断立入を禁ずる 違反者は日本の法律によって 罰せられます」という警告を発した看板が掲げられている。私は、ウォーキングで、この施設の脇を何度も通った。考えてみると、ここは日米SACO合意で返還予定地になっていながら、約束の七年が過ぎて八年間も半ば遊休化している米軍基地である。米側が、代替施設を提供するという条件で返還する、としている土地だ。普天間飛行場も条件は同じだ。琉球王国時代を経て、去る大戦の前後はもとより最近まで、沖縄の経済・文化交流の要所となってきたところである。それゆえ、近頃、この那覇港の静寂ぶりに奇異を感じていた。二〇〇四年三月で、自衛隊のイラク派遣から一年が過ぎた。そんなことなどがあって、「憲法記念の日」を目前にした四月、憲法や沖縄の米軍基地、沖縄戦のことなどについて身近なところから見たり考えたりしてみようと思うようになった。

沖縄県民にとって、六・二三慰霊の日は「戦争と平和」について考える絶好の機会である。沖縄戦から五十九周年の年、沖縄戦終焉の地―摩文仁や島尻地域の戦跡や避難壕などをいくつも見て回った。それから、憲法や戦争と平和、沖縄のアイデンティティーなどについての講演会・学習会・シンポジウムなどに積極的に参加して学ぶように努力した。こんな行動を続けていた頃、沖縄国際大学における米軍ヘリ機の墜落事故が起こった。米軍基地の整理縮小・撤去は沖縄県民にとっては緊急の課題である。遅々として進展しない米軍基地の問題に、さらに追い打ちをかけるかのように降って湧いた米軍ヘリ機の墜落・炎上事故であっただけに受けた衝撃は大きかった。早速、自分自身の目と足で確かめ、文章にまとめてみたいと考え、行動に移した。こうして生まれたのが、この『もう戦争は、いや』である。決して研究書ではなく、「見て歩きの記録」としての感覚でまとめてみた。

なお、多数の方々の発言や主張などを引用させて頂いたが、内容については私の理解した範囲で主旨を要約したものであり、その責任はすべて著者に帰することを付記しておきたい。

岸本重夫

二〇〇五年一月十三日

まえがき

第三章　沖縄の芸術から平和を考える

第一章　沖縄戦をふり返る

一、六・二三慰霊の日

1、沖縄全戦没者追悼式

平成十六年度沖縄全戦没者追悼式は、六月二十三日の正午前から、糸満市摩文仁にある平和祈念公園において行われた。今回は、沖縄戦から半世紀以上も経過した第五九回目の追悼式であった。式典会場は、「平和の礎」「平和祈念資料館」「平和祈念堂」などがすぐ近くにある平和公園の中央広場に設営されていた。緑の芝が一面に生えた広場に大きな仮設テントを張り、直射日光を遮断し、南側の摩文仁の森に向かって祭壇や演壇が設置されていた。

どういう訳か例年より一足はやい台風が六月に発生し、慰霊祭の諸行事の開催が、一時、危ぶまれた。大型の強い台風六号は沖縄をそれて通過したので安心したが、これが何と九州や本州で大暴れし大きな災害をもたらしたのは何とも忍びなかった。その後、日本列島の中で最も早い沖縄の梅雨はいっきに明け、月桃の白い花が咲き誇る季節を迎えた。夏蝉が鳴き叫ぶ声がひときわ大きく聞こえた。いよいよ、本格的な沖縄の夏の到来を実感させた。その日の気温は正午過ぎに三一度をマークした。

追悼と平和の訴え

全国から集った遺族や一般参列者は合わせて約八〇〇〇人と報告された。滴り落ちる汗を何度も拭きとる参列者たちの表情には緊張感が伺えたが、追悼の意を全身に滲ませていた。会場に入れない一般参列者らは後方の木立の影に身を潜め、司会の声に耳を傾けていた。式典への参列者は、遺族の他に沖縄県知事や県議会議長、日本政府から首相や厚生大臣、日本遺族会会長、沖縄県選出国会議員、沖縄県市町村長会会長、沖縄県の小中高の生徒代表など多岐にわたっていた。ちょっと変わったところでは、在沖米軍四軍調整官や在沖米総領事夫妻などの姿も見られた。

追悼式典では、開式の辞、式辞、黙祷、追悼の言葉、献花、平和宣言、来賓あいさつ、慰霊電報奉読、閉式の辞、などのプログラムが組まれていた。献花の際は、荘重な琉球古典音楽「十七八節」が安冨組流絃声会の面々によって演奏され、鎮魂の場にふさわしい音曲が流れた。沖縄の古式豊かな衣装や三線などの器楽演奏を至近の距離で全国の人々にお披露目することができ、とても良いアイディアだと思った。

沖縄県議会議長（当時）の伊良皆高吉氏は、式辞の中で「私たち県民は、平和の礎や平和祈念資料館を建設し、沖縄平和賞を創設して、戦争の悲惨さや平和の尊さを世界に発信してまいりました」「平和を希求する沖縄の心が、全世界の人々の心に大きな共鳴の波となり、紛争やテロの起こっている地域に一日も早く平和が訪れることを願うものであります」と述べた。

沖縄県知事の稲嶺恵一氏は、平和宣言の中で「私たち沖縄県民は、ここ沖縄の地から、世界の人々が、平和を脅かす様々な問題から解放されることを願い、平和を希求する沖縄の心を世界に発信し、世界の平和創造に貢献できるよう取り組んでまいります」と述べた。

また、小泉純一郎首相は二年ぶりの参列となったが、「二度と悲惨な戦争は起こしてはならない責務を負う」「沖縄は今も米軍施設・区域の集中が県民生活に大きな負担になっている。県民の負担軽減に向け、誠心誠意、努力する」と述べた。

各氏のあいさつや宣言は素晴らしい内容だと思った。式典には政府や国会など国政の最前線で活躍中の政治家の姿も多数見受けられた。大切なことは、それぞれに大任を負わされた人々が、掲げた命題を政治の舞台でいかに実行していくか、である。有事法の法制化や自衛隊の多国籍軍参加決定など歴史的な変動期の要人たちであり、あいさつの

沖縄全戦没者追悼式の参拝者（糸満市・摩文仁の平和公園）

内容には注意深く耳を傾けたが、特段に沖縄の米軍基地や日本政府の平和外交などに言及することはなかった。

私は、追悼式にはこれまで何回も出席してきたが、式次第はおおむね変わりはない。しかし、「平和の礎」の除幕式が執り行われた一九九五年（平成七年）の第五〇回追悼式は変わっていた。来賓に、当時の村山富市首相、土井たか子衆議員議長、原文兵衛参議院議長、草場良八最高裁判所長官ら三権の長が勢揃いしたばかりではなく、モンデール駐日米国大使ら大物たちが参列した。当時の大田昌秀沖縄県知事は沖縄基地の全面撤去を訴え続けていた。大田県政の下で建立された「平和の礎」であっただけに、その存在は単に鎮魂碑にとどまることなく平和への願いを訴えるモニュメントしての意義が強調されていた。「平和の礎」設置の基本理念は、①戦没者の追悼と平和祈念②戦争体験の教訓の継承③安らぎと学び、にあった。「平和の礎」が、日米双方の上層部に大きなインパクトを与えたであろうことは言うまでもない。奇しくも、米兵による少女暴行事件は同年七月に起こった。これを契機に、米軍人・軍属らによる事件・事故や嘉手納・普天間飛行場騒音問題の基地公害などで鬱積していた沖縄県民の怒りが頂点に達した。同年十月二十一日、宜野湾市海浜公園で開催された県民総決起大会には八万五〇〇〇人余の人々が結集した。この事件が引き金となり、沖縄県民の叫びや要求が中央政府を動かし、ついに沖縄基地の一部返還などを内容とする日米特別行動委員会（ＳＡＣＯ）最終報告への合意に至った。まさに、その時政治が動いた。

世界への平和発信

主要国首脳会議・九州沖縄サミットが、二〇〇〇年七月、沖縄で開催された。その折、クリントン米大統領が糸満市摩文仁の「平和の礎」を訪れたのは必然の成り行きであったかもしれない。沖縄戦では一万四〇〇〇人以上の米国人犠牲者が出て、その御霊はこの摩文仁の丘に祀られている。クリントン大統領が、映像を通して、全世界に平和メッセージを発した地点は外国戦没者刻銘碑の前であった。今でこそ「平和の広場」と称され「平和の火」が点されているが、去った大戦では「鉄の暴風」が吹き荒れ、米軍の艦砲射撃や空爆によって弾丸が雨あられのように降り注いだ地点である。

在沖米軍基地の整理縮小・撤去の課題は、今日まで、沖縄県民にとって最大の懸案事項であった。SACO最終報告に基づいて、米軍基地返還という現実的な課題がクリントン米大統領と橋本龍太郎首相のもとで日米両政府の政治日程に上ってきた。そのこと自体は、基地問題解決への前進であったし、評価できた。しかし、そのきっかけとなった米兵による少女への乱暴事件、この「悲惨な事件」、この「決定的なダメージ」と引き替えにしか動かなかった政治のからくりに、沖縄県民は幻滅を覚えた。

当初、沖縄基地の整理縮小については、日米双方とも交渉事項に取り上げることすら避けてきた。沖縄県民は、その時まで日米地位協定の改定を求め続けていたが、これが認められることはなかった。米軍基地関連の事故や米軍人・軍属らによる事件などについては日米地位協定の運用改善で切り抜けようとしていた。しかし、国内外の世論の流れはこれを許さなかった。こうして、

SACO合意は生まれた。クリントン米大統領が摩文仁を訪れたのは、単に米兵ら戦没者たちの霊を慰めるためだけではなく、米国の軍事戦略や沖縄の米軍基地を念頭に入れた平和メッセージの発信のためであり、世界の経済大国と目されるG7を意識して、九州沖縄サミットに便乗したセレモニーであったところに意義を見いだしていたと思われる。

SACO合意からすでに八年が経過した。その間、日米両国は、ブッシュ大統領と小泉純一郎首相の政権に変わった。問題解決のためにあまりにも長い年月をかけ過ぎた。日米両政府が本腰を入れて、念願の在沖米軍基地を早急に返還してほしいものである。沖縄の基地返還が世界へ向けた平和の発信であるようにとしたいものである。そして、沖縄戦の教訓を踏まえ、沖縄が、日本が、再び戦禍に巻き込まれることがないようにしたいものである。

2、沖縄戦と「六・二三慰霊の日」

沖縄戦

沖縄戦とは、通常、米軍が慶良間諸島に上陸した一九四五年三月二十六日から、沖縄守備軍が降伏文書に調印した同年九月七日までを指していう。しかし、沖縄防衛第三二軍指令官牛島満中将と参謀長の長勇中将の自決を以て組織的戦闘が終わったとされている。沖縄では、六月二十三日を「慰霊の日」と定めた。

平成七年に「平和の礎」が建立され、沖縄戦における戦没者などが刻銘された。それ以後も、追加刻銘が繰り返されている。平成十六年現在で、刻銘者総数は二三万九〇九二名であり、その内訳は、沖縄県一四万八六一〇名、国内（沖縄県を除く）七万五五九四一名、外国一万四五四一名である。国内で沖縄県に次いで、戦没者の多いところは北海道一万〇七八七名、福岡県四〇一三名、東京都三四九〇名、兵庫県三一九〇名、愛知県二九七〇名などである。逆に、少ない県は、秋田県四七五名、山梨県五四四名、鳥取県五五二名などである。沖縄県出身の戦没者が抜群に多かったのは、沖縄が本土決戦を遅らせるための「捨て石作戦」としての地上戦が行われた戦場だったからである。

沖縄戦は、徹底した殺戮戦であった。米軍は、上陸部隊十八万人を含め約五五万人の兵力を組織していた。アイスバーグ作戦と称した沖縄攻略作戦には、西太平洋の全戦力を集中させた。空母十六隻、戦艦八隻、巡洋艦十六隻、駆逐艦十隻、輸送船などあわせて一五〇〇隻が沖縄にさし向けられた。これに対し、沖縄に送り込まれた日本軍は十八才未満の義勇隊を入れても約十一万人であった。終戦の時、日本軍の捕虜は七四〇一人であった。軍人の犠牲者は米軍約一万二〇〇〇人に対し日本軍は約九万四〇〇〇人、民間人の犠牲者は約九万四〇〇〇人であったというから、その実態は米軍による皆殺し作戦の様相があった。沖縄出身者の犠牲者は、軍人・軍属約二万八〇〇〇人で、戦闘参加者約五万五〇〇〇人、一般住民約三万八〇〇〇人であった。これに、マラリアなどによる病死や餓死などを合わせると約十五万人になる。沖縄県民の犠牲者は、当時の県民が約四五万人だったといわれるから、その比率はとてつもなく大きかった。物量や兵力に圧倒的な優勢を誇る米軍の前に、日本軍はなす術を見いだし得ず、焼かれ、殺され、敗退を余儀なくされていった。この戦争は、初めから勝ち目のない無謀な戦いであった。日本軍にとって、本土上陸引き延ばしのための「捨て石」の任務を遂行しているに過ぎなかった。

五月下旬に首里城の軍司令部が陥落して以降、戦力をほぼ消耗し尽くした日本軍は摩文仁一帯への一途な退散の道を辿りながら、最悪悲惨な戦闘を繰り返した。国体護持のために「最後まで敢闘し、悠久の大義に生くべし」と唱えつつも、戦境は絶望的な破局を迎え、沖縄守備軍最高司令官と参謀長は共に自決に追い込まれていった。

しかし、自決した牛島司令官は、後に残された将兵たちに対し降伏を許さず、最後まで戦うことを命じていた。せめて司令官が自分の自決後の戦闘継続を指示していなかったならば、沖縄における戦死者はもう少し減らすことが出来たかもしれない。ともあれ、「平和の礎」には、沖縄戦の戦死者を国籍や軍人、軍属を問わず刻銘してある。沖縄県、日本本土、米国、英国、台湾、韓国、北朝鮮などの人々である。当時の朝鮮から連行されてきた軍夫や慰安婦などは刻銘を拒否している者も多い。最近になって、八重山波照間島から西表島に軍命で強制疎開させられていた人々や無謀な国策によって隔離されてきた元ハンセン氏病の人々も刻銘されるようになった。そこには、一九三一年の満州事変にはじまる十五年戦争期間中に県内外で戦争が原因で死亡した者も刻銘されている。

「六・二三慰霊の日」は、実質上の沖縄戦終了の日であり、沖縄県条例に定められた沖縄県独自の公休日である。一九七二年以前は琉球政府制定の公休日として定着していた。しかし、本土復帰によって法的根拠を失いその存続が論議された。ようやく、一九九一年に地方自治法が改正され、今日のような日本政府公認の沖縄のみに適用される公休日となった。沖縄県の遺族は、毎年「慰霊の日」に、摩文仁丘陵にある国立沖縄戦没者墓苑で行われる慰霊祭に参列する。他県と違い、沖縄県は県の慰霊塔というのを有していない。

「慰霊の日」は、戦没者などの御霊を祀るための日である。沖縄県下には全国都道府県や民間の慰霊塔が無数にあり、慰霊祭が行われるのは大抵この日の前後である。その頃、全国の各地から慰霊祭列席や参拝のために、多くの人々が沖縄を訪れる。

沖縄戦における戦没者の慰霊祭は、全国のほぼ全都道府県が主催して、古戦場となったここ沖縄の地で行われている。沖縄における全国統一した慰霊祭は、名称こそ異なるが、沖縄県が主催して行う先述の「沖縄全戦没者追悼式」がそれである。今年の追悼式で「平和の詩」を朗読した沖縄県立首里高校三年生の金城実倫君は、詩の中で次のように訴えた。

「五十九年前　第二次世界大戦末期　沖縄　太陽の日差しは　黒く淀んで　島風は　爆風へと変わっていった　碧い空と海には　多種多様の鉄の玉が飛び交い　赤褐色に染まっていった

人々は逃げた　二人で逃げかくれた　一緒に守り合った　撃たれた　苦しみながら死んでいった」（中略）「今　また世界のどこかで　『戦争』が起きている　人は何を求め　何を奪うために

『戦争』をするのか」（中略）「私たちは　生きているのだから　考えることができるのではないか　話し合うことができるのではないか　だから　目を逸らさずに　見つめていこうではないか」（中略）「戦争をしないと決めたこの国で…」

若者の純粋な気持ちがストレートに伝わってくる新鮮な響きのある詩であった。戦争を知らない若者の主張でありながら、真実に迫ろうとする状況観察と分析は鋭く、提言は希望に満ち溢れていた。朗読の声が、沈黙して聞き入っている約八〇〇〇人の人々の耳元に響き、辺りの摩文仁の森にこだました。

摩文仁の風が、ざわわ…――

歌手の森山良子さんが歌って大ヒットした曲「さとうきび畑」は、この摩文仁一帯を歌ったものである。「ざわわ　ざわわ　ざわわ　広いさとうきび畑は…」と口ずさまれる歌詞は、ちょうど沖縄の六月下旬頃を連想させる。作詞・作曲した寺島尚彦氏は、復帰前の一九六四年六月、当時、沖縄音協が主催した石井好子リサイタルの伴奏者として沖縄に訪れていた。当時の琉球大学体育館（現在の沖縄県立芸大の道路東側）での公演が終わった後、沖縄の人に案内されて摩文仁に向かった。そのとき、「あなたの歩いている土の下に、まだたくさんの戦没者が埋まったままになっています」という天の言葉が我が身に降りかかり、一瞬にして、美しく広がっていた光景や波打っていたさとうきび畑がモノクロに転じ、ただ風の音だけを聴いていた、という不思議な体験をしたという。霊と人、死と生、戦争と平和を繋げるような体験だったと思う。「ざわわ

ざわわ　ざわわ…」という詩のイメージは、まるで呼吸を整えるかのように、こんな状況から生まれてきた、と思われる。

「さとうきび畑」は、一九六七年、デビュー間もない田代美代子（歌手）がコンサートで歌った。そして、一九六九年、森山良子によってレコーディングされたが、当初はそれほど好評ではなかった。一九七五年に「みんなの歌」に、一九九七年には「紅白歌合戦」に登場する。それから、上条恒彦（歌手・俳優）、鮫島由美子（ソプラノ歌手・寺島氏の二女）、新垣勉（テノール歌手）、岡村喬生（バリトン歌手）などの歌い手たちを通して広められた。今では、演歌やクラシックまで含めて二〇種以上のＣＤがあるという。『さとうきび畑』は、三五歳の熟年期を迎えているところで、歌詞は、次のように流れていく。

ざわわ　ざわわ　ざわわ／広いさとうきび畑は／
ざわわ　ざわわ　ざわわ／風が通り抜けるだけ／
1　今日もみわたすかぎりに／緑の波がうねる　／夏の陽ざしの中で／
2　むかし海の向こうから／いくさがやってきた／夏の陽ざしの中で／
3　あの日鉄の雨にうたれ／父は死んでいった／夏の陽ざしの中で／
6　知らないはずの父の手に／だかれた夢を見た／夏の陽ざしの中で／

ある年の大晦日の寒い晩、摩文仁の平和祈念堂で追悼コンサートがもたれたとき、寺島尚彦氏夫妻と娘の鮫島由美子さん三人でこの歌などを歌った。また別の、ある年の夏、「平和の火」広場の暑い陽ざしの中で行われたセレモニーで、沖縄県出身の歌手・新垣勉さんが、やはりこの歌を大空に響かせた。寒い冬が過ぎると、暑い夏がやってくる。このような自然の移ろいが五九回も繰り返されてきたが、摩文仁一帯の「さとうきび畑」周辺には、まだ多くの未収骨の遺体が数多く眠り続け、何事もなかったかのように、風がざわわと吹いている。六月になると、「平和の礎」を訪れ、黒色花崗岩の刻銘碑に記された今は無き肉親や家族らの戦没者名を両手でなぞりながら、泣き崩れている人々の姿を数多く見る。しかし、この人々も高齢化してきた。ここは、沖縄戦で「鉄の暴風」が吹き荒れたところなのだ。

3、終戦記念日の頃、沖縄戦跡は

六月二十三日の「慰霊の日」、私は平和祈念公園における全国戦没者追悼集会に参加した。その日を挟んで、前日二十二日と翌日二十四日は、沖縄戦の激戦地・終焉の地となった沖縄本島南部の戦跡めぐりをした。その前後にも、何回か足を運んだ。その時に見聞きしたことを少々記しておきたい。

一般犠牲者の慰霊塔――

【魂魄の塔】

糸満市米須の国道三三一号線から約一キロ南に行った道路沿いにある。この一帯で収骨された約三万五〇〇〇柱の収骨堂であったが、復帰後は国立沖縄戦没者墓苑ができたのでそこに移された。碑文に、「この地は今次大戦で一番の激戦地であり、日本軍も住民も追いつめられて逃げ場を失い、陸、海、空からの攻撃を受けて、敵弾にあたって倒れた屍が最も多い激戦地の跡である」と記されている。後に、真和志村長になった翁長助静氏（現那覇市長・翁長雄志氏の父）は、次のように詠んでいる。

和魂となりてしずもるおくつきの
　み床の上をわたる潮風

戦後一時期、旧真和志村民の収容所ができた所である。戦後いち早く遺骨収集に立ち上がった真和志村長の金城和信氏が地域住民らの協力を得て収集作業を進めた。金城夫妻は娘二人を戦争で失っていた。「ひめゆりの塔」「健児の塔」の石碑を建立したのも金城氏であった。後に、東京大学名誉教授・宇野精一氏は「魂魄の塔こそは沖縄における最初の鎮魂碑である」と、碑文の中に記した。

独特の半球形の慰霊塔の周辺には、花やお供え、折り鶴などが所狭しと積まれていた。恐らく、慰霊祭では、近隣の慰霊塔の中では一番多くの人々が訪れたであろうと思われた。お供え物やお香が焚かれた跡が祭壇を越えて横に広がっていた。五月三十一日、仏教を開いたブッダにゆかりのある菩提樹が魂魄の塔向かいに植樹された。県内医師ら有志でつくる沖縄菩提樹協会が取り組んで実現したものである。インドから来沖したシリ・スメダ・デロ尊師は、「平和祈念の地に戦争で亡くなった二〇万余の御霊のためにお祈りしたい」と述べたという。

【南北之塔】

糸満市真栄平の裏山裾にある。碑文には、「沖縄戦終えんの地、ここ真栄平は最も悲惨な戦場と化し、多くの犠牲者を出した所である。当時の人口は九〇〇人中、生存者はわずか三〇〇人余りであった。この塔には、真栄平周辺で戦禍にたおれた区民をはじめ、中南部からの避難民、軍人等、数千柱の身元不明者の遺体が納められ、そのみ霊が祀られている」と記されている。真栄平では、一家全滅は五八戸もあったというから悲惨さの程が推測できる。さらに残酷であったのは、真栄平集落の東側にあった洞窟が一般住民の避難壕に使われていたが、戦況の悪化に伴い住民は追い出されて山部隊の陣地壕にされたことである。六月二〇日以降は崩壊した日本軍部隊の兵士たちが防空壕の避難民を追い出したり殺害するなどして自分たちの隠れ家にしていったのである。ここには、アイヌ出身の元兵士らのみ霊も祀られている。軍隊は住民を守ったかを考える格好の学習の場である。真栄平の村人たちが綺麗に草刈りや清掃を済ませ、森影に質素に建つ塔の前で、密やかな慰霊祭を済せたようであった。また対照的な存在で、戦時下、住民や避難民から恐れられた山部隊第八九連隊（師団長は雨宮中将）の戦没者を祀った「山雨の塔」も真栄平集落の南側にある。一般住民の参拝はほとんどない。

【萬華の塔】

真壁集落の北側にある。約一万九〇〇〇柱の遺体が祀られている。その傍らに「千人壕」と呼ばれる壕があり、沖縄戦の末期、敗走してきた兵隊や避難民が多数入っていた。元気な兵隊たちが壕内の安全な場所を占拠し、避難民や負傷兵を追い出したり、時には殺害したという。壕から追い出され、弾雨にさらされ倒れていった人々の遺骨が「萬華の塔」に眠っている。軍隊は住民を守ったのか、ここもまた沖縄戦を考える格好の学習の場である。大きな納骨堂を兼ねた塔の周辺は老朽化が進み、部分的な改修工事を行い、整備したばかりだ。村人たちが三々五々に参拝した後の姿を見かけた。「千人壕」は、野戦重砲第一連隊の残存部隊が最後の陣地に用いたところでもある。「萬華の塔」の左側には、この部隊の戦死者の慰霊塔「砲兵山吹の塔」が建っている。

また、敷地の入口には、真壁集落の出身者で現在本土在住のある住職が設置したという「萬華廟記」という金属製の碑があったが、脚部が腐食して落下し、そのままになっている。その碑には、「当地は昭和二十年六月　沖縄戦最大の決戦場で　喜屋武・摩文仁・真壁の三村が全滅した決戦場で日米両軍　陸海空の玉砕部隊が寸土を争って　怒濤の如く折り重なって　玉砕された聖地であります　因って茲に　遺骨の収集をなし　本廟を建立して　感謝の誠を捧げるものでありますす　八紘一宇安保」と記されていた。「八紘一宇」の思想や文言は、沖縄戦における一般の戦争犠牲者や沖縄県民の感情からは理解し難いものとして来訪者の間に批判の声が上がっていた。

学徒隊の慰霊塔

【ひめゆりの塔】

糸満市伊原の国道三三一号線沿いにある。沖縄陸軍病院第三外科壕跡である。沖縄戦で亡くなった沖縄県師範学校女子部・県立第一高等女学校の生徒職員は二二六名であった。戦局の悪化に伴って南風原町喜屋武の壕から移動していていた沖縄陸軍病院第三外科は、五月二十六日、糸満市伊原の第三外科壕へ辿り着く。その間、六月十五日、米軍は八重瀬岳や与座岳を制圧した。逼迫した戦況下にあった六月十八日、陸軍病院では「解散命令」が出された。解散後、米軍の攻撃を逃れることができず、多くの生徒たちが命を落としていった。第三外科壕の建っている慰霊塔が「ひめゆりの塔」である。壕の近くに、琉球国最後の国王尚泰のひ孫として知られた井伊文子氏の歌碑がある。「ひめゆりの　いしぶみ深くぬかずけば　たいらぎをこいのむ　おとめらの声す」と詠んだ詩が刻まれている。その傍らに「沖縄戦殉職医療人の碑」も建っている。

一九八九年、沖縄県女師・一高女の同窓会により「ひめゆり祈念資料館」が設立された。開館十五周年の節目を迎えた二〇〇四年、「平和の広場」館が増築された。同施設では「生存者による語り継ぎ」を重視し、その取り組みを強化している。しかし、学徒生存者が高齢化してきた現実に適合するよう、戦争体験の資料をリニューアルし「戦争体験を若い世代に確実に伝えていく展示」をめざしたという。前年の秋、彼女らはヨーロッパに渡り、国立アウシュビッツ博物館、ドイツ・ベルリン反戦博物館、オランダのアンネ・フランクの家などを回り学習してきたという。私が訪問したとき、ひめゆり生存者二名が来客への説明を行っていた。

「ひめゆりの塔」は、観光客や修学旅行生が最も多く訪れる南部戦跡コースのスポットでもある。その日、岐阜県、山口県、埼玉県の高校生たちの修学旅行団に出会った。全国からひめゆり資料館を訪れた学校は十五年で七倍以上に増え、二〇〇三年度は一八八三校を数えたという。また、社会人の参拝者や見学者も多く、「ひめゆりの塔」の壕の周辺には沢山の折り鶴や花が添えられてあった。「陸軍病院第一外科壕」は病院本部壕跡であり、「ひめゆりの塔」の道向かいにある。「陸軍病院第二外科壕」（糸満市糸洲）は米軍の馬乗り攻撃を受けたところである。ここも訪問したが、こんもりした木々の中に古びた石碑が建ち、花二束が寂しげに飾られてあった。訪問者はほとんどいないであろうと思われる。

【白梅の塔】

國吉壕などで戦死した白梅学徒隊は三四名であったが、これに第二高女関係者の八五名の戦死者を加えて合祀されている。第二高女の白梅隊の最期の地である。沖縄戦の末期、追い詰められた日本軍は、八重瀬岳から与座岳に至る断崖戦に沿って抵抗したが抗しきれず、米軍の火炎放射の火を浴びせられてしまった。

慰霊の日の前日は思ったより静かであった。その日、遺族や同窓会の人々が日除けのテントを幾張りか張り巡らすなど慰霊祭の準備を終えていた。ここで、不思議な出会いがあった。昨年まで私が勤務していた学校の教師二人が敷地の一角で、誰かを待っている様子で椅子に座って話し込んでいるではないか。よくよく聞いてみると、「総合的な学習」の取り組みとして「ウォークラリー」が設定され、生徒たちが指定された戦跡の中から自ら選択したコースに沿って戦跡めぐりをすることになったという。その日は、道先案内と途中の指導のために待機していたのである。身近な教材を生かした、効果的な平和学習ではなかろうかと思った。

【白梅学徒病院壕跡】

東風平町富盛の八重瀬公園の駐車場隣にある。八重瀬岳には、山部隊の野戦病院の本部壕があった。病院壕は、収容能力約五〇〇名、医療陣約二〇〇名であったが、その中には県立第二高等女学校（白梅学徒隊）の学徒六七名が含まれていた。具志頭村新城のガラビ壕・ヌヌマチガマと糸満市新垣に分院があった。

【沖縄師範健児之塔】

摩文仁の集落から海岸に抜ける下り坂一帯はデイゴなどの木々で生い茂っている。私が小中学生の頃、沖縄北部の小中学校の修学旅行では南部戦跡巡りが定番であったが、一九五〇年代までは木らしい木は殆ど生えてなかった。この坂道の奥に沖縄師範健児の塔がある。

一九四四年春、沖縄県の中学校の生徒たちは飛行場建設や陣地づくりに動員された。翌年早々、学徒たちは鉄血勤王隊や通信隊に編成された。師範学校の生徒は、軍司令部の直属として任務を果たした。動員数三八六人中二二六人が戦死した。傍らに、学徒三人の「友情」「師弟愛」「恒久平和」を象徴したブロンズ像が建っている。二十三日に訪問したが、慰霊塔の周囲とブロンズ像の前にも、沢山の花が添えられてあった。後方の、絶壁最上段の約二〇〇メートルの地点には「黎明の塔」や「勇魂の碑」がある。

当時の中学校は、動員や戦死者はどの程度あったのだろうか。私は名護高校の出身であるが、高校生であった一九六〇年代はじめ頃、当時の名護町営陸上競技場の裏山に建っていた「三中健児の塔」で、南灯同窓会が中心になって毎年慰霊祭を行っていたことを思い出す。名護高校の前身・県立第三中学校も沖縄戦では三六三名の動員があり、戦没者四二名の犠牲者を出した。現在の慰霊塔は、一九八二年四月一日の校地移転に伴い、学校敷地内に移設・建立された。また、首里高校の前身・県立第一中学校の慰霊塔である「一中健児の塔」は那覇市首里金城町の玉陵裏にあり、毎年養秀同窓会が慰霊祭を行っている。動員数三四〇名、犠牲者二一〇名であった。また、私が那覇高校に勤務していた一九八〇年代末まで、那覇高校の前身・県立第二中学校の慰霊塔である「二中健児の塔」は那覇市奥武山公園の護国神社裏の森にあり、城岳同窓会が毎年慰霊祭を行っていた。動員数二七〇名、犠牲者一一五名であった。現在の慰霊塔は、那覇高校創立八〇周年を記念して、一九九〇年十一月二日、学校向かいの森・城岳公園内に移設・建立された。いずれの慰霊祭も、「六・二三慰霊の日」に行われている。学徒兵たちの犠牲がいかに大きかったかがわかる。

【ずゐせんの塔】

ひめゆりの塔から米須に向かって国道三三一号線を右折し、「魂魄の塔」に通ずる大通りの入口に「ずゐせんの塔」がある。沖縄県立首里高等女学校の学徒隊並びに職員同窓会員が祀られている。従軍した学徒は八三名で、そのうち犠牲者は五〇名であった。六月十九日に解散命令が出て自由行動になったが、その後に多くの悲劇的な最期を遂げた者が多かった。交通の便がいいところにあるので参拝客は多かった。献花や焚かれた香の跡が参拝者の多さを示している。

【沖縄工業健児の塔】

県立工業学校の慰霊塔であり、平和祈念資料館の東側のギーザバンタが見える海岸近くに建立されている。動員数一三四名、戦没者一五〇名（学徒隊を含む生徒全体の戦没者数）であった。平和祈念資料館へ行くとき、裏に回って海岸側から入館すれば否応なしにこの慰霊塔の前を通る。平和公園の隣にありいつもきれいに整備されているのが印象的である。

【梯梧の塔】

私立沖縄昭和高等女学校は、昭和八年那覇市崇元寺町に設立された。塔の所在地は糸満市米須、「ひめゆりの塔」の東方約二〇〇メートルの地点にある。同窓生五七名、職員三名、計六〇名が合祀されている。慰霊の日、たくさんの献花があった。

軍人軍属・他県人の慰霊塔――――

【黎明の塔】

糸満市摩文仁霊園の最も奥にある。丘陵の一段と突出した位置からは、沖縄最南端の喜屋武岬が展望でき、その背後は南方に果てしなく広がる大海原があるだけである。沖縄防衛第三二軍の最高指令官牛島満中将と長勇参謀長が自決した場所が「三二軍司令官自決の壕」であり、この壕の上の断崖絶壁にその慰霊塔「黎明の塔」があり、両者の中間地点に第三二軍の慰霊碑「勇魂の碑」が建っている。

第三二軍は、第二次大戦下で沖縄守備にあたった日本陸軍部隊の総称であり、第十方面軍（台湾軍）の指揮下にあった。作戦としては、米軍との戦闘をできるだけ長期戦に引きずり込むことによって、米軍の日本本土への上陸を遅らせることを主眼にした。

「勇魂の碑」の霊前にはお供えがいっぱい並べられ手向けられた花も格段に多かった。英霊顕彰の観点で建立された碑は幾つもあるが、規模や軍隊の階位からすれば最も代表的な日本軍人の慰霊碑である。沖縄戦が民間人を巻き込んだ地上戦であり、非戦闘員の犠牲者が多いことが論じられる中で、「黎明の塔」は「魂魄の塔」と両対極をなす慰霊塔と言えよう。司令官と参謀長が自決した六月二十三日をもって、今日、沖縄戦終了の日とされているが、日本の終戦の日は八月十五日であり、嘉手納基地における正式の降伏調印があったのは九月七日であった。これらの事はいろんな問題を内包しているが、沖縄戦に関わる公的な行事は六・二三を基準に展開されている。「勇魂の碑」から急な坂道の階段を約五〇〇段を下りた地点に、「沖縄師範健児の塔」がある。

【旧海軍司令部壕と慰霊の塔】

豊見城市豊見城にある。メインゲートは、以前は県道七号線に面した北側の豊見城城址公園の向かいにあった。小禄から宇栄原小学校隣りのトンネルを経て豊見城ゴルフ練習場へ抜ける県道七号線バイパスが完成したので、現在は、この道路沿いに本ゲートが設置されている。小高い丘にある同施設入口に「海軍戦没者慰霊之塔」があり、これらを網羅して「海軍壕公園」と名付けられている。ここは、その昔、唐船や日本船の来島をのろしで首里に告げるための要所であり、豊見城の火番森といわれたところだという。現在、陣地壕と資料室を目玉にして、南部観光コースの一つにもなっている。

この壕は、昭和十九年、日本海軍の沖縄方面根拠地隊司令部の防空壕として掘られたものである。当時は四五〇メートルもあったが、戦禍を受けた後、昭和四十五年に司令室を中心に復元された時点で二七五メートルになった。壕内の縦横に張り巡らされた通路・階段や司令官室・作戦室・幕僚室・暗号室・医療室・発電室・通信室などが立派に残っている。また海軍資料室には壕に残されていた軍人の遺品や資料が展示されている。慰霊塔には、自決した司令官大田実海軍少将と犠牲になった将兵たちが祀られている。

海軍部隊員は当初約一万人いたとされるが、正規軍は一〇〇〇人にも満たず、ほとんどは沖縄で現地召集や防衛召集して補った。激化する戦闘の中で隊員はどんどん減り、持久戦を続けるための地下陣地には、約四〇〇〇人が収容されていた。六月上旬、米軍はさらに猛攻をかけてきた。およそ十日間の戦闘で部隊は小禄地区及び海軍壕内で悲惨な最期を遂げた。六月十三日、司令官は幕僚らと一緒に海軍司令部壕で自決した。大田司令官は、その日付けで海軍中尉となり勲章を授けられた。戦後、海軍壕で遺骨が収集されたのは約二四〇〇人だという。

海軍は沖縄本島小禄半島の陸戦を担っていたが、米軍が那覇港南岸小禄飛行場に上陸するに及んで、戦況は切迫していた。大田司令官は、六月六日、南西諸島を管轄していた佐世保鎮守府司令部に対し、辞世の句を織り込んで訣別電を発した。電文は、最後に「沖縄県民かく戦えり、県民に対し後世特別の御高配を賜らむことを」と、沖縄県民の将来を憂えた内容であったとされている。沖縄県民にとって、戦時下における日本軍の蛮行が追及され、沖縄戦そのものが何だったのかが問われる中で、同少将は比較的に温情ある軍人として評価されてきた。

六月二十四日、東京から訪れた高校生の修学旅行団に壕の中で出会った。狭い壕は、他の一般の来訪者も混じってごった返していた。入場券の裏には、大田司令官の辞世の句「大君の御はたのもとにししてこそ人と生まれし甲斐ぞありけり」が刷り込まれていたが、若い青年たちに忠君愛国・戦争賛美の思想を植え付けるようなことにならなければいいが…と願った。

【山形の塔】

沖縄で亡くなった七七六柱を含め、海外諸地域における山形県出身の戦没者四万余柱の諸霊が祀られている。この塔の地下には細長い壕があるが、ここは歩兵第三二連隊が軍旗を持って立てこもった壕であった。当時、國吉壕一帯には、山部隊の山形連隊（三二連隊）が配置され西側の防衛線としていたが、六月十二日頃から攻撃が始まった。六月十八日、米軍司令官バックナー中将が真栄里の丘で戦死するに及んで、米軍の「馬乗り攻撃」などによる掃討作戦が徹底して行われた。この一帯には壕が多く、隠れていた避難民たちの犠牲者が多く出た。私は、過去に二度この壕のトンネルを潜り抜けたことがある。頭上の岩盤が低くて空洞部分が狭いので戦時中は大変であっただろうと推察できる。現在は、地下壕に通ずる入口は、通常、アルミの開閉門で閉ざされていて、自由に通過することはできない。位置は、白梅の塔の南約一〇〇メートルの地点にある。慰霊の日、たくさんの献花があった。

韓国人の慰霊塔・無縁仏――

【韓国人慰霊塔】

山田真山画伯が十八年の歳月をかけて制作した平和祈念像が安置されているところが平和祈念堂であり、韓国人慰霊塔はその東隣にある。一九七五年韓国から運ばれてきた石材で建造されたものであり、その建造物は県内にあるいかなる慰霊塔とも形態が異なる。

碑文には、「一九四一年　太平洋戦争が勃発するや多くの韓国青年達は日本の強制的徴募により大陸や南洋の各戦線に配置された。この沖縄の地にも徴兵、徴用として動員された一萬余名があらゆる艱難を強いられたあげく、あるいは戦死、あるいは虐殺されるなど惜しくも犠牲になった。…」と記されている。敷地全体が清楚な石敷きである。

【忠霊の塔】

糸満市米須の米須小学校の道向かいにある。米須一帯は激戦地の一つであったが、一家全滅した無縁仏を祀ったところである。その数は、家族六三戸、人数一五九名である。当時の村の人口一〇四〇人に比べていかに大きい数字であるかが分かる。

六月二十三日、敷地は村人たちの手で清掃され、祭壇には花が添えられてあった。サトウキビ畑と民家に挟まれた狭い場所にあるので余程注意しないと分からない。

話は転ずる。「米須壕」と呼ばれ、去る大戦で、米須集落の多くの住民が避難していた地下壕が「忠霊の塔」の北側約一〇〇メートルの森にある。厚生労働省が主催し、ボランティアらの手による「米須壕」での遺骨収集が二〇〇五年二月十五日から二十二日まで行われ、そこで十二人分を収骨した。沖縄戦没者墓苑における納骨式は二月二十四日に行われた。糸満市のほかに豊見城市、東風平町、具志頭村などを含む地域での収骨分を合わせた収骨数は一五四人分に及び、そのうち個体識別ができなかった四一人分が納骨されたという。沖縄県島尻郡地域の壕や山野には、終戦から六〇年経ってもまだ戦没者が弔われないまま眠っている状況がある。

【しずたまの碑】

糸満市摩文仁霊園内の西側にあり、国立戦没者墓苑と黎明の塔のほぼ中間に位置する。碑文に、「先の大戦に於いて、沖縄県は国土防衛決戦場として、未曾有の激戦や戦闘が展開されました。そのために現地や外地で戦死した戦没者の留守家族も戦禍の犠牲になりました。その一家全滅家族は、約三八〇世帯、一、三〇〇余柱に及んでおります」と記されている。ここには、家族全滅によって身寄りがない人々の御霊が祀られている。平成天皇が皇太子時代に美智子さまと共々に訪れたこともある。

▲南北之塔

魂魄の塔▶

一般犠牲者の慰霊塔

無縁仏の慰霊塔

◀忠霊之塔

学徒隊の慰霊塔

▲白梅之塔

◀沖縄師範健児之塔

▼梯梧之塔

国立墓苑と戦跡周辺

【国立沖縄戦没者墓苑】

糸満市摩文仁霊園のほぼ中央にある。沖縄戦での戦没者約十八万柱が合祀されている。一九七九年（昭和五十四年）、厚生省・援護局の所管で建立され、納骨堂は昭和六〇年に増築された。敷地面積八五二八平方メートル、建築面積二一〇平方メートルの広々とした施設である。

一九五七年（昭和三十二年）、政府は当時の琉球政府に委託して那覇市識名に戦没者中央納骨所を設置し、納骨していた。しかし収骨数が次第に増え、同施設が手狭になってきたので新たに現在の墓苑が創建されることになった。県内の納骨堂で最大であった「魂魄の塔」の遺骨もここに移された。

六月二十二日、「慰霊の日」の混雑を避けるためであろうか、県内や本土からの参拝客が三々五々に献花をし手を合わせている姿が多く見られた。ちょっと変わったところでは、京都からやって来た高校生の修学旅行団の一行があった。生徒・先生・観光ガイド嬢らが一緒に参拝した後、生徒の代表が追悼・平和宣言文を朗読している場面に出会った。修学旅行と平和学習を兼ねて摩文仁を訪れる学校が増えている。

【平和創造の森公園】

糸満市米須霊域の南側にあり、国道三三一号線から「魂魄の塔」を過ぎた辺りにある丘陵を含む約二二ヘクタールの公園である。公園の正門は、この道路をもう少し進んで石橋の陸橋がある手前にある。全国植樹祭が沖縄で開催されたことを記念し、植樹祭の意義を踏まえ、平和・緑化推進の拠点にしようと沖縄県が整備してきたものである。

一九九三年（平成五年）、全国を一巡した全国植樹祭が沖縄で開催された。同年四月二十五日、天皇、皇后両陛下を迎えて、「育てよう　地球の緑　豊かな緑」を大会テーマにした第四四回全国植樹祭が開催された。公園は、その時の植樹祭会場として使用されたところである。植樹祭会場を決定するにあたって、北部地区の振興開発と関連づけた名護市明治山との間で争奪戦が展開された。結果は、戦争で焼かれた沖縄戦終焉の地の山々に幾らかでも緑の木々を復元したいという観点から、糸満市山城の現在地が選ばれた。一九九八年、植樹祭会場であった一帯を新たに整備して公園ができた。五年間で約四十四億円の費用をかけて整備し、琉球松やデイゴなど三四種類、約五万本の植栽が実現し、多目的広場、サッカー場、遊具、シャワー室なども整備されている。当時の大田昌秀県知事は、開園のあいさつで「本県の新たな緑地空間となり、平和創造や憩いの場、森林学習の拠点として活用されることを期待する」と述べた。

六月二十二日、糸満高校の生徒たちが大挙押し寄せ、講師から講話を聞いている光景に出会った。「総合的な学習」の一環として、沖縄戦の戦場となった現場を訪ねての平和学習であった。

【荒崎海岸】

ひめゆり学徒隊の生存者は、六月十八日の解散命令の後、伊原の壕を逃れて、さらに南に向かった。彼女たちが最後に辿り着いたところが、現在の「平和創造の森公園」の南側にある荒崎海岸である。「陸軍病院第一外科壕」（糸満市伊原、「ひめゆり塔」の道向かい）は、第三外科壕と同様に直撃弾が落下し、看護婦や学徒たちが多数即死した。両者の違いは、第三外科壕がガス弾をぶち込まれて全体がほぼ壊滅状態に近かったのに対し、第一外科壕は脱出した者が多かった点であった。しかし、惨劇はその後に起こった。

荒崎海岸までたどり着いた一グループは、六月二十一日、米艦隊を見て手榴弾で自殺したという。しかし、多くの者は、「鉄の暴風」と称された弾雨に撃たれて亡くなっていった。ひめゆり学徒隊らの戦没者は一九四名であるが、そのうち解散命令以後に洞窟から脱出して山城の方向に向かい、荒崎海岸などの島尻最南端に至るまでの間に倒れた者が一二八名もいた。六月二十三日まで生き延びた者たちは、やがて捕虜となっていった。ひめゆり学徒隊の生存者の宮良ルリさんは米兵に囲まれたとき、彼女の手記によると、友人と二人して手榴弾の信管を抜き地面にたたきつけたが爆発せず、結果として救出されたという。

荒崎海岸には、ひめゆり学徒隊が隠れた岩穴がある。その場所に、十六名の犠牲者の名前が刻まれた「ひめゆり学徒隊散華の跡」の碑がある。この海岸は岩肌が荒々しく砂浜が少ない海岸である。ひと昔前、農耕中心の山城集落の人々が漁業するために浜辺に通ずる岩を人手で掘削して築いたという船着場跡もある。また、この海岸は日頃から横波が大波小波で幾重にも押し寄せてくるところが若者たちにうけ、ウインドサーフィンのスポットになっている。潮どきと休日が重なったりすると、四〇～五〇名ものサーファーたちの勇ましい姿がここで見られる。「平和創造の森公園」から「魂魄の塔」に至る県道沿いはサーファーたちが乗り付けてきた自家用車の駐車場になっていることが多い。

【大度海岸と周辺の森】

糸満市大度海岸は、通称「ジョン万ビーチ」とも称され、国道三三一号線を「ひめゆりの塔」から約一キロ東に進み、路肩頭上の案内プレートを頼りに右折し、さらに約一キロ行った地点にそのメイン広場がある。広場の前面に広がる海は、手前のイノー（礁池）を包むようにリーフの白波が横一線に連なり、その沖には群青の深海の大海原が開けている。浜辺の右方向は白い砂浜が荒崎海岸まで一キロ以上も延びているが、所々に大小の石が転がっていて砂の量は少ない。逆方向の左方面は平たい岩盤と石ころの海岸であり、岩山の稜線が海岸まで迫っている。本島南部・島尻地域の海岸線は石灰岩が多いのが特徴である。

大度海岸は、アカウミガメの産卵地として広く知られている。ウミガメは、五月から八月にかけて産卵の時期を迎える。一匹のメスが一定期間に三回から五回ほど上陸し、一度に八〇から一六〇個の卵を産むという。真夜中に上陸し、産卵が終わると卵を砂で覆って明け方までには海へ戻って行く。ウミガメの神秘的な生態は学術的にも関心事であり、研究者や「総合的な学習」でやって来る児童生徒たちの訪問が多い。また、この浜辺は那覇市街地からそう遠くはないので、ビーチパーティーやキャンプで訪れる若者たちも多い。いずれも結構なことである。ただ残念なのは、ウミガメの産卵時期は、五月のゴールデンウィークや夏休みと重なることもあって、心ない人間たちの行為や捨てるゴミ、車の乗り入れや騒音などでせっかく産卵したばかりの卵が割られたり、産卵が出来なかったりという事態が起こっていることである。人間と自然や生き物たちとの共生の重要さを身近に感じる土地である。

大度海岸のイノーには様々な海の生き物たちが棲んでいる。魚や貝、ウニ、タコなどもいる。私は大度に二〇年余住んでいたが、この間、満潮時のイノーで泳ぎ、水中めがねを通し、サンゴ礁や魚介類などを見ながら海中の不思議さを楽しんだ思い出がある。知人の中には晩の短時間のうちに大きなタコを仕留めてきて酒の肴にし、その持てなしにあずかったこともある。また、ここでは、旧暦三月三日の浜下りの頃、アーサ（ひとえぐさ、緑色の食用海藻）採りが昔から行われている。自家用もさることながら、ひと頃までは糸満漁師の奥方連中もやってきて商売用として採取していた。素潜りのベテランたちはリーフの辺りでブダイなどの大物を仕留めたりもする。イノーと人間の繋がりは密な地域である。

大度海岸は、観光スポットとしても注目されるようになってきた。礁池の水が干潮時でも一定量は確保できる無料ビーチである。また、駐車場とシャワーもある。那覇や空港からの距離も問題ではない。こんな好条件が引き金になって、最近、若い層を中心にダイビングスーツを着て、シュノーケルを手にした人達の来訪が増えてきた。観光業者たちが企画した初心者向けのダイビング体験旅行での訓練場になりつつあるのだ。少人数ならまだしも、一日にワゴン車が何台も往来している。それどころか、観光バスで乗り込んで来る高校生の修学旅行団まで現れるようになった。地域の人々は黙ってはいなかった。当然のように、大型バス乗り入れに反対するという形で訴えた。やはり考えるべきである。人間と自然の共生、そして、観光立県をアピールしている沖縄であればこそエコツーリズムの精神は絶対に忘れてはならないことだと思う。

大度海岸一帯は、「沖縄戦跡国定公園」にも指定されている。海岸に建っている同公園の標識・案内板には、次のように記されている。

「沖縄戦跡国定公園は、我が国における傑出した自然の風景地として自然公園法に基づき指定された自然公園です。公園の面積は、糸満市、東風平町、具志頭村及びこれらの地先海域を含む約五〇五九ヘクタールで、第二次世界大戦中に激戦が行われたこの地域一帯の戦跡を保全することにより、戦争の悲惨さと平和の尊さをあらたにし亡くなった二三万余の御霊を慰めるとともに、糸満から具志頭に及ぶ延長十一キロに及ぶ雄大な浸食海岸地形の景観を保護することを目的として指定された公園です」と。大度海岸をぐるっと左に回れば、そこは摩文仁海岸であり奇岩の多い浸食海岸である。その先に港川、奥武島がある。

大度海岸の陸地の一帯は丘陵になっていて、戦時中は激戦地となったところである。もう二〇年も前の話であるが、昭和六〇年（一九八五年）二月、大がかりな戦没者の遺骨収集作業がこの丘陵一帯で行われ、四四四柱を収集した。その年は年間で、県全体で八四七柱も収集したという。私は、当時、自治会の役員をしていたこともあって糸満市からの呼びかけで作業に加わった。それが何と、自分の住まいから一キロ以内の場所でこうも沢山の遺骨が発見されたことに驚愕した。しかも、前年は県下で三二五柱を収集していた。私が発見したのは遺骨一柱であったが、大きくなったガジュマルの根っこと岩石に挟まれたような状態で頭蓋骨と脊椎などが残っていた。その頃「沖縄の戦後はまだ終わってない」という言葉をよく耳にしたが、それが実感できた瞬間であった。戦後四〇年も経過していたので、内心では「遺骨収集はもう終わりかな」と思っていただけに、衝撃は大きかった。

【沖縄県立平和祈念資料館】

二〇〇〇年四月一日、同資料館は平和祈念公園の一番北側に開館した。大田県政時代に、「沖縄平和の杜構想」の中で「平和の礎」「資料館」が誕生した。新装なった資料館の赤瓦の屋根、約二四万人の戦没者の刻銘碑を引き立たせている漆色の花崗岩、そして、「平和の礎」を包むようにして伸びゆく南国沖縄のシンボル・デイゴの濃緑、これらの調和が摩文仁の大空の下に映える。沖縄の六月、その頃は沖縄の人々が平和について考える季節である。沖縄県立平和公園は、平和を切望する県民が学び、祈る場としてふさわしい環境を整えてきた。

平和祈念資料館には、メインの施設として常設展示室が五つある。第一室「沖縄戦への道」、第二室「住民の見た沖縄戦・鉄の暴風」、第三室「住民の見た沖縄戦・証言」、第五室「太平洋の要石」などである。その他に、一二三四名が収容できる「平和祈念ホール」と大小の会議室がある。さらに、「子供・プロセス展示室」、「情報ライブラリー」などがある。

諸施設の中でも、訪問者に直接に最もリアルに訴える場が常設展示である。基本目標も、「戦争の残虐さや平和の尊さを民衆の視点から訴えると共に、科学的な検証に基づいて展示する」と示されているから、結構なことである。最近は、特に本土からの修学旅行や県内小中高校の「総合的な学習」にともなう平和学習などで同資料館を訪れる団体客が増えている。施設運営にあたって、学芸部門と教育普及部門がきめ細かな活動を展開すれば、真に県民や広く世の人々の平和と幸せに貢献することになるであろう。しかし、資料館がオープンしようとした最初の段階で問題が発生した。開館の前年夏、県当局が計画されていた展示内容を全面的に変更しようとし、県民の間で大きな議論が沸いた。洞窟壕の中で避難民に対し銃剣を突きつけている日本兵人形の手からいつの間にか銃剣が消えていたのである。行政当局の意向は、二〇〇〇年は九州・沖縄サミットが開催され多くの人々が沖縄を訪れるから「日本兵の残虐性の強調」「反日的な展示」の色彩があるから問題だ、という観点であった。県内マスメディアを通し県内は勿論のこと、国内全域に大反響し、結局、稲嶺知事が「当初の展示計画に戻して監修委員に任せる」という主旨の答弁をして決着した。日本兵による住民虐殺については、以前に高校歴史教科書の検定で記述削除されて大問題になったことがあった。一九八二年、その時も沖縄県民は許し難い事実に即して大きな県民運動にまで広がり、ついに文部省も世論の趨勢に折れざるを得なかった。これ以後、「日本兵による住民虐殺」は公認の史実として、教科書に記述されるようになっていたにも関わらず、県首脳が歴史の改竄に近いような行為に出ようとしたことは、全くいただけない歴史認識の欠如から来る出来事であった。

「慰霊の日」の前日にあたる六月二十二日も摩文仁を訪れる人々は多かった。最も目立ったのは、「総合的な学習」のためにやって来ていた糸満高校の集団であった。彼らは、「地域ウォークラリー・平和学習基本コース」を設定した一学年約四〇〇名の生徒たちであった。学校を起点にして平和公園に至る約十二・九キロの一部指定された戦跡などを巡り歩き、最後は「平和祈念資料館」

を見学するという企画を実行しているところであった。午前九時に学校を発ち、糸満市の埋め立ての新市街地・潮崎町を経て、糸洲の壕、ひめゆりの塔、健児の塔などを回ったという。資料館での見学を終えた後の閉会集会の場面に遭遇したが、身近な地域郷土を教材に取り上げた素晴らしい学習だと思った。私自身、糸満高校に勤務していた頃、自ら同様のプログラムの企画責任者になって平和公園にやって来たことがあるので懐かしく思われた。もう一つ大きなグループの行動があった。二十四日、埼玉県の中学生の修学旅行団がバス五台で乗り付け、やはり、平和公園での見学や資料館での学習に取り組んでいた。

平和学習やイベントなど

「慰霊の日」の前後は、沖縄県内の学校や地域では戦争と平和についての学習やイベントなどが多数もたれた。そして、県外から訪れた者も含め多数の人々が戦争を否定し平和を願う行動に関わり、動き、考えた。その幾つかを記しておきたい。

【平和学習】

高校では、次のような取り組みがあった。①読谷高校では、「光を放つ幾千もの平和への願い」をテーマに、演劇、合唱、ダンス、詩の朗読などの発表を嘉手納文化センターで行った。②与勝高校では、歌やダンスで平和の尊さを表現する「平和の舞」をきむたかホールで上演した。③小禄高校では、体育館で平和集会をもち、六・二三特設展「これが正義？イラク、沖縄の真実」に関連づけたスライドショーを行った。④糸満高校では、「総合的な学習」と関連づけて「地域ウォークラリー」を通しての平和学習を行った。一学年が「平和学習基本コース」、二学年が「地域を知り平和を考えるコース」、三学年が「南部戦跡めぐりコース」などであった。⑤首里高校では、養秀同窓会が、「戦争の悲惨さを伝えるだけでなく、学生や職員の足跡を辿るものにしたい」として、沖縄戦で犠牲になった学生、職員の遺品展示会を養秀会館で行った。

中学校・小学校・専門学校でもいろいろな取り組みがあった。①与那原中学校では、「かけがえのない大切な命」をテーマに、戦争や社会問題を基に自主制作した台本を、朝の放送時間を利用して、放送部が朗読する形で放送した。②若狭小学校では、対馬丸記念会の高良政勝氏を講師に迎えて平和講演会を行った。高良氏は、学童疎開船対馬丸の生存者であり、自らの戦争体験談を語った。沖縄福祉専門学校では、平和コンサートを行い、学生や教職員が歌や映像で平和の尊さを訴えた。

また、県外からの修学旅行も平和学習を兼ねて取り組む学校が増えてきたようである。二〇〇三年度に「ひめゆり資料館」を訪れた学校は一八八三校であった。同館がオープンしたのは一九八九年である。開館当時に比べ、十五年間で来館する学校数は四倍に増えた。そのほとんどが県外からの高校生を中心とした修学旅行生である。修学旅行団の中には、ひめゆりの塔は計画から外して、平和公園と県立資料館に向かう学校もある。だから、平和学習で来県する修学旅行生の実数はさらに多く、膨大な数に達している。

【イベントなど】

自治体や一般市民、団体、タレントなどが多彩な取り組みを行うようになってきた。①宜野湾市の慰霊祭では、女優の北島角子さんによる「ウチナーグチの憲法九条朗読」と一人芝居「日本じん？」を行った。②宜野湾市にある佐喜真美術館では、コビッツとルオーの作品展を通して、「戦争とは何か」を問う企画を実行した。③平和団体や一般市民は実行委員会をつくり、魂魄の塔の近くで「六・二三反戦沖縄集会」を開催した。約三〇〇人が参集し、語りや歌を通して、戦争に反対し平和について考えるひとときを設けた。④タレントたちも大きく動いた。沖縄出身の歌手ＢＥＧＩＮが音頭を取って、六月二十四日「うたの日コンサート」を宜野湾市海浜公園の野外劇場で行った。二十三日が慰霊の日で喪に服し、二十四日は歌と踊りが解放される日という主旨でこのイベントを設定したという。第四回目の企画であったようだが、出演者は、南こうせつ、さだまさし、高木ブー、石川ひとみ、ＢＡＮ ＢＡＮ ＢＡＺＥＲや地元沖縄からＤ―51、新良幸人ＷＩＴＨサンデーなどが参加して盛り上がったという。⑤芸術家たちの動きもあった。沖縄平和美術展が、「核も基地もないみどりの沖縄を！」「ＳＴＯＰ ＴＨＥ ＷＡＲ」のテーマで、那覇市民ギャラリーにおいて実行委員会の手で開催された。

また、県内メディアは、「慰霊の日」を迎えるにあたっていずれも特番を組んで、沖縄戦や戦後史、今日の課題などについて大々的な報道を展開した。戦没者や生存者、遺族らの記録や語りを通して「戦争とは何か」を問いかけ、沖縄基地やイラク戦争、自衛隊派遣などと関連づけながら考えていくという手法が多く取られていた。さらに、全国ネットのテレビやラジオなどでも沖縄関連ニュースや特番が流された。たとえば、民放テレビＴＢＳ「ニュース23」では、憲法・沖縄問題が取りあげられた。筑紫哲也氏は、「多事争論」のコーナーで、「皇民化教育が沖縄の悲劇を増幅させた」として、読谷村のチビチリガマとシムクガマの相違を全国民に紹介した。

ガマ（避難壕）については、次の項で一考してみたい。

二、避難壕―ガマの教訓

読谷村波平では、戦時下、チビチリガマへ避難した家族が三一世帯一九四名であった。そこで、入壕者一三九名が互いに殺し合う「集団自決」が起こり、「集団自決」による死者八二名、その他の死者四名が出るという悲惨な出来事があった。「集団自決」八二名のうち四七名は十二歳以下の子供たちであった。「集団自決」の中には、抵抗することなく命を絶った幼児なども含まれている。厳密には「集団死」という言葉が適切ではないかといわれている。

他方、同集落の人達はシムクガマへ約一〇〇〇名が避難し、そこでは全員が助かった。一体この明暗を分けた原因、理由は何であったのか。

1、チビチリガマ

一九四五年四月一日、米軍は読谷村の西海岸から沖縄本島に上陸した。沖縄戦は、住民を巻き込んでの地上戦へと発展した。その日のうちに、米軍はチビチリガマ一帯へと迫っていた。チビチリガマでの悲劇が起こったのは、翌二日の晩から三日にかけてであった。戦時体制に入るまで、日本の軍国主義は「国家のためにに命をささげよ」「生きて虜囚の辱めを受けず、死して罪過の汚名を残すことなかれ」という国民教育を徹底して行ってきた。その結果、日本国民は、「鬼畜米英」という表現で恐怖と侮蔑の目で見てきた対戦国である米軍の捕虜になれば辱めを受け殺されると考えるのが一般的であった。

集団自決があったチビチリガマ

上陸した米軍はガマから出るようにと説得したが、住民は呼びかけを信じようとせず、奥へ奥へと逃げていった。「集団自決」は米兵が立ち去った後の九時頃起こった。その日は、投降勧告を拒否した兵士が竹槍で米軍に突撃していって手榴弾と機関銃で負傷したり、自決をめぐっての動揺と混乱などがあった。互いに包丁や鎌で首を切ったり、毒薬注射やガマ内で煙をたいて窒息による死もあった。最後は救出された者もいたが、しかしガマに避難のために入った者のうち大半は無惨な死を遂げた。この壕の実態については、一九八三年まで掌握されてなかった。その年、児童文学者の下嶋哲朗氏が呼びかけ人となって調査を行い、今日のような事実が確認されたという。同氏は、那覇で公演されたミュージカル「海から豚がやってきた」の原作者でもある。

2、シムクガマ

シムクガマは読谷村のレーダー基地「象のオリ」近くの地下壕で、全長三キロに及ぶ鍾乳洞である。そこには、同じ波平集落の住民約一〇〇〇名以上が避難していた。

このガマにはハワイ帰りの二人の男がいた。ガマが包囲された時、彼らは米軍指揮官と交渉し「中には民間人しかいない。攻撃はしないでほしい」と申し入れ、危機を脱出した。結果は、彼ら二人の要求は双方に受け入れられ、自決を準備していた避難民たちは犠牲者を出すことなく捕虜収容所へと向かった。今日「命どぅ宝」という言葉で命の尊さを訴えることが多いが、人命尊重の立場で、避難民自らが米軍と交渉して避難していた住民を危機から救出した例は他に知らない。

米軍が沖縄上陸した頃、日本軍の間では、サイパンあたりの沖縄人捕虜が米軍のスパイとして潜水艦で上陸させられ各部落に入り込んできているという情報などが流れ、厳しい警戒をしていたという。だから、英語や沖縄方言で話す人々をスパイと疑い、銃を突きつけたり、虐殺したりするという事態も起こっていた。

似たようなガマの中の避難民でありながら、対応の仕方で結果は明暗を分けた。沖縄は、戦前から移民県でもあり、外国生活を体験して戻って来た人たちは、あちこちにいた。シムクガマでは、ハワイ帰りの人がいて、この人たちこそスパイ視されやすい立場にあった。しかし、シムクガマでは、彼らを通しての訴えを信じ、信じた通りの結末を迎えた。敵国米国の言葉が話せて、米軍と「英語で交渉できた」ことによって、命拾いができた。無論、軍国主義教育で教え込まれた「米軍に投降したら殺される」という「米軍性悪説」が絶対支配していた状況下にあった。

3、皇民化教育

沖縄戦において多くの県民が犠牲になりしかも悲惨をきわめた理由は、およそ三つ考えられる。まず第一は、沖縄戦が、アジア太平洋戦における日米最後の戦いとして地上戦が展開されたことである。第二は、日本軍は、米軍の圧倒的優位性を誇る兵力や物量の前になす術を見出し得ず、沖縄は本土防衛のための「捨て石作戦」に利用され、軍民ともにおびただしいほどの犠牲を被ったことである。第三は、日本軍人による住民虐殺が行われ、敗戦の色が濃くなるにつれて避難壕などの身近なところで「住民虐殺」が行われるようになったことである。そして、かつて例を見ない「住民自決」が起こったが、実はこれが戦前の「皇民化教育」に根ざしていたということである。

日本は、身勝手な「大東亜共栄圏」などというアジア戦略構想のもとに十五年戦争を引き起こし、太平洋戦争、沖縄戦へと突っ走ってきた。「鬼畜米英」の言葉は、やがて「鬼畜日本軍」に置き換えられなければならない状況に変わっていく。中国大陸での残虐極まりない侵略戦争や南京大虐殺、朝鮮人に対する連行や従軍慰安婦問題、沖縄における住民虐殺や沖縄県民スパイ視による抑圧などがあった。日本が自ら始めた戦争結果からは何も良い事は生まれてこなかった。皮肉にも、結果としてアメリカが戦後に民主主義をもたらしたのは重大な意義があった。

日本が、軍国主義を振りかざして暴走したとき、その精神的な支柱となったのが皇国日本という発想であり、皇民化教育を通して培われた物言わぬ民の天皇及び軍隊への忠誠であったと思う。沖縄県民は、軍人として、防衛隊として、従軍看護婦として、学徒出陣・学徒看護婦を通して、一般住民は長い期間の陣地壕掘りや軍隊への奉仕や物的提供などの様々な協力をさせられてきた。一般国民の心情は、「御国のために」「天皇陛下のために」というものであった。日本軍国主義を遂行する上での皇民化教育は、見事なまでに徹底していたのである。

チビチリガマで、無惨な死を遂げた避難民たちは、まさに、国家のために命をささげ、生きて虜囚の辱めを受けないために自ら死を選択していった模範的な皇国の民ではなかっただろうか。昭和天皇は沖縄戦について言えば、本土決戦を遅らせるために、地上戦も含めできるだけ沖縄での戦闘を引き延ばす「捨て石作戦」に合意した戦争責任者であった。昭和天皇は沖縄に対しどう陳謝すべきであったのか、どう対処したのか。全く曖昧模糊としていた。戦後、天皇が戦後復興を激励のための全国行幸一巡が終わった頃、次は沖縄来県かと思われたがそれはなかった。

皇民化教育のもとで、日本国民は筆舌に尽くしがたい辛酸をなめさせられ、戦争は悲惨な形で収斂していった。だから、生まれ変わった日本は、日本国憲法に平和の尊さや基本的人権の尊重、民主教育などを謳った。それゆえに、日本国民は、現行の日本国憲法の精神を大事にしていかなければならないと思う。

三、南風原の陸軍病院壕

1、戦争遺跡の文化財指定

南風原町にある沖縄陸軍病院壕群について、一九九〇年、南風原町は全国初の戦争遺跡の文化財指定を行った。一九九六年、その整備検討委員会によって陸軍病院壕の保存・活用について答申がなされた。それ以後、いろいろ困難な経緯を経て、南風原町は二〇〇五年度に二〇号壕内部と二四号壕入口部を公開することを決定するに至った。所管の町文化課は、これまで蓄積されてきた調査結果や専門委員たちの提言、さらには広く県民大衆の声も取り入れながら、その具体化のための仕事を進めてきた。

二〇〇五年度の壕公開に向けての「見学会とフォーラム」が、二〇〇四年六月六日の午後、南風原町の主催で開催された。午後二時から「黄金森見学会」、三時半から「フォーラム」の二部構成で企画された。

「六・二三慰霊の日」も迫り、沖縄県民の誰もが否応なしに沖縄戦を考える季節を迎えてたころ、イラクでは戦争状態がまだ止むことなく毎日のように爆撃が繰り返され、戦死者が出ていた。こんな状況もあってか、この企画は好評であった。主催者も、予想した以上の人数が参集したとして、喜びを表明していた。当日の黄金森見学会には一八〇名余の人々が集い、フォーラム会場の南風原文化センターホールはウォークの参加者や一般市民で埋まった。私は、夫婦で参加した。前日までぐずついていた雨は止み、その日は晴れ上がっていた。黄金森の戦争遺跡や隣接する陸上競技場、野球場など歴史の今昔を思わせる風景を見て感嘆し、ウォークを楽しみながら平和学習ができた。さらに、ひめゆり学徒隊の生の証言やパネリストらの貴重な提言を聞き感動した。

2、陸軍病院壕への関心

一九四四年の十・十空襲の後、那覇の開南中学校で編成された沖縄陸軍病院は南風原国民学校に移った。黄金森周辺には、第一外科壕（外科、森の南）、第二外科壕（内科、森の東）、第三外科壕（伝染病科、当時の国民学校西、現在の町役場近く）や手術壕、本部壕などの約三〇の壕が掘られた。一九四五年四月一日、米軍の沖縄本島上陸後、前線からの死傷者が増大した。その頃から負傷兵たちの手術は、手術壕だけでは対応できず、第二四号壕や二〇号壕でも行うようになったという。五月二〇日、陸軍病院の南部への撤退命令が出る。六月十九日、解散命令を受けて、陸軍病院は悲惨な最後を迎える。結果として、沖縄戦によって陸軍病院に動員された軍医・衛生兵五四名、看護婦五五名、炊事婦等二〇名、女学生一二三名が尊い命を奪われた。

二〇〇五年の公開が決まっている二〇号壕と二四号壕は、本来は患者壕であり、当時は二段ベッドには隙間がないほど重傷患者たちが収容されていた。しかし、悪化する戦況の中で死傷者は増えるばかりで、壕中央部では手術も行われた。治療は、主に看護婦たちが当たったが、後に、女学生たちも手伝わされるようになった。その時の女学生たちは沖縄師範学校と沖縄高等女学校の生徒たちであり、後に「ひめゆり学徒隊」と呼ばれるようになった人たちである。

一九七〇年代に、教師仲間での平和学習のために、黄金森の壕に入った経験がある。その壕は、「南風原陸軍病院壕跡」「陸軍病院慰霊会歌碑」「悲風の丘」などの碑が建つ黄金森最南端にあり、「手術壕」と呼ばれていたところである。そこは、現在、入口が岩盤の崩落で塞がっている。壕の中で明かりを消し、沈黙を試み、暗闇の中での恐怖を通して戦時下の壕生活や極限状況下の人間心理などについて、先輩からレクチャーを受けた当時のことが思い出される。その後、具志頭村のガラビー壕や玉城村の糸数壕などにも入ったが、最初の経験であった南風原での体験はインパクトが強かった。機会があれば、また、陸軍病院壕に入ってみたいと考えていた。

3、久々に入る黄金森の壕

壕の見学会では、第二外科壕群の二〇号壕内部の観察が主な目的である。戦後のある時期まで、壕には自由に入ることができた。その後、歳月の流れに伴う構造上の軟弱化や管理体制の不十分さから壕は危険な状態になった。それでも、多分、一九九六年頃までは南風原文化センターの許可を受ければ壕への出入りは可能であったが最後は禁じられてしまった。だからたった一日の解禁とは言え、壕に入れるのは本当に久しぶりのことであり感慨深いものがあった。この壕に実際に入ることになった。

二〇号壕の入り口は、約二メートル四方の大きさがあった。入り口は頭上から岩盤が落ち、土砂が内部になだれ込んでいる。長蛇の列をなしている人たちは十五名単位に黄色いヘルメットを被り、手渡された懐中電灯をもって中に入るのであるが、身を屈めないと入口の岩をくぐれない。手摺り替わりのロープを握って傾斜面を中に入ると、そこは暗闇の世界である。懐中電灯の射す光が三々五々不規則に土の壁面を照らす。壁面は崩れが少ない。思ったよりきれいである。後で知ったことであるが、数多い壕の中でも、ここは天井や壁が比較的安定しているという。しかし、良く良く見ると、壁面のあちこちが黒焼けの地肌になっている。これは火炎放射によって焼かれたものらしい。

奥行きが約六〇メートルあるというが、その縦通路のほぼ中央地点で横通路が交差している。横通路は、右の一九号壕と左の二一号壕への抜け道になっている。交差点は少々広く、手術場の跡はそこにあった。あちこちに、手掘工事に用いた坑木が見られる。低い位置には水気がある。現在、壕内の乾湿状況を調査しているようで、温度計や湿度計が置かれている。壕は、通称ニービと言われる砂岩層やクチャーと言われる島尻泥岩などの柔らかい土質の森を掘って作られている。だから、五〇年もの歳月の中で風化し土砂が崩れ、それが積もっている箇所があちこちにある。再び壕の外に出て観察すると、森の木々は壕の屋根に深く根毛を延ばし浸食している。やはり、しっかりした擁護対策を取らなければ、崩落現象が起こる可能性はあるだろう。まあ、ざっとこんな状況であった。

4、二〇〇五年に壕公開

南風原町が打ち出している基本的な考え方は、「壕を町文化財、負の財産として現状保存しその活用を図っていく」ということである。活用にあたっては、「学びの場」「祈りと平和創造の場」「憩いの場」の創出をめざしている。二〇号壕と二四号壕の現状が比較的良好であるとして、可能な限り原形を損なうことなく公開しようとしている。実際に壕の中に入ることによって臨場感を感じ取り、戦争の悲惨さを追体験してほしいと望んでいる。そしてさらに、戦争遺跡というモノを通して戦争体験を継承してほしいと願っている、ということである。

今回のフォーラムで基調報告をした吉浜忍氏は、平成八年に「戦争は語る」の論題で、新聞に次のような点を指摘した。壕公開の意義は、その論旨によく表れていた。

「戦争で夫や妻、兄弟を亡くした遺族が、子や孫に『戦争の記憶』を語る光景から、戦争を知らない世代の親が子に戦争を語る光景が見られるようになった。戦争体験者が存在するうちにモノに意味付けをし、モノをして戦争を語らしめるという取り組みが必要になってくる。戦跡は『戦争の記憶』の集積といわれ、『戦争の記憶』がいっぱい詰まっている。この認識に立てば、摩文仁＝沖縄戦といった偏った見方から脱却し、地域の視点で沖縄戦を認識することができる。南風原では、戦争を語り継ぐ最も有効な方法として、モノである戦跡の保存と活用が確認された。戦争を知らない戦後世代が、戦跡で戦争を語り継ぐことがこれから求められる」「戦跡は語り部である」と訴えている。私は、最近まで二十余年糸満市郊外の平和公園近くに住んでいた。ウォーキングを兼ねて、折を見ては、摩文仁や米須、真栄平、荒崎海岸などの戦跡をよく回った。その時感じたことは、全国都道府県や遺族団体などが建立した慰霊塔の碑文には、国家・軍・遺族の側から一方的な視点で語られた殉国美談の内容が何と多いことかということであった。壕やガマに逃げ惑い、最後は無惨な死を遂げていった非戦闘員十数万人の民衆のことを嘆き、戦争の愚かさを追及してきた私たち沖縄県民が普通に抱いていた感情とはかなりかけ離れていることに気がついたのである。

黄金森で「戦争体験」を語り継ごうするならば、第一に、しっかりした史跡や史実に基づいて、第二に、皇国史観ではなく民衆の側に立って行うことが重要なことだと思った。そうでなければ、黄金森が歴史の証人になるとは思えない。

5、壕フォーラムの意義

「フォーラム」では、吉浜忍氏（元南風原陸軍病院整備検討委員、沖縄国際大学助教授）が基調報告を行い、パネリスト四人が登場した。池田榮史氏（元南風原陸軍病院整備検討委員、琉球大学教授）、長田紀春氏（元南風原陸軍病院医師、陸軍病院慰霊会会長）、奥松文子氏（元南風原陸軍病院本部勤務、ひめゆり資料館館長）、大城牧子氏（学生平和ガイド・ネットワーク）の諸氏である。司会は、大城和喜氏（南風原文化センター館長）であった。また会場には、「ひめゆり部隊」の生存者が数名出席し、フロアから戦況下の壕生活や医療活動などについての証言や今日的な意見を述べたりした。

吉浜氏は、基調報告の中で、次のように述べた。

「壕フォーラム」の様子（南風原文化センター）

「陸軍病院壕群を町文化財に指定にしたのは先駆的な取り組みであった。今日、地方財政が厳しい折、二〇号壕・二四号壕の公開に向けて予算計上し事業推進の英断を下したことに感謝している。個人的には二〇年余、町文化財指定からでも十五年の時間がかかった。すべてが前代未聞の状況の中で、紆余曲折、試行錯誤の連続であったが、いま一つの通過点に至っている。戦災調査は喜屋武、兼城など陸軍病院に隣接した字から始め、陸軍病院を住民の側から解明していった。その間、厚生省の遺骨収集や調査も行われたが、それは戦死者名と死亡場所を特定しただけのもので、がっかりさせられた。戦跡の文化財指定とこれを公開指定するという発想は二律背反の側面もある。今後とも科学的な調査を徹底した慎重な対応と県指定・国指定を展望した取り組みが望まれる」

池田氏は、埋もれた壕の発掘調査を長年行ってきた経験から、文化財としての現状維持と安全性の両立を強調した。壕がニービとクチャーの境に掘ってあることや、現状を変えず劣化させないという原点の確認や、構造上の保存方法の在り方などについて語った。

長田氏は、南風原病院第三号壕で勤務した元軍医である。南風原から南部に撤退するとき、重傷患者に飲ませるよう青酸カリを渡されたがどうしても配れず土の中に埋めさせたことや、また、歩けず残された患者がどう死んでいったのか胸が痛むという話をした。戦後、字喜屋武の人たちから聞いた話で、病院のベッドには死体がたくさんあったということについても語った。

奥松氏は、会場に参加しているひめゆり同窓生を紹介し、当時、日々の飯あげや看病、死体処理などについても話した。戦争に対する辛い思いから、戦後初めて陸軍病院壕に入ったのは四十五年も経ってからであったという。「沖縄戦の特徴は壕の中の戦争であったと思う。壕の開放にあたってはベッドはぜひ残してほしい」と語った。

大城氏は、壕は平和学習の素材であり素材に問い掛けることができる人材の育成が重要だと述べた。特に沖縄観光コースの一環としての戦跡めぐりに対し、平和学習として高校生たちを陸軍病院壕へ案内した体験などについても語った。

フロアからも、沢山の質問や意見・提言などが出された。熱い思いを込めて語られる話題の一つひとつに重みが感じられた。許された約二時間半はあっという間に過ぎたように思われた。

四、生存者が語る対馬丸遭難

1、糸満市平和祈念祭

糸満市の「第九回平和祈念祭」が、二〇〇四年六月十九日の午前、平和祈念公園で開催された。糸満市は、第二次世界大戦終焉の地である。平和公園には、国立沖縄戦没者墓苑や全国都道府県の慰霊塔が数多くあり、戦没者の氏名を刻銘した「平和の礎」も建立されている。年間を通して参拝者は後を絶たないが、特に六月二十三日「慰霊の日」前後は、その数はピークに達する。糸満市は、「慰霊の日」までの一週間を「平和週間」と設定し、色々な取り組みを行っている。

その日、午前九時から「平和の礎」に刻銘されている花崗岩の碑面を布巾で拭く作業が参列者や市職員たちによって行われた。強くて大型の台風六号が接近中だと報道され、時折、小雨交じりの突風が吹きつける中で慰霊祭前日の掃除を行った。

その後、平和祈念資料館において、平和祈年祭の主旨・意義などについての説明や糸満市長のあいさつがあり、引き続き講演が行われた。平和祈年祭は、平和の尊さを啓蒙しながら、沖縄戦戦没者への追悼の意を表すことをめざしていた。

講演「生存者が語る対馬丸遭難」があることを知り、前々から聞きたいと思っていた。講師の上原清氏は対馬丸遭難の生存者であり、直に体験談が聞けることに期待していた。当日は、台風接近のため延期になるかもしれないと思いつつ、那覇から会場の糸満市摩文仁の平和祈念資料館へと急いだ。台風も何のその、行事は予定通り進行していた。

上原氏の講演に際し、糸満南小学校の生徒たち十数名が舞台に登場し、講師の指示に沿って幾つかの演技を行い協力した。演壇の背後には、大きな模造船対馬丸が準備されていた。対馬丸遭難時の船内状況や人間の動き、漂流時のいかだや極限状況における人間の対応、疎開を指導していた先生や船員の指示、当時の安全用装身具などについて小道具を用いて行われた講演は聴衆を惹きつけた。

なお、新設着工中であった「対馬丸記念館」が那覇市若狭の旭が丘公園に完成し、八月二十三日、開館が予定されていた。疎開時に起きた悲劇の中で犠牲になった児童らの鎮魂、国内外への平和の発信、県民の福利厚生施設として運営していくという構想が打ち出されていた。その紹介と、女優の吉永小百合さんがナレーションを務める対馬丸記念館所有ビデオの鑑賞もあった。さらに、平和祈念資料館の「ワークブック」と常設資料館二階の無料入場券が配布され、「沖縄戦で、日本軍は本土決戦の準備のための時間稼ぎ―持久戦をとった」「沖縄戦で、軍夫・慰安婦として連れてこられた朝鮮の人々の犠牲が少なくなかった」「鉄の暴風と言われた沖縄戦の激戦地の一つ喜屋武半島一帯では、一か月に六八〇万発もの砲弾・爆弾が打ち込まれた」、これらの事や犠牲になった人々について考えてみよう、という主旨の学習のためのお膳立ても行われていた。

2、生存者が語る対馬丸遭難

演題「明日の子供達のために　生存者が語る対馬丸遭難」で講演を行ったのは上原清氏であった。上原氏は、対馬丸が遭難した当時の時代背景や漂流中の悲惨な状況、戦争の無意味さや空しさなどに触れながら重々しい口調で、語り出した。

「私は、那覇市垣花の生まれである。四年生のとき、対馬丸で疎開することになった。当時の疎開先は九州約八万人、台湾約二万人などであった。私たち学童が乗った船団は対馬丸、暁空丸、和浦丸の三隻で、砲艦と駆逐艦に守られて長崎をめざしていた。対馬丸には、疎開のために約一七〇〇名が乗船し、そのうち疎開学童が約七〇〇名いた。一九四四年八月二十一日、午後五時頃、那覇港を出港した。当時の那覇港は、狭くて浅く、大きな船は沖に停泊していた。学童は那覇の生徒たちが多かった。乗船した後、救命胴衣が配られたが、首周りに綿やススキの穂などが入ったもので二十四時間は浮くだろうと説明された。実際は、後で水を含んで重くなっていった。対馬丸は貨物船であった。窓がなく、扇風機はもちろんなく、とても暑かった。二十二日の午後十時頃、アメリカの潜水艦による攻撃を受けた。魚雷は対馬丸の右舷に当たった。あまり暑かったので、私は友人と三名で甲板に上がっていたが、その時の出来事であった。衝突音はドラム缶をたたくような音であった。魚雷が衝突して約十分後に、船は沈んだ。倉庫の中央には穴があり、そこにふたをして寝ていた先生方は穴に落ちてしまった。一般疎開者や学童たちの多くは倉庫にいた。中央に縄梯子があったが誰もが我先にとしがみつき、その様はまるで棒倒しのようであった、と友人が語っていた。甲板には、学童は約一〇〇名から二〇〇名がいたと思われる。暗がりで、先生たちが、『こっちだ、こっちだ』という声で誘導していた。船長が『飛び込み用意』と声を発し、まだ『飛び込め』の合図が出ないうちに一人が飛び込んだので、他がどんどん続いた。高さが約一メートルの甲板の縁から飛び込んだ。甲板の縁が高くて上れないとか怖くて飛び込めない子には先生たちが手を貸していた。先生たちは、『すぐ助けが来る』と説明したので信じていた。しかし、船団の他の二隻と護衛の駆逐艦はそのまま長崎に行ってしまった。対馬丸だけが残された。私が乗ったいかだは人数が多かった。向こう側のいかだは人数が四人で少ない。こちらから二人が移って行ったが、どういう訳か一人は戻って来た。その替わりに、私が向こうのいかだに乗り移った。これが運命の分かれ道になろうとは。戻って来た子は死に私は生き残った。いかだの漂流は、六日間であった。その頃、台風が発生し波が一晩中いかだにぶつかった。人間の体は六〇％は水分だといわれている。一日に二・五リットルの水が必要だという。水を飲まないからオシッコも出ない。四日目ぐらいから意識が朦朧としてきた。不思議なことに、カワハギを手で捕まえることが出来た。これを四人で食いちぎってタンパク質を摂った。そうこうして、六日間漂流した後、私は生き残ることが出来た。船の中では、倉庫の中で三〇〇名から四〇〇名が死んでいたそうだ。また、あるいかだでは、中年婦人だけが生き残り、子供たちは全員死んでいたそうである。船から放り出された人たちは、死体となって奄美大島の大和村、宇検村、実久村などに辿り着いたそうである。学童疎開の約八〇〇名のうち、生き残ったのはわずか五九名であったと言われている。乗船者の約八割が犠牲になった。こんな状況が、対馬丸遭難の実態であった」

3、悲惨さから紡ぎ出した教訓

上原氏は、対馬丸遭難後のいきさつについても、講演の中で語った。

「対馬丸遭難後に漂流し、九死に一生を得て一応那覇に舞い戻った。しかし、その後も大変であった。しばらくすると、那覇は十・十空襲になった。那覇の街は火に包まれ、焼かれてしまった。私は平安座に逃れた。その後は、沖縄中が戦場になっていった。戦争ではたくさんの人たちが死んでいった。悲惨な戦争がようやく終わったら、今度は、人々は難民キャンプへ連れて行かれた。私たちは米須に向かった。字米須の人たちはまだ自分たちの村に戻っていなかった。難民キャンプのある米須一帯は、そこはもう骨だらけであった。その時、キャンプの係が話した言葉が今でも忘れられない。『たくさんの骨があるけど、可哀想だと思ってはいけませんよ』という言葉であった。現在、『魂魄の塔』が建っている辺りは、終戦からしばらくの間は人間の骨だらけの状況であった。本当に、戦争は人間が人間を殺すという恐ろしい行為なんです。人間が死んでも可哀想だと思ってはならない状況に追い込まれていくんです。きょうは、生徒の皆さんが多いので話しておきます。今、大切なことは、他人を思うことや平和を願う心を持つこと、だと思います。他人をいじめたり、自殺をしたり、これでは戦争反対とは言えないのではないでしょうか」

上原清氏は、昭和九年（一九三四年）の那覇市垣花の生まれで、一九四四年八月二十三日、国民学校四年生のとき学童疎開で長崎県に向かう途中で対馬丸沈没事件に遭遇した。六日間の漂流の後生還した。さらに二カ月後、その年に十・十空襲を受け、悲惨な沖縄戦を体験したという。

戦後は、大学卒業後に教職の道に入り、糸満市立三和小学校勤務、校長職を勤めるなど児童生徒たちの教育に携わってきた。演題のサブタイトル「明日の子供のために」は、児童生徒たちへの平和教育を強く意識した戦争体験者の気持ちの表れだと思われる。講演内容は、子供に分かりやすい論旨で優しく語られたが、戦争体験が全くないか記憶が古い昔へと遠のいてしまった大人の聴衆にもリアルに訴え感動を呼び覚ました。

一九四四年の夏、対馬丸は米潜水艦の魚雷攻撃を受けて沈没した。そして、二〇〇三年十二月、トカラ列島悪石島沖の海底に沈んでいた対馬丸の船体が発見された。何と、戦後五九年の歳月が経っていた。そして、二〇〇四年六月七日、厚生省による洋上慰霊祭が現場で行われた。遺族関係者三一〇名が現場に向かい海底深く沈む船体に亡き肉親の遺影に思いを重ね合わせながら霊を慰めたという。今日まで遺骨がないまま供養を続けてきた遺族も多い。対馬丸沈没地点での慰霊祭、疎開船遭難者の遺族の心境たるやいかばかりであっただろうか。那覇市若狭の旭が丘には対馬丸遭難者の碑がある。私は、ウォークを兼ねて今年になって三度訪問をしたが、気付いたことは、「小桜の塔」への参拝者や訪問は後を絶たないということである。上原清氏の対馬丸遭難に関しての実体験談を聞き、戦争の悲惨さや愚かさを改めて考えさせられた一日であった。

五、沖縄戦・対馬丸事件と平和祈念資料館

1、「対馬丸」慰霊祭と小桜の塔

学童疎開船「対馬丸」遭難者の慰霊祭が、二〇〇四年八月二十二日、慰霊碑のある「小桜の塔」の前で行われた。那覇市若狭にある「旭が丘公園」には、同日オープンする予定の対馬丸記念館が落成していた。六〇年目の節目に遺族らの念願であった対馬丸記念館が落成し、そのセレモニーもある。午後一時から慰霊祭、三時から記念館開館及びセレモニー、四時から一般への入館開放、夜十時前から追悼式典などが計画されていた。

対馬丸遭難者慰霊祭時の小桜の塔

　慰霊祭は、例年の約二倍の約四〇〇名の関係者が出席した。私は、開会時刻の直前に会場に着いたが、慰霊碑のある正面入口の通路はすでに大勢の人垣で塞がれていた。受付の位置から奥に向かって幾つものテントが張り巡らされていた。木立とテントは日差しを遮り、連日三〇度を超す猛暑を幾分和らげていた。すでに整列を終え、黒い衣装に身を包んだ参列者たちは、開会の時を待つばかりであった。一般の人が正面

から入るのは無理だと知り、波の上護国神社の境内から左側に回り込もうと試みたが、そこは段差があり、なお無理であった。仕方がないから、一度大通りまで戻り、東側から丘にはい上がると慰霊碑のすぐ脇に出た。そこは、参列者たちを正面から捉えることができ取材には最も適した位置のように思えた。幾つもの生花が飾られていた。慰霊塔の周辺は、日頃は気づかない神々しい雰囲気が漂っていた。沖縄戦終結の「慰霊の日」の前日、そして一週間ほど前にも、私はこの地を訪れていた。日頃は静寂な公園の一角である。しかしその日、「小桜の塔」には、一年で一番多くの、いや恐らく約半世紀で最も多くの人々が訪れていた。テレビや新聞・雑誌などの取材班が大勢やって来て、カメラを上げたりペンを走らせたりしていた。私も彼らにならって写真を撮った。

護国寺住職の読経の後、遺族代表の高良政勝氏のあいさつになり「沖縄では、命どぅ宝という言葉がありますが…」と切り出すと、辺りはシーンとなった。万感胸にこみあげてくる思いをこらえながら、視線は、いずれも眼前に刻銘された幼子たちの名前と平和の像が立っている石碑の方向に向いているようであった。「小桜の塔」は一九五四年に建立され、毎年八月二十二日に慰霊祭が行われてきた。学童疎開船「対馬丸」が米潜水艦に撃沈されたのは一九四四年八月二十二日であった。乗船者は一七八八名いて、そのうち疎開者が一六六一名で学童疎開と一般疎開が約半々、その他に兵士や船員らがいたという。乗船者の約八割にあたる一四一八名が犠牲になった。あれから六〇年の歳月が流れ、関係者は高齢化し、ある者は他界していった。こんな情況にあっても、学童七七五名を含む犠牲者一四一八名への追悼の念はますます深まることこそあれ、薄れたり忘れることは片時もなかったであろう。

事故の凄惨さや悲惨さ、生存者や遺族らが半世紀余にわたりトラウマに抗して生きてきた辛い日々、これらの一つひとつが社会のすべての人々に何かを問い掛けている。実は、「安全な地に子供を移す」という大義の「学童疎開」は、防衛体制の強化を主目的とした国策であったのだが。

今回、対馬丸の沈没地点まで十二キロの近い距離にある悪石島の児童生徒代表として小学生の男女二人が慰霊祭に参加し、弔辞を述べ、香を手向けている姿が印象的であった。約八〇人が住んでいる島では、四十二年前に慰霊碑が建立され、月に一度は周辺の清掃などをやっているという。心温まる島人たちの気持ちは、きっと戦没者の御霊に届いているに違いない。

2、学童疎開と対馬丸の悲劇

慰霊祭のあった翌日、対馬丸生存者の「再会の話題」が、地元の新聞で報道された。対馬丸遭難に絡んだ涙こぼれるエピソードであった。これは、学童疎開や対馬丸のことを考える上で、象徴的な出来事であった。こんな話題の、あら筋はこうである。

対馬丸の撃沈で生死をさまよった元学童と、付きっきりで看病していた元引率教師が、六〇年ぶりの再開を果たした。この学童が対馬丸に乗ったのは小学校三年生のときであったが、撃沈された後は三日間いかだで漂流し、そのうち意識を失った。奇跡的に鹿児島県の病院に収容されたが、その後も意識不明の状態が一週間以上も続いた。現在でも入院時の記憶がほとんどない。その後、少年は沖縄に戻ることなく本土に居残り、今は埼玉県に住んでいる。あるとき作家の大城立裕氏のノンフィクション『対馬丸』と出会い、少年と看病をしていた女教師についての証言から、登場する学童は自分だと、昔の少年は信じた。これが何と、事実そうであった。いつかは会えると信じ、今日までできたという。あの忌まわしい事件から実に六〇年の歳月が経過していた。昔の少年はもう六九歳になり、恩師の女教師は八〇歳の老境に達していた。

もう一つの話は、こうだ。国頭村安波村のある家族六名が疎開することになった。その中には、従姉妹や嫁になる予定の人物も含まれていた。生き残った宮城常子（当時県立三高女）、啓子（当時小四）の姉妹と行動をともにして帰らざる人になった従妹の時子（当時小四）の話が、ある時、新聞で紹介された。安波では、国の命令で村から何名疎開させなさい、という話があったという。本土に縁故者がいる家族を優先して勧誘され、村から四〇人が本土疎開することになった。結論から言うと、安波の村から対馬丸に乗り込んだ四〇人のうち、遭難をくぐって生き残ったのは宮城姉妹と兄の許嫁の三人だけであったという。宮城姉妹といつも行動をともにしていた従妹の時子は、「対馬丸が沈みかけた時に自然に流れるままに沖へ沖へと荒れ狂う大波の中を流されていった」「朝方まだ暗い時に細い腕は力つき果てて、悲鳴をあげながら手が繃袋から離れて荒波にさらわれ、遂に帰らぬ人となった」という。現在、常子は、そのとき亡くなった弟（当時小六）や時子が、当時の姿で「姉ちゃん寒いよ寒いよ、助けて助けて」と、必死に叫んでいる夢を時々見るという。『対馬丸の悲劇』を夫と共同執筆したマリア宮城（旧宮城常子）氏は、一九九九年の日付で、著書の「あとがき」に、遭難時の状況について書いている。また、妹の平良啓子氏

（旧宮城啓子）は、この事件をきっかけに教師になろうと思い、戦後、その道に進んだ。対馬丸が撃沈され、沈没した後、畳二畳ほどのいかだに滑り込み、最初十人いたいかだの人は彼女と七歳の女の子だけになり、六日間漂流した後奄美大島の無人島に漂着し、生き残ったとのこと。そして現在は、生き残った者の使命として、体験した悲惨な出来事を人々に語り続けているという。

3、対馬丸事件と教訓

沖縄の音楽家・海勢頭豊氏が、このほど「対馬丸哀歌」を作曲した。海勢頭氏は、八月二十二日、南風原文化センターで「対馬丸追悼・平和コンサート」を開催した。その頃、造形作家の新垣安雄氏の個展が同センターで開催されていた。沖縄戦をテーマにした作品と歌との共鳴から平和への思いを発信しようと考えていたようだ。その会場に、対馬丸の生存者であるマリア宮城氏、平良啓子氏の姉妹が来場したという新聞記事を見た。その後に、マリア宮城氏が「対馬丸哀歌」の作詞者であることを知り、私はびっくりした。

その日の前日、「米軍ヘリ墜落事故に抗議する県民集会」が、午後六時過ぎから、宜野湾市佐真下にある普天間飛行場第二ゲートで開催された。「MCAS FUTENMA GATE 2」の看板が掲げられたゲートは、頑丈な金網で閉鎖され、基地の中には約十名の兵士や警備員らが拳銃を腰にいかめしい表情で集会の様子を窺っていた。二〇〇一年の「九・一一」以来、沖縄の米軍基地は臨戦態勢がとられフル稼働しているとみられてきた。米軍ヘリ墜落事故は、こういう沖縄の状況を端的に反映していた。海勢頭氏は、「過去から今日に至る米軍の横暴な事故・事件を許さず、沖縄県民の命を守り、辺野古の美しい海を守っていくためにも頑張っていこう」とあいさつし、一九七〇年代に作った曲「喜瀬武原」をギターを弾きながら歌った。この曲は、かって米海兵隊による155ミリ曲射砲を使用した「県道一〇四号線越え実弾射撃演習」が激化したころ、これに抗し演習阻止を実力で阻止しようとして着弾地の山に入り闘った労働者や学生たちの悲しい思いを忘れさせないために創った曲であった。さらに、その後、「まだ公表もしてない曲を、一番最初に皆様に届けることにします」と語り、自らギターで伴奏し、島田路沙さんが歌ってくれた曲が「対馬丸哀歌」であった。

『今日も暮れゆく海原に　船は沈みぬ波の彼方　遠き昔の悲しみに　南の空の月淡し』と、哀切をともなって流れる詩情に聴き入ったものだ。慰霊祭の受付でCDを入手することができたので、自宅に戻ってから何度も聴いたが、いい曲である。曲も詞も素晴らしい。

現在、マリア宮城バートラフ氏は米国に在住である。米人ジャーナリストとして活躍する夫のデーブ・バートラフ氏とともに、今回は、学童疎開船「対馬丸」の慰霊祭の取材のために来県したらしい。記者会見に臨んだデーブ・バートラフ氏は、「米国人を代表して謝罪したい。悲劇を米国に伝えたい」と語ったという。「対馬丸」事件の教訓は日本国民にとっては「負の遺産」といえる。沖縄の悲劇が米国に伝えられ、敗戦国日本の悲惨な実態が国民に理解されるようになれば、それが、世界中の人々の「遺産」になる日が訪れるかもしれない。

学童集団疎開の子供たちを大勢乗せた対馬丸は、昭和十九（一九四四）年八月二十一日午後六時過ぎ、那覇港を出発し長崎を目指していた。翌二十二日午後十時十二分頃、鹿児島県トカラ列島の悪石島沖を航行中に米潜水艦「ボーフィン」号の魚雷攻撃を受け沈没した。乗船者は、学童や引率教師、一般疎開者ら一七八八名であった。乗船者の約八割が帰らぬ人となった。

一九九七年、生存者や遺族らの要請を容れ、国は悪石島沖の海底探索を実施した。その結果、十二月十二日、悪石島沖の水深八七一メートルの海底で対馬丸の船体が発見された。遺族らは、船体の引き上げと遺骨収集を国に対し要求したが、技術的に困難だとされ、断念せざるを得なかった。そのとき、代替案として二〇〇一年六月、全額国庫補助で対馬丸記念館の建設が決定されたのであった。後日、対馬丸記念会の高良政勝会長は「今を生きる子供たちに対し、無念にも失った犠牲者がなし得なかった夢を実現してほしい。子供たちが夢と希望と平和にあふれた世界にすることが願いだ」と語った。

4、対馬丸記念館のオープン

「対馬丸記念館」が、八月二十二日午後オープンし、セレモニーが行われた。引き続き、一般に公開された。記念館が建立された位置は、波の上宮、波の上護国寺や蔡温・程順則の顕彰碑が建つ孔子廟の隣にある。「小桜の塔」から見て約二〇〇メートル北側にあり、旭が丘の謝名親方顕彰碑の脇を横断すると目と鼻の先の距離である。また、約二〇〇メートル先の海岸線には「波の上海浜公園」、通称「波の上ビーチ」がある。記念館二階の玄関からは、福木並木の向こうに海と若狭海岸に架かっている高架橋が見える。一週間ほど前に訪れたとき、ビーチいっぱいに、小さな子供連れの家族や夏休み中の児童生徒らが海水浴を楽しんでいる姿が溢れていた。少し泊港側に寄ると、「若狭海浜公園」がある。そこには、那覇市民の恒久平和への強い意志を表明したモニュメント「なぐやげ」が建立されている。「対馬丸記念館」は、平和と命の尊さを考え、今を生きる子供たちが学習していく上で好条件を備えた場所に建設された、と思った。「なぐやげ」の碑文の中に、次のような文言がある。

「沖縄戦は、一九三一年の柳条湖事件にはじまった日中戦争以来、十五年に及んだ戦争の最後の戦争であり、日本で唯一住民を巻き込んだ地上戦でありました。（中略）那覇市民の戦没者は二万八〇〇〇人余に及び、沖縄全体では二三万人余の尊い命が奪われました。私たち那覇市民は、戦争の惨禍を決して忘れることなく、愚かな戦争を再び繰り返してはならないと深く決意するものであります」

午後四時、やっと「対馬丸記念館」の施設内に入ることができた。玄関を潜って最も強烈に訴えるのは、何と言っても、やはり犠牲者の遺影や遺品である。一階の常設資料展示室には、一一六人分の遺影やランドセルなどが展示されていた。被災者は多かったが遺影や遺品が思ったより少ない。その理由として、戦没者の被災が疎開中の出来事であり、船が沈没し遺体すら発見できなかったことや対馬丸事件からあまり時を経ず十・十空襲で那覇の街の大部分が焼き払われたことなどがあげられている。対馬丸に乗船した子供たちの出身地は、無論全県にまたがっていたが、その圧倒的多くは那覇の学校の児童生徒たちであった。「戦時下での学校や遊び」などを想起させるために、対馬丸に乗る前の昭和十九年の教室を再現したというコーナーもあった。戦没者たちがこの世に生を受けたのは、ほぼ一九三〇年代の軍国主義が跋扈し、民衆が思想統制されていた頃であり、日本の歴史で最も不幸な時代であったことを象徴していた。今日の小学生が対馬丸や自分たちと同年代であった生存者たちの子どもの頃をどう見ているのか、講演の後などで回収したおびただしい数の「感想文」「作文」にも目を見張らされた。生存者や遺族の証言を収録した映像を映し出したり、当日は特別に、数名の生存者自らが直接に参観者に面談しながら対馬丸と遭難者たちのことについて熱い思いで語っている光景も見られた。また二階にも資料の展示や掲示物はあったがそちらの整備はこれからだな、という印象を受けた。沖縄戦の記憶を、次代に継承する取り組みは、今日、重要な意義があり、かつ大きな課題になっている。

対馬丸で犠牲になった幼い子供たちは「暗くてつらい戦時でも夢をもっていた」という。生存者たちは、「悲しみの大きさを希望にかえる努力」をし、この努力をしないと憎しみが報復の連鎖を呼び、この「報復の連鎖を断ち切る努力をすること」が自分たちに課された課題ではないか、と自問している。

5、六〇年経っても喪は明けず

対馬丸記念館が那覇市若狭の旭が丘公園に新設着工中であることは、ウォークの途中に何度か立ち寄り、知っていた。記念館オープンの際は、ぜひ行きたいと思っていたので、いざその日がやってきたら早速、若狭の記念館に向かった。新築され幾分整備が不行き届きな感じもあったが、記念館は来客や生存者・遺族関係の人々でごった返していた。混雑の中に、糸満市・平和祭で講演の講師を務めていた上原清氏を発見したが、彼は来客に対する案内を兼ねて、多くの人々に対馬丸や遭難した時の子供たちの様子を語っていた。対馬丸の犠牲者や生存者の悲惨な事例は幾つもあるが、上原氏自身、対馬丸沈没後に六日間もいかだで漂流し、九死に一生を得て奇跡的に生還した当事者の一人である。

また、対馬丸記念会会長の高良政勝氏も悲惨な体験の持ち主である。高良氏の家族十一名が対馬丸に乗船し、どうにか生還したのは本人（当時四歳）と姉（当時十七歳）だけであったという。兄弟の中では大学に在学していた長男が鹿児島にいて難を逃れ、救出された後、その兄が捜してくれたから再会もでき、さらに遅れて疎開してきた祖父母や親戚と合流することもできたという。表現するのに適切な言葉も見つからないほどの悲惨さと当事者たちの心の痛みは、体験者以外の想像を遙かに超えるものがあったであろう。いずれも、身につまされる出来事であった。

このような話題は、その他の生存者や遺族の身の上にもそれぞれにあったに違いない。戦時下の体験談を聞くたびに、一度起こった戦争はいつまでも尾を引いて人々を苦しめ続けるものなんだ、という実感が湧いてくる。対馬丸事件で犠牲になった児童らの鎮魂、国内外への平和の発信、遺族や県民の福利厚生施設としての拠点が念願通り完成し、関係者のみならず、沖縄県民にとってもうれしいことである。

対馬丸遭難者の慰霊祭が行われたその日、同船が沈没した時刻の午後十時二十三分、那覇の海に鎮魂の汽笛が鳴り響き、参加者は黙祷した。肉親を失った遺族らが追悼集会をもち、多くの夢と希望を持ちながらそれを絶たれて海底深く眠る学童や教師、一般疎開者たちを偲んだ。対馬丸記念館に並ぶ遺影に六〇年前の忌まわしい記憶とを交錯させながら、半世紀余にわたってどうにか生き抜いてきた来し方を思い浮かべていたに違いない。

沖縄県立公文書館は、沖縄戦が収められている写真や映写フィルムなどの映像資料を可能な限り一般市民に公開していく取り組みをしている。そんな中、ある日の映写会に喪服を着た夫婦が鑑賞に訪れた。その夫婦は、紛れもなく戦争体験者であった。このエピソードを捉え、同資料館の館長・山田義人氏は「沖縄では、六〇年経っても、まだ喪は明けてないいんですよ」と語った。

6、十・十空襲と対馬丸出港

対馬丸記念館が平和資料館として機能し、これから、世界の平和と人類の進展に貢献していく上で、「平和学習の場」として定着するよう願ってやまない。沖縄には、糸満市摩文仁の「県立平和祈念資料館」、糸満市伊原の「ひめゆり平和祈念資料館」などの優れた施設もある。これに加えて、県都那覇市には、「対馬丸記念館」が最も身近な「平和学習の場」としての存在意義がある。なぜならば、対馬丸に学童疎開のために最も多くの児童生徒を送り出したのは那覇市であり、対馬丸事件の生存者へ追い打ちをかけるかのように再度の惨劇をもたらした十・十空襲が繰り広げられたとき、最大の犠牲者を出したのも那覇市であったからだ。

「十・十空襲」とは、一体どんなものであったのか。一九四四年十月十日、午前六時四〇分、那覇市に突然空襲を告げるサイレンが鳴り響く。それから、空を切る焼夷弾、爆弾が飛び交う。小禄飛行場や那覇港が攻撃を受け、火柱や黒煙があがる。午後一時前までに四次の空襲があり、続く五次の空襲から那覇市街地に攻撃が集中する。可燃性油脂爆弾で木造家屋は燃え上がり、人々は火の海へと逃げ惑う。そのとき、那覇市の約九割の家屋が炎上した。那覇市では、民間人二五五人が死亡し、六一三人が負傷。当時の那覇市の人口が五万五〇〇〇人であったというから比率は大きい。十・十空襲は、一日にして沖縄最大の都市那覇をゴーストタウンに変えた。防衛庁の資料によると、米三八高速空母機動部隊の空襲は、五次にわたって行われた。その間、述べ一三九六機が沖縄本島とその周辺の島々、宮古、八重山、奄美などを襲撃し五四一トンの爆弾を投下したという。軍民の死者は六六八人、負傷者七六八人、民間の家屋被害一万一五一三戸などの被害であった。誰も予想しなかった出来事は、那覇市民はもとより、沖縄県民に大きな悲劇と衝撃をもたらした。それは、翌一九四五年三月以降の米軍によってもたらされる「鉄の暴風」の到来の予兆であり、沖縄県民の受難の始まりでもあったからだ。アメリカは物量面のみならず、軍事戦略面においても日本を凌いでいた。やがて始まる沖縄戦では、日本軍は、各面での劣勢さからほとんどなす術もないままに敗退を繰り返し、沖縄県民は膨大な犠牲者を出していく。「十・十空襲」は沖縄戦の始まりを意味すると同時に、具体的で大規模な戦災として真っ先に発生した衝撃的な出来事であった。

日本政府は閣議決定により、一九四四年（昭和十九年）七月、八万人を本土へ、二万人を台湾へ送り込む疎開計画を立てた。これを受けて、文部省は、七月十九日、学童疎開に関する通達を出した。学童疎開第一陣の学童約八〇〇人と一般疎開を含め一七八八人を乗せた対馬丸が那覇港を出発したのは八月二十一日であり、米潜水艦の魚雷攻撃を受け沈没したのは翌日であった。その頃、米潜水艦は沖縄近海を完全に支配下においていた。それにもかかわらず、あえて疎開船の対馬丸、和浦丸、暁空丸など児童など多数の疎開者を乗船させたのはなぜだったのか。「沖縄は戦場になるのだ。海上は危険だが、誰が生き残るか分からない。家族を分けて血筋を絶やさない事が、祖先への孝養だ」という親たちや県民の思いであった、と最近刊行された著書『沖縄を襲った米大艦隊』に記されている。はたして、どうだったのだろうか。十・十那覇空襲が那覇港をはじめ那覇市街地を襲うのは、対馬丸事件から約五〇日後のことである。

7、十・十空襲と那覇まつり

沖縄戦研究者の久手堅憲俊氏は、二〇〇四年、「十・十空襲六十周年」に当たり、「十・十空襲の真相に迫る」というサブタイトルで、『沖縄を襲った米大艦隊』を著した。一九七〇年、十・十空襲の「記録を市民の記憶の中に」とどめようとして催された「十・十空襲展」のために書き始めた資料がベースになっているという。著書で、十・十空襲に至る沖縄の情況がわかりやすく紹介されている。

「米軍側からすれば、沖縄を手に入れれば、日本軍ののど元に短刀を突き付けられる」「沖縄を攻撃・占領するアイス・バーグ作戦の前にフィリピンを落とすレイテ作戦が発動された」「真珠湾攻撃からまもなく日本軍にフィリピンを占領され、陣取っていたマッカーサーはオーストラリアへ追い出されていた」「米軍にとってフィリピン奪還は雪辱戦であり、日本軍の燃料や戦略物資補給基地を断つことが重要であった」「レイテ作戦を実行する上で不可欠であったのが、南西諸島への十・十空襲であり、台湾攻撃であった」「もし、沖縄に日本軍の航空機が計画通り配備されると、米軍にとって不利な状況になる」「だから、これから始まるフィリッピン攻撃の前に、叩いておくべき地域は沖縄と台湾だ」

十月十日は、全国民にとって「体育の日」であり、スポーツや健康に関連する行事やイベントが多い。東京オリンピックの開催を記念して設けられた公休日である。しかし、沖縄では、その日はもう一つの顔をもっている。その日は、「十・十空襲の日」でもあるのだ。一九七〇年、那覇市制五〇周年記念行事の一環として「十・十空襲展」が催され、これを契機に「那覇大綱挽」も始められたという。「那覇まつり」は三日間行われるが、十月十日がその初日で「那覇大綱挽」が行われる。

「那覇まつり」のメインイベントは「那覇大綱挽」である。二〇〇四年は、地元住民や観光客ら二十八万人が祭りに詰めかけた。沖縄最大の大動脈・国道五八号線を塞き止めて東西に分かれて大綱を引き合う。雄綱と雌綱からなる大綱は全長二〇〇メートル、直径一・五メートル、総重量四〇・一トンもあり、大きさ世界一だとしてギネスブックにも登録されている。雄大な旗頭が繰り出し中央で巨大なくす玉が割られると、護佐丸と阿麻和利が大綱上に登場しセレモニーが行われる。その後は一斉に爆竹が鳴り響き、笛と太鼓が鳴り響く中で「ハーイヤッ」の掛け声が天高く大空に響き渡る。那覇市国際通りでは「歩行者天国」、奥武山公園では「市民フェスティバル」が開催され、大勢の人々で賑わった。祭りの打ち上げの晩は、八時過ぎから約二〇分間、「十・十那覇空襲もこんな感じだったのかな」と連想させるような巨大な花火が二〇〇発も打ち上げられた。

十月十日、六〇年前に「十・十空襲」があった時刻にあわせて午前六時半から、小禄金城町にある「ガジャンビラ公園」では、「那覇十・十空襲六〇周年の集い」が開催された。集いでは、体験者の証言が披露され、被災者が多かった垣花の旗頭のもとで、追悼、平和祈願などが行われた。早朝、琉球古典民謡「散山節」が演奏され、死者の霊を弔った。「那覇まつり」の日、那覇を訪れる人々にとっては、「戦争と平和」について考えさせられる日でもある。

住吉町出身で空襲の体験者・普天間直精氏（七二歳）は、後にテレビの取材に答えて「鏡水の壕から、空襲で那覇の街が燃える姿がはっきり見えた。那覇港の水面に死体が浮かんでいるのも見えた。沖縄は復興し時代も流れたが、空襲のことは子どもや孫に伝えてほしい」と、語った。対馬丸記念館は、このような学習の場として最適の位置にある。本土や県内の児童生徒らの「総合的な学習」や「修学旅行」、観光旅行や生涯学習などでの「平和学習」、市民県民のウォーク・散策などでの立ち寄り所としても利用できる。

8、沖縄戦と対馬丸、金十丸

一九四四年八月、対馬丸が那覇港を出港し、翌日は米軍の魚雷攻撃を受けて沈没した。それから約五〇日後、十・十空襲により那覇市をはじめ南西諸島は五次にわたる猛攻を受け、未曾有の被害を受けた。その頃の米軍や日本軍、南西諸島周辺の情況はどうだったのか。

当時、台湾の膨湖列島の行政長官であった大田政作氏（元琉球政府行政主席）は、マリア宮城・バートランド著『対馬丸の悲劇』の中で、「序」に次のように記している。

「日本軍はソロモン開戦後は敗戦続きで、沖縄開戦とレーテ戦の間に台湾、膨湖列島に頻繁な空爆があったが、日本には反撃力もないような情況であった」「私は膨湖列島の六〇の島嶼の行政を司る地方長官であったが、レーテ戦で日本軍が出るや、知事と同格の権能の外、特に膨湖のみは台湾本島との交通、通信の杜絶を懸念し知事のもたない権限、例えば通信、交通、専売、各種公団その他に対する総督の指示権を与えられた」「レーテ敗戦の色が見えるや、山下奉文日本軍司令官が『敵は我が腹中にあり』と豪語している旨、報道されていたが、それは士気の喪失を心配しての虚報で、事実日本軍は山地に退いて長期持久の作戦態勢にあり、米軍の攻撃目標は膨湖列島か沖縄か二つの中の何れかであった」「食糧の備蓄については、軍から一年分の備蓄命令があった」

約一四〇〇機もの大量の航空機を積載した米高速空母機動隊を迎撃しなければならない沖縄にいた日本の第三二軍の備えはどうだったのか。久手堅憲俊氏は、前述の著書で次のように記している。

「米軍機を実際に迎撃・戦闘ができるのは、北飛行場の十二機だけ、南西諸島全体でも五〇機にも満たない航空機が配備されている情況であった」「満足なレーダーはないし、敵機の一割にも満たない機数しかない」「日本軍も米軍も重視していた北・中飛行場の対空防備陣地は、高射砲四四門、高射機関砲四四門、高射機関銃三六銃、レーダー二基という情況であった」

十・十空襲は、米第三八高速空母機動隊が沖縄本島東南端の知念岬の沖から飛来し攻撃したものであった。凄まじい空襲があったとき、何も知らされていなかった沖縄の住民は友軍の演習だと思い広場に出たり塀に昇ったりして歓迎の気持ちを込めて見入ったりした、という。しかし、とんでもない戦の始まりであったのだ。戦火の足音は、沖縄だけではなく、宮古・八重山・奄美などの南西諸島全域にも及んでいたのである。疎開計画については、一九四四年(昭和十九年)七月以降、奄美大島も沖縄と同様のことが行われていた。最近発行された書籍『金十丸、奄美の英雄伝説』(前橋松造著)に、次のような紹介がある。

「奄美から疎開者を乗せた鹿児島県十島村営『金十丸』(五七三トン)は、鹿児島に向かう途中、同じ悪石島の沖で米潜水艦に追跡されたが、運良く逃げのびることができた。それは昭和十九年の八月二十一日の真夜中のことである。金十丸と同じコースを航海した対馬丸が沈没したのは、その翌日にあたる。もしも、米潜水艦が、先に金十丸への魚雷攻撃に成功していたならば、逆に対馬丸は撃沈されるようなことはなく、無事に難を逃れていたに違いない。いくら、敵潜水艦といえども、同じ海域で二夜続けて、民間人を乗せた船を攻撃の標的にするような作戦はとるはずがないからだ」と。

戦艦大和が同じ東シナ海で撃沈されたのは、翌一九四五年（昭和二〇年）四月であり、対馬丸事件から八か月後のことであった。このような時代背景を、前橋氏は、「一九四三年、ニューギニアで玉砕した日本軍は撤退戦に追い込まれ、戦局は次第に追い込まれていた」「米軍機動部隊は、南西諸島を目指し迫ってきた」と分析している。日本の敗戦はすでに予想できる状況があった。

六、八・一五終戦記念日の前後

1、〈八・六〉広島では

二〇〇四年八月六日、広島は第五九回目の「原爆の日」を迎えた。平和祈念公園で行われた「原爆死没者慰霊式・平和祈念式」には、被爆者や遺族ら約四万五〇〇〇人が参列して行われた。原爆が投下された午前八時十五分、「平和の鐘」が打ち鳴らされ、参列者全員が黙祷した。名簿に登載された原爆死没者数は二三万七〇六二人で、被爆生存者の平均年齢は七二・二歳になり高齢化が進んでいる。

秋葉忠利広島市長は平和宣言の中で、犠牲者の冥福を祈るとともに、次のように述べた。

①「七十五年間は草木も生えぬ」と言われたほど破壊し尽くされた八月六日から五十九年。

②米国の自己中心主義はその極に達し、兵器を小型化し日常的に「使う」ための研究を再開して

いる。
③世界各地における暴力と報復の連鎖はやむところを知らない。このような人類の危機を、私たちは人類史という文脈の中で認識し直さなくてはならない。
④広島市は、平和市長会議とともに、これから一年を核兵器のない世界を創るための行動の一年とする。
⑤国連の核拡散防止条約再検討会議に向け、世界の都市、市民らは「核廃棄のための緊急行動」を展開する。
⑥私たちは「広島・長崎講座」に力を入れ、世界の子どもたちに被爆体験記を読み語るプロジェクトを展開する。
⑦日本国は、世界に誇る平和憲法を擁護し、顕著になりつつある戦争、核兵器容認の風潮を匡すべきである。唯一の被爆国の責務として、核兵器廃絶のため世界のリーダーとなるよう強く要請する。

日本政府に対し「平和憲法を擁護し、国内外で顕著になりつつある戦争、核兵器容認の風潮をただすべきだ」と訴え、国連を無視した米国の姿勢を「自己中心主義の極み」と批判した。その上で、核廃絶をめざす緊急行動への賛同を世界に呼びかけた。

その日、私は、沖縄の「六・二三慰霊の日」を思い出しながら、沖縄で合掌し黙祷した。沖縄・広島・長崎は、私の頭の中では同一線上の映像として浮かんでくる。さらに、時代が下って、その延長上に湾岸戦争やアフガン、イラクの戦争があるように思えてならない。日本は、人類は、こんな恐ろしい体験を持ちながら、どうして残酷なことを何度も繰り返し、戦争から逃れることができないのだろうかと、いつも考えさせられる。

広島市長の提言には共鳴するものが多かった。特に、米国市民が唯一の超大国として核兵器の廃絶の責任を果たすよう呼びかけていることには、大きな意味が潜んでいる。米国には、今でも原爆投下を正当化している風潮がある。原爆投下によって、日本の降伏を早めさせ、日本国民の人命を救ったんだという論調である。こんな論理には、核拡散防止だの核廃絶だのという主張は通用しないかもしれない、という危険性があるからだ。やはり、米国の自己中心主義の横暴さを国際世論・国連の力で押しとどめ、改めさせていくべきではないだろうか。

2、〈八・九〉長崎では

二〇〇四年八月九日、長崎は第五九回目の「原爆の日」を迎えた。平和祈念公園で行われた「長崎原爆犠牲者慰霊平和祈念式典」には、被爆者や遺族ら約五四〇〇人が参列して行われた。原爆が投下された午前十一時二分、鐘が鳴り響く中、参列者全員が黙祷した。名簿に登載された原爆死没者数は十三万四五九二人で、被爆生存者の平均年齢は七一・七歳になった。広島と同様に高齢化が進み、被爆体験の継承が課題になっている。

伊藤一長長崎市長は平和宣言の中で、犠牲者の冥福を祈るとともに、次のように述べた。

①五十九年前の八月九日、一発の原子爆弾によって、まちは一瞬にして廃墟と化した。死者七万

四〇〇〇人。今もなお、原爆後障害や被爆体験のストレスによる健康障害に苦しむ多くの人々がいる。
②米国が新たに開発しようとしている小型核兵器は、放射線障害をもたらす点で長崎原爆と違いはない。人類の生存に残された道は、核兵器の廃絶しかない。
③武力でなく外交努力で国際紛争を解決するため、国連の機能を充実・強化し、核不拡散条約再検討会議に向けて平和を願う地球市民の力を結集しよう。
④日本は、憲法の平和理念を守り、唯一の被爆国として非核三原則を法制化すべきだ。
⑤長崎市では、多くの若者が平和について考え、自ら行動するようになった。この若者たちの情熱に希望の光を見いだし、これからも被爆体験を継承し、平和の大切さを発信し続ける。
世界の核軍縮への停滞、テロ組織への核拡散の可能性もある中で、「最後の被爆地」として、長崎の役割の重要さを強調し、最大の核保有国である米国に「人類の生存に残された道は核廃絶しかない」と警鐘を鳴らし、平和を願う地球市民としての結集を訴えている。

私は、太平洋戦争における三大被災地の「六・二三」沖縄、「八・六」広島、「八・九」長崎の平和祈念式典における「黙祷」にあわせて、合掌してきてた。沖縄摩文仁の激戦地跡にある平和公園では式典会場にはこれまで何度も参列したが、広島・長崎の場合はテレビを観ながらの合掌である。原爆後遺症に悩む人々の映像を観ているだけでも、胸を締め付けられる。

二〇〇〇年に核保有国が核兵器廃絶を約していた包括的核実験禁止条約であったが、ブッシュ政権はこれに反対し、臨界前核実験を継続する一方、「使える核」の小型核兵器の開発に動き出した。大変危険な状況にある。米国の「核の傘」の下にある日本、被爆国としてのやり方があるのではないのか。平和憲法の平和主義、戦争放棄を謳った平和条項九条の精神を、日本政府はどうして強く世界の国々、人々に訴えることができないのか。思えば、米英軍によるイラク侵攻も、旧フセイン体制下の核開発疑惑が発端であった。米国に対抗するように北朝鮮が核兵器の開発・保持を表明し、イランが核開発に動き出した。核抑止力に依存した防衛戦略は、自国の核抑止力を上回る国の核開発を最も嫌い、これが動き出したり、自国を超えた戦力に到達しようとするときに火を吐くことが予想される。イスラエル、パキスタン、インドなどは核保有国である。これらの国々の動向、核の使用が世界戦争や人類の滅亡をも引き起こしかねない状況にある。ならば、今、やらねばならない事は何か。

長崎市長も、広島市長と同様に、非核三原則の法制化と日本の国際社会における平和創造の役割の強化を訴えている。両市の主張、提言には共鳴する事が多い。日本政府もこうあらねばならない。

3、〈八・一五〉終戦記念日

二〇〇四年八月十五日、五九回目の政府主催による「全国戦没者追悼式」が日本武道館で行われた。式典には、天皇、皇后両陛下をはじめ衆参両院議長、政党代表、遺族ら約六〇〇〇人が参列した。正午の時報を合図に、参加者の全員が黙祷した。追悼対象者は、戦死した軍人・軍属約二三〇万人と、空襲や原爆でなくなった一般市民約八〇万人である。

首相として四回目の式辞を述べた小泉純一郎首相は、君が代斉唱の後、「悲惨な戦争体験を風化せず、平和国家日本の建設を進めていく」という主旨の、次のような式辞を朗読した。
①あの苛烈を極めた戦いの中で、三〇〇万余の方々が、祖国を思い、家族を案じつつ戦場に散り、戦禍に倒れ、あるいは戦後、遠い異境の地に亡くなられた。
②先の大戦に於いて、我が国は、多くの国々、取り分けアジア諸国の人々に対し多大の損害と苦痛を与えた。国民を代表して、ここに改めて深い反省の意を表する。
③我が国は、戦後、平和を国是として、国民のたゆまぬ努力により、焦土の中から立ち上がり、幾多の困難を乗り越え、めざましい発展を遂げてきた。
④平和で豊かな今日、謙虚に振り返り、戦争体験を次世代に語り継ぎ、国際社会から孤立しないよう近隣諸国との友好関係を発展させ、世界の恒久平和を確立する責任を負っている。
⑤世界平和に積極的に貢献し、世界から一層高い信頼が得られるよう全力を尽くす。
なお、小泉首相は広島・長崎の平和祈念式典でも「今後とも平和憲法を遵守し、非核三原則を堅持する。原子爆弾による惨禍が二度と繰り返されることのないよう、恒久平和の実現に全力で取り組む」「我が国が今後とも国際社会の先頭に立ち、核軍縮・核不拡散の取り組みを推し進め、兵器の廃絶と恒久平和の実現に向けて取り組む」と述べた。

小泉首相は、「国際社会から孤立しないよう近隣諸国との友好関係を発展させる」というが、二〇〇四年の終戦記念日―八月十五日、小泉内閣の閣僚らが靖国神社に参拝し、近隣諸国のひんしゅくをかった。首相自身は一月一日に参拝を済ませていたが、しかしその影響は大きく、八月七日の日中両国のサッカーのアジア・カップ決勝に色濃く現れた。中国側が厳戒態勢を敷いたにもかかわらず、数千人の中国人サポーターが試合終了後に騒ぎを起こした。「日の丸」が焼かれ、日本人選手や応援の人々が辛い思いをした。また、韓国でも、十五日の「光復節」で日本の植民地支配からの解放を祝い、当時の人権侵害などについて問題提議が行われた。

自衛隊の海外派兵については、人道支援に絞れば、駐留場所を非戦闘地域に限定して派遣可能だとしてきた。今や、毎日のように自爆テロが起こっているイラクに駐留している。しかし、イラクの一般国民からは歓迎されていない。実質上の占領統治をしている米国ブッシュ政権の意を汲んで派遣されている格好である。二〇〇四年自衛隊は正式発足から五〇周年を迎えた。名実ともに軍隊として、イラクでの武装集団や治安維持面でも戦闘を伴う活動をするならば「平和憲法九条の改正」が必要となってくる。こんな状況のもとで、「憲法改正」論議が盛んになってきた。他方、「世界平和を確立する責任を負っている」という意を反映してか、日本政府は、国連安全保障理事会の常任理事国入り希望の意を表明している。この事に関して、パウエル米国務長官が「憲法九条は吟味されなくてはならない」、アーミテージ国務副長官が「憲法九条は日米同盟関係の妨げ」「国際的利益のため軍事力を展開しないと難しい」などと発言した。これら米政府要人の発言は米国の日本への内政干渉に値する発言だと言わざるを得ない。

4、参院選で自民党敗北

二〇〇四年七月十一日に実施された参議院選挙において、自民党は改選前の議席を確保できず、小泉政権内部に激震が走った。しかし、その衝撃をできるだけ抑え、小泉首相は、相変わらずの強気の政治姿勢と手法で以後の難局を乗り切っていく構えを見せた。

党派別の当選者数は改選議席一二一に対し、自民四九、民主五〇、公明十一、共産四、社民二、諸派・無所属五であった。これによって、改選後の新勢力は自民一一五、民主八二、公明二四、共産九、社民五、諸派・無所属七となった。自民党は、最低限でも改選議席五一を確保することが政権運営のうえで不可欠だとして取り組んできた。しかし、目標数の確保に失敗し、党首脳部は敗北を認めた。それは、二大政党化の流れが取り沙汰されていく中で、初めて迎えた試練でもあった。自民党の当選者数が野党の民主党を下回り、比例代表得票数が自民党一六七九万七六八六票、民主党二一一三万七四五七票となり、従来の構図を大きく変えたのである。選挙直後の七月十二日から十三日、朝日新聞社などが行った緊急世論調査では、政党支持率は自民党二七%、民主党二九%と出た。自民党が他党を下回ったのは一九五五年の保守合同以来初めての出来事であった。また、自公連立政権下の小泉内閣の急激な支持率低下が浮き彫りになった。調査は先述の新聞社などが、選挙直後とその一週後に実施したものである。それによると、小泉内閣の支持率は、七月十二日、十三日の時点で三九%、一週間後の十八日、十九日の時点で三六%であった。小泉内閣は組閣された頃は支持率が九〇%台のフィーバーぶりを発揮したが、その凋落ぶりが顕著になった。二〇〇二年六月に鈴木宗男前衆議院議員が斡旋収賄罪の容疑で逮捕された頃の内閣支持率は三七％であったが、今回は、これとほぼ並ぶものであった。

参院選で与野党間で争点になったのは、年金問題とイラクへの自衛隊派遣であった。それに、憲法九条・教育基本法の改正、郵政民営化の課題なども議論された。いずれも大改革をともなう大きな政治課題として浮上してきた。

年金問題については、その負担や将来の保障問題が絡んで、国民の不満や不公平感に対する十分な説明や合意がなされないままに政府・与党は法案の立法化を急いだ。そんな矢先、閣僚や現役国会議員の中に年金未納者が多数いることが判明した。景気低迷、失業率の高率推移、少子高齢化社会における将来の支給年金に対する不安などが、怒りと政治不信に変わった時であった。しかし、自衛隊のイラク派遣についても、当初は人道支援という観点から賛成した人々は多かった。しかし、米英主導による「大義なき戦争であった」ことが明らかになり、統治体制が長期化し、いつまでも繰り返される自爆テロと米軍による報復爆撃の残虐さを連日メディアを通して見るにつけ、判断のし方が変わってきたのではなかろうか。さらに、多国籍軍への参加が現実的に問われるようになると、自衛隊の長期海外派兵と駐留、平和憲法と海外派兵などへの疑問が渾然一体となってきて、決して安易に処理してはならないと気付くようになったのではなかろうか。多々ある世論分析などを見ると、これまで好意的であった層を含め、爆発する形で現行の政治に反旗を翻すように突きつけたのが今回の参議院選挙の結果ではなかっただろうか。

このように、国民から不信任を突きつけられながらも、二〇〇一年四月二十五日の就任以来、小泉内閣は三年四か月以上にわたたって政権を担っている。その在職期間は、一二〇〇日を超えており、戦後歴代内閣の中でも佐藤栄作、吉田茂、中曽根康弘、池田勇人、岸信介についで六位の位置にある。横暴な政治姿勢と手法を続けながら、入り乱れた派閥構造や政党間の軋轢の中をどうくぐり抜け、自らの政策や課題をどう遂行していくのか、疑問の多い小泉内閣である。国民は事態の推移を見守るより他はない。自公連立政権は、両党で新勢力一三九となった。選挙前、同政権の議席数は、絶対安定多数一四〇、安定多数一二九、過半数一二二だと言われた。公明党の政策や平和憲法・自衛隊の海外派兵に対する関わり方の問題も問われてくるに違いない。

5、イラク・辺野古への批判―沖縄で高まる

第二〇回参院選は七月十一日投票が行われた。沖縄選挙区では、全国で唯一の野党共闘の新人で社大党副委員長、糸数慶子氏が三一万六〇四八票を獲得し、自民党公認・公明党推薦の翁長政俊氏に約九万五〇〇〇票の大差をつけ初当選した。糸数氏は、国会における所属会派の問題が今後の課題として残された。また、自民党県連は、六月の沖縄県議選でも現職六人が落選し、さらに参院選沖縄選挙区及び比例区で敗れ、稲嶺県政の政治姿勢まで問われる結果になった。

糸数氏は、琉球政府時代からの沖縄の土着政党・社大党（沖縄社会大衆党）の副委員長であり、一九九二年に県会議員に初当選して以来三期目を迎えていた。同党前委員長で前参議院議員・島袋宗康氏の後を継いでの立候補であった。社大党・民主党・共産党・社民党・みどりの会推薦、

自由連合支持などの野党連合からの出馬であった。統一候補としての支持母体となった諸政党の政策や要望を集約するまでには紆余曲折もあった。かつて、沖縄の「革新共闘」は、復帰前の一九六八年に行われた主席公選、那覇市長選、国政参加における初の国会議員選挙などの三大選挙に勝利をおさめた。それはまた、祖国復帰運動の推進体でもあった。復帰後の選挙でも、その活躍はめざましいものがあった。県内十市の市長選のうち、八市で革新系が勝利し多数を占めた時期もある。しかし歳月の流れの中で共闘が難しくなり、分裂し、敗北が続くようになった。こんな教訓から、今回の選挙では野党共闘が結集された。共闘とは言え、以前のそれとはやや性格を異にするが、それでも基本は類似している。野党共闘とは、取りも直さず、稲嶺恵一沖縄県知事の県政に不満を抱き、その県政が依拠し、中央直結によってこそ地域振興は可能だとしている小泉内閣に期待が持てずにいた層の結集体である。

一方で、沖縄県内の与党勢力は、分裂が続いていた自民党が選挙巧者の公明党と組んだ自公体制が定着し、勝利を続けてきた。稲嶺県政誕生以後、県議選や那覇市長選、浦添市長選、稲嶺知事再選などで、自公体制が勝利した。そんな中で、稲嶺県政はＳＡＣＯ最終合意に基づく普天間飛行場返還の代替施設を名護市の辺野古沖とする県内移設計画の受け入れ態勢を、名護市長とともに堅持している。しかし、稲嶺知事が公約に謳ってきた「十五年使用期限」は日米政府に否定された形である。いったん基地が出来れば、これを十五年で撤去できるという発想が理解しにくい。全国の米軍基地の七五％は沖縄にある。こんな状況下で、米軍による強制的な土地接収ではなく、沖縄県民が自ら進んで軍事基地を提供していくという発想は受け入れ難いことであり、この事が県内世論として広がっていた。

糸数氏は、全国的に改憲論が活発化する中で護憲論を主張し、今回の選挙で争点になった年金改革関連法、多国籍軍への自衛隊の参加については反対の立場を表明していた。このことが、県民の支持を受け、当選につながったと言える。選挙結果で象徴的であったのは、十万票に近い票差がでたことと、普天間飛行場がある宜野湾市及び辺野古がある名護市の両市において糸数氏の得票数が対立候補を抑えたことであった。糸数氏の主張が支持された。これに対し、対立候補の翁長氏は、基本的に小泉政権、稲嶺県政の政策を容認し失業率を半減させるという経済振興策などを訴えたが、守勢に回り敗北した。

一方、ミュージシャンの喜納昌吉氏が、参院選比例代表で民主党から立候補し、初当選を果たした。他に、前沖縄県議会議長の伊良皆高吉氏が比例代表で自民党から立候補したが、落選した。喜納氏は、当選後のマスコミの共同インタビューに答えて「日本の安全保障は沖縄の負担の上に成り立っている」「まずは日本が米国から独立すること、今は、日本がアイデンティティーに目覚めるとき」「戦争や事件があってから行動するのではなく、継続的に活動することで平和は得ることができる」などと、語った。民主党は現状下の自衛隊のイラク派兵に反対の立場を取っている。喜納氏は、これまで「すべての武器を楽器に!」「日本には戦争は似合わない、似合うのは平和だ」と主張してきた。全国的な自民党の退潮、民主党の躍進の中で全国から得票して誕生した一年生議員の発言であったが、力強さが感じられた。

また、糸数氏は、当選直後のインタビューで「県民、国民に公平な社会、政治の実現をめざす。国会の平和ガイド役をめざす」と語った。「『平和』を選択した県民」という見出しで、社説に取りあげた沖縄の地元新聞もあった。

第二章　沖縄基地を考える

一、復帰三十二年

1、人間の鎖（普天間基地包囲）

普天間飛行場は、ＳＡＣＯ最終合意で約束された五―七年の返還時期が過ぎても返還のめどが立っていない。一方で、米国の海外基地再編論議がなされている。普天間飛行場の早期返還を日米政府に訴える取り組みとして市民、県民、県外から多くの人々が結集した。

周囲が約十一・五キロもある普天間飛行場を「人間の鎖」で包囲しようというものである。沖縄県内の民主団体が呼びかけ、結果として、二〇〇四年五月十六日、宜野湾市の中央に居座っている広大な普天間基地を一万六〇〇〇人余の群衆が完全包囲した。普天間飛行場の包囲は、一九九八年以来三回目で、嘉手納基地を合わせると六回目だという。私は、嘉手納基地の包囲行動に過去二回参加したが、普天間基地の包囲行動に参加するのは初めてであった。

午後二時から約一時間の統一行動があったが、意義深い取り組みだと思えた。直接、普天間飛行場の金網を眼前にしながら群衆と共に行動していると怒りがムラムラと湧いてきた。普天間飛行場には大きなゲートが三つある。これまで、普天間や嘉数側から普天間基地を見ることが多かった。今回は、趣向で、国道五八号線に面した大山ゲートに行くことにした。このゲートには、労組傘下の組織労働者たちをメインに一般の市民や子供たちが多数押し寄せていた。その日の最高気温は三一度、快晴。人々は帽子をかぶり、ゼッケンや腕章を着けている者が多かった。基地撤去やイラクからの自衛隊撤退を訴える文言を染め抜いた幟が数多く見られた。具体的な行動が三回あった。まず最初に二時に飛行場に向かい、次に二時二十五分に外に向き、二時五〇分には再度基地の中に向き直って、横一線に握られた手と手を高々と上げた。人々は抗議の声を発し、数珠繋ぎになった「人間の鎖」が十一・五キロにも及ぶ米軍基地—普天間飛行場を完全包囲した。

実は、普天間飛行場には思い出がある。琉球大学の学生であった約四〇年も前に、この米軍基地の中に入ったことがあるのだ。夏休みのアルバイトである。当時、琉大男子寮に入居していたが、私と同様に、二〇~三〇名ぐらいの学生たちが、約二週間、首里からそこに通った。ある民間人の紹介によるものであったが、送迎もあり有り難いと思った。しかも、賃金も高く、那覇港湾でのチェッカーやワッチマンなどより待遇が良かった。今考えてみれば、その頃、普天間飛行場は拡張工事が行われ、今日のような広大堅固な不動の米軍基地の布石が敷かれつつあったのである。一九六〇年代の前半という時代背景、時はまさにアメリカがベトナム侵略戦争にのめり込んでいく頃であった。米本国からは若い兵士たちが、沖縄経由で、ベトナムへどんどん送り込まれていった。米軍基地内には幾つもの一階建ての兵舎や倉庫と思われる建物がどんどん建設されていった。アルバイトの内容は、新築された兵舎の窓ガスのペンキを落としたり建物全般のクリーニングが主な仕事であった。敷地周辺は土地の凹凸が目立ち赤土が盛られているところが多かった。今日よく見かけるきれいな緑の芝生の光景はそう多くは見当たらなかった。その位置は、およそ、大山ゲートをくぐって四〇〇〜五〇〇メートルほど入った辺りであった。今回、ゲートから中を覗いても往事の面影は残ってはないが、当時の情景は今でも鮮明に思い出すことができる。時の流れを痛切に感じた。

2、〈五・一五〉平和行進と県民大会

沖縄の祖国復帰は、一九七二年五月十五日、実現した。二〇〇四年の五・一五は三二回目を数える。

平和行進は、五月十四日から三日間、沖縄本島では三コースに分かれて行われた。平和行進は、延べ一三〇キロを、行進団約八〇〇〇人が名護市辺野古から中南部の基地や戦跡を踏破する形で行われた。五月十五日には、宮古、八重山でも開催された。

沖縄本島の東コースでは、普天間飛行場の代替施設として目論まれている辺野古や泡瀬干潟の埋め立てが参加者たちの関心の焦点であったようだ。また、西コースでは何と言っても極東一の

広大さを誇る嘉手納基地と読谷などの米軍基地、南コースでは南部戦跡と沖縄戦や自衛隊のことなどが関心を呼んだようである。三コースは普天間基地包囲行動で合流し、その後、宜野湾市海浜公園で開催された「平和と暮らしを守る県民大会」へ再結集し、最終は、平和と沖縄問題を互いに確認し合うことになる。

「人間の鎖」の行動が終わった後、普天間飛行場の大山ゲートからコンベンションホールの隣にある宜野湾海浜公園まで徒歩で移動した。そこにある野外劇場が県民大会の会場である。国道五八号線を横断し、大山小学校裏に抜けて、昔の水田地帯に下りた。大山一、二丁目は、米軍基地に隣接し国道の東側高台にある。大山三～七丁目が低地帯で、その一部は農耕が盛んである。この低地帯は、ここから北谷町美浜や牧港を連結している宜野湾バイパスに至るまでの農耕地には色々な作物が作付けされていた。最も印象的であったのは、湿地を好む田芋が圧倒的に多く栽培されていたことである。今でも専業農家や農業を生計の中心に据えた兼業農家がかなりあると思われる。決して広いとは言えないが、農地は整備され、肥培管理が行き届き、野菜畑の広がりに安堵感のようなものを感じた。米軍基地が開放されれば農耕地は広がり、農家の暮らしはより豊かになるはずだが、と一瞬思った。米軍基地の多い中部一帯では、どこでも共通に言えることだと思う。

平和行進の結団式は、五月十三日、那覇市の県立武道館で行われた。それから三日間、行進団は連日の炎天下を踏破した。最終日、普天間飛行場の包囲から県民大会の会場に辿り着いた頃は誰もが真っ黒な顔になっていた。しかし、いずれの顔にも疲れは見えたが、気分的には爽快感が伺え、行動には明るさが表れていた。県内三コースの沿線を行進してきた彼らの代表が、大会で感想や道中の経過などを述べた。ほぼ共通していることは、沖縄基地の広大さ、沖縄基地が戦略基地として現実にイラク戦争に関わっていること、日米関係の在り方、日本のこれからの進路、などについての怒りや懸念などについてであった。一九七一年十一月の沖縄国会に際し、当時の屋良主席は沖縄側の要求を「建議書」に盛り込み上京したが、無念ながら衆院特別委は屋良主席の到着をまたず沖縄返還協定を強行採決した歴史がある。沖縄県民の要求は、沖縄の復帰の第一歩から退けられたのだ。新生沖縄県の課題は、沖縄県民が自ら率先して立ち上がらなければならない理由がそこにあった。

3、普天間飛行場返還への課題

「五・一五県民大会」の大会宣言で採択された内容は、①自衛隊のイラク派兵に反対し、米英軍・自衛隊を即時撤退させよう②平和憲法改悪に反対し、小泉内閣の戦争策動をやめさせよう③基地の県内移設阻止、基地の縮小・撤去、日米地位協定の抜本的見直しを実現しよう…などであった。

普天間基地包囲行動実行委員長を務めた佐久川政一氏（元沖縄大学学長）は、「ラムズフェルド米国防長官も、普天間基地は世界一危険な基地だ、住民が望まない基地は置かない方がよい、と言っている」と、大会で述べた。アーミテージ国防長官や国防総省は、今のところはＳＡＣＯ

最終報告を前提に事を進めている。しかし、米戦略構想における海外基地再編計画が見直される機運にある。特にイラク戦争における米軍事行動は他の同盟諸国からさえ支持を得られていない状況だから、再編計画は加速する可能性もある。日本政府の米政府に対する出方が注目される。沖縄基地の現在と将来を決定づける大きな契機を迎えているのである。稲嶺県政や日本政府がSACO合意や日米協定を見直し、大幅改訂を米政府に迫っていくには絶好の機会である。しかし、それをやってくれるかどうかは疑問である。

今回の普天間包囲行動で、画期的で最も印象に残ったことは、「世界一危険な基地」を抱えている宜野湾市が参加呼びかけを行うなどの大きな任務を果たしたことである。伊波洋一宜野湾市長は、同大会で次のようなあいさつをした。

「私は、普天間基地の五年以内返還を公約して市長に当選しました。普天間飛行場周辺の爆音被害が年々ひどくなり、この現状を、宜野湾市民の健康や文化的な生活を守る宜野湾市長としてこれ以上放置することはできません。日米両政府に対し、普天間飛行場の県内移設を前提としない立場で五年以内の全面返還を求めてまいります。今日の皆さんの行動は、今後の交渉に勇気を与えるものです。本日はどうも有り難うございました」

そして、同市長は市民レベルでブッシュ大統領にメールやハガキを三々五々に数多く発送してほしいと訴え、今度の包囲行動を背景に渡米する考えであることを表明した。

佐久川氏と伊波市長の発言内容には、聴衆を共鳴させるものがあった。この線で行動を推進すれば、不動のように思われた普天間飛行場も必ず動く時がくると思えた。一九九六年、当時の橋本総理大臣とモンデール駐日大使の共同会見で「普天間基地を五年ないし七年以内に返還する」という約束が交わされたが既に時は過ぎた。稲嶺恵一沖縄県知事の十五年の期間を構想した代替地辺野古を容認した方針では県民要求の解決にはならないし要求が弱い。環境アセスメント、埋め立て工事、滑走路や施設の工事、部隊移動など最短でも十六年から二〇年を要するといわれている。沖縄県及び日本政府の対米要求があまりにも弱く腰が引けているところに、問題が遅々として進展しない原因の一つがある。

大会で、多くの発言者が声高に訴えていた内容の一つは、先月の四月十九日から那覇防衛施設局が名護市辺野古に基地を建設するためのボーリング調査を開始したことに関する危機意識であった。基地の県内移設に反対する県民会議代表の山内徳信氏（元沖縄県出納帳、元読谷村村長）は、「ボーリングのための杭を一本たりとも打ち込ませてはならない。新たな基地建設を阻止しよう」と訴えていた。

4、宜野湾市発展への期待

米軍基地の存在は暗いイメージに繋がることが多い。普天間飛行場もその例に違わない。

宜野湾市には、米軍基地の外ならば、市民や観光客に親しまれている施設も多い。宜野湾海浜公園のトロピカルビーチと周辺の散策コースは若者や観光客に人気がある。その日は、気温が三一度に上昇するほどの快晴の日曜日であった。海水浴場には、グループやアベックで訪れた若者や子供連れの家族、近くに宿泊中の本土からの旅行者たちでごった返していた。平成五年、宜野湾市が設置したこのビーチは、敷地面積約四万八五〇〇平方メートルの人工ビーチである。毎年四月から十月末までの一年の大半は海水浴やビーチパーティーなどで賑わうという。ビーチの外側には幻想的な海上の遊歩道がある。ここに立つと、沖縄が世界に誇るコバルトブルーの大海原が開けている。海面には青地に白の波しぶきを上げながら水上を滑走していく快速艇の航跡がくっきりと何本も見える。遠くに、灰色がかった残波岬の島影も見える。ひときわ突出して見える高層の建物は日航ホテルアリビラであろう。目を転じて右を向くと、北谷町美浜やハンビータウンの店舗や高層マンションなどの凹凸の起伏がはっきり分かる。北谷のサンセットビーチまでは三～四キロの距離であろう。さらに手前には、隣接の全日空ラグナガーデンホテルと宜野湾漁港、ぐるっと回って南側には宜野湾港マリーナに出入りしているボートが見える。

宜野湾海浜公園

トロピカルビーチの緑の芝に包まれた中央広場には、若山牧水の名句「幾山河　越えさりゆかば　寂しさの　はてなむ国ぞきょうも旅ゆく」の歌碑が建っている。夕暮れ時、このポイントに身を置くと誰でも旅情をそそられるのではないかと推察した。一月のある日、中国出身の楽器奏者チェン・ミンの二胡演奏を鑑賞するためにコンベンションセンターに出向いた。予定の時間より少し早めに家を出てこの丘に立ったことがあるが、夕暮れ時の風情は忘れ難い。野外劇場もある。ステージ面積は二八五平方メートルで決して大きくはないが、収容人員は五〇〇〇名で、時々イベントがあるようだ。先述の五・一五県民大会はここで開催された。

公園は総合運動公園としての機能もある。ここには、野球場、屋内運動場、多目的広場、テニスコート、体育館などが完備されている。サッカー、野球、陸上などで汗を流している若者たちの姿を行くたびに見かけた。ウォークを楽しんでいる中高年層の姿もあった。さらに、宜野湾市勤労者体育センター、宜野湾市勤労青少年ホームなどの施設が隣接し市民向けのサービスを提供している。また、沖縄勤労福祉センターが市内字真志喜にあり、宿泊可能（収容定員一一〇名）なこの施設の存在も庶民には人気がある。

普天間飛行場を撤去すれば、その跡地にこのような施設がさらに増設できるであろう。そして、普天間から北谷、嘉手納、読谷にかけて一連の基地開放地帯としての連携を取りながら、宜野湾市はさらに発展するだろうと思った。

5、基地撤去は文化・生活の向上へ

宜野湾市には海浜公園、総合運動場、沖縄コンベンションセンター、大型ホテルなど、世界中の人々に誇れる貴重で国際色漂う文化・スポーツ・福祉などの関連施設が幾つかある。私は、今年三回もこの海浜公園に足を運んでいるが、特別の用はなくとも周辺の景色を眺めているだけで気持ちが癒されるから不思議である。県内有数の優良公園としての太鼓判を押したい。騒音公害に悩む飛行場を撤去し狭隘な基地周辺の民間の居住地域を拡大し、平和で安全な市民生活を確保することができれば、市民の文化・生活の向上は当然の結果として期待できることである。

宜野湾市にある公共施設の代表は何と言っても沖縄コンベンションセンターである。国内はもとより国外にも開かれた県内屈指の大型施設である。大小の展示ホールや劇場棟、レストランなどがある。ここでは、物産展や芸能・文化関係のイベントなどが頻繁に行われ、沖縄の産業・経済・文化の発展に大きく寄与している。今日の、沖縄の動向を占うことができるようなイベントがもたれ、沖縄発のメッセージがここから発信されている。

五・一五県民大会のあった日、劇場棟では、一風変わった公演があった。私は、ホールの玄関に張り出されていた宣伝ポスターを見て内容を想像するしかなかった。それは、混声合唱組曲「悪魔の飽食　永遠の不戦をうたう」という、全国縦断沖縄公演であった。池辺晋一郎氏の指揮で県内外から参加した約二五〇人の歌声を通して戦争の愚かさを告発しようという企画である。日中戦争、そして、生体実験が行われたといわれる七三一部隊の過ちを視座においた組曲である。これに加えて、原作者の森村誠一氏と池辺氏のトークを通して聴衆に訴えようというものである。他日、池辺氏はこの企画は沖縄で行い沖縄から発信することに大きな意義がある、という主旨の発言をテレビを通して行っている。会場に臨むことができなかったのは残念であるが、企画の主旨には大いに賛同した。

私は、海浜公園及び沖縄コンベンションセンターの周辺を約一時間ほど散策した後、国道五八号線まで歩いた。真志喜のバス停留所で琉球バス「那覇・名護線」上りに乗車し那覇に戻った。

二、イラクと沖縄基地を問う

1、「民衆法廷」・「沖縄公聴会」に学ぶ

「イラク国際戦犯民衆法廷（ＩＣＴＩ）沖縄公聴会」が、二〇〇四年、五月二十三日午後一時から、沖縄国際大学で開催された。私は、この法廷を傍聴し、勉強しようと思い出掛けた。

二〇〇一年九月十一日の米国における同時多発テロは全世界の人々を恐怖に陥れた。アルカイダやこれを支援する組織や国家などの行為は絶対に許せるものではない。その解決は、現実的には国際社会が国連に寄せる信頼と協力関係によって行われるべきものであった。ところが、米国の思いあがった戦争行為によって世界中の多くの国の人々を戦渦に巻き込み、不幸に陥れている。

米英など国連を中心にした連合軍隊は、米国はテロ行為の撲滅をめざしアフガニスタンに侵攻し、タリバン政権を打倒した。同年十一月には、戦争は最終局面を迎えていた。その頃までの戦争が第一の段階であろう。しかし、まだ終戦が確定しない段階で米国はイラク戦争計画を模索し

ていた。同年十二月、ブッシュ大統領はＣＩＡによる案を認める命令書にサインをした。二〇〇三年三月一日開戦を決断したといわれるが、そのシナリオは一年前に出来上がっていた。

そして、同年四月、ブッシュ大統領はイラク戦争を始めた。これが第二の段階である。それから一年が経過した二〇〇四年四月十日現在、イラク戦争における両国の戦死者は五〇〇〇人を超えた。その後、戦禍は拡大し、イラク中部の都市ファルージャにおける米軍によって殺害された人数はたった二週間で七〇〇名を越え、何千人もの負傷者や行方不明者が出た。開戦の根拠は、概略、「イラクが大量破壊兵器を所有し、テロ支援を行っている。核査察を拒否し、核を所有し続けるフセイン政権を打倒し、イラクを民主国家に造り替える」というのが大義であった。しかし、開戦から一年以上経っても大量破壊兵器は発見されなかった。イラク国民のいかなる外国人に対する支配も排除しようという動きが活発化した。五月には、バグダッドで、イラク統治評議会の議長が自動車爆弾で死亡したが、これは米統治に協力する議長を狙った自爆テロだとみられている。米国に対し協力的であった同盟国なども度重なる攻撃や危険を感じて撤退し始め、日本から派遣された自衛隊に対する信頼も低下した。それどころか、自衛隊や外国の軍隊はもはや身辺の安全確保が困難な状態に陥った。

大きな犠牲を強いられ、その結末が見えてないイラク国民に対しどんな対応をすれば良いのか。本音は国連や国際刑事裁判が戦争犯罪を裁き、それなりの対応をしてほしいところである。しかし、現実は戦争は継続している最中であり、米国政府は国際刑事裁判に批准していないという。このような事情を背景にして、民衆の力によって国際法に基づき戦争犯罪を裁こうというのが民衆法廷である。

私は、民衆法廷については、ほとんど知識もなければ、これまで傍聴したこともなかった。しかし、ブッシュの戦争政策とイラク戦争および沖縄の米軍基地について、民衆法廷の沖縄公聴会がもたれるという情報を得た。日々伝えられるマスコミ情報に接しどうしようもないような心境に駆られ、イラクの人々の痛々しい現実に心を痛めている時であった。早速、日程と場所を確認し、勉強したい一心から宜野湾市にある沖縄国際大学の第十号棟厚生会館ホールに向かった。会場には、一般市民・学生や平和団体、ボランティア、マスコミ関係の人々などが一二〇～一三〇名程が参加していた。午後一時から五時過ぎまで、色々と勉強することができた。また、会場入口には多種多様な資料や図書の提供・販売、最新イラクの写真パネル―ファルージャ虐殺やイラクに出撃した海兵隊の写真パネルが展示されていた。さらに、沖縄公聴会のスタッフメンバーが北谷町美浜に出掛けて現役の米海兵隊兵士の四組十一人の生の声を取材し普段の兵士の姿や若い取材班の感想などを紹介していたがなかなかアイディアの効いた企画だと思った。

2、民衆法廷の意義は何か

イラク国際戦犯法廷実行委員会を代表してあいさつに立った前田朗氏（ＩＣＴＩ共同代表、東京造形大学教授、専攻は刑事人権論・戦争犯罪論）は、次のような論旨の話をした。この主張こそ民衆法廷の意義であろうと思った。

「主要な戦闘は終了したという無定見なブッシュ大統領の放言から一年が経った今もイラク各地で戦闘が続いている。戦闘とは軍隊と軍隊の交戦、イラクで起こっているのはかなりの部分が軍隊による民間人への一方的な無差別殺人。これを戦闘と呼ぶには、ブッシュの戦争犯罪を見えなくする。ブッシュ大統領は、『テロとの戦い』と称して、自分の犯罪を合法化しようとしている。しかし、イラクで起こっていることは、単に、テロと言えるのだろうか。むしろ、米英軍による不当な占領と考え、占領軍の撤退を願い、イラク人民の自治権や自由と平和を求める闘いではないだろうか。これは、『イラク・レジスタンス』という正当な名称で呼ぶべきではないだろうか」

「アブグレイブ刑務所における拷問と虐待は、侵略軍の本質を見事に世界に示した。ブッシュ大統領は、『フセインの拷問室はなくなった』と述べたが、『ブッシュの拷問室』をつくってどうするのか。ブッシュ大統領がイラクに持ち込んだのは大量破壊兵器と拷問室であった。自由と民主主義は持ち込まなかった。収容所における拷問と虐待の写真は一〇〇〇枚以上あるといわれるが、公開されたのはその一部である。既に、何人もの兵士が虐待は上官の命令だったと証言している」

「私たちＩＣＴＩ実行委員会は、これまで日本国内で三回の公聴会を開催し、イラク侵略の違法性、不当性を確認し立証してきた。昨年三月二〇日に始まったイラク攻撃に対し、地球を包み込んだ世界の反戦平和運動は新しい運動として民衆法廷の運動を展開している。民衆法廷のグローバル化が始まった。民衆の法―権利実践による平和運動のグローバリゼーションを一層進めたい。すでに起訴状の作成に入っている。本日の公聴会は、占領の違法性を解明し、ブッシュ大統領と小泉首相の戦争犯罪を立証し、検事団の起訴状作成に役立つ公聴会となる。『侵略者の一味』になることを拒否し、二十一世紀の沖縄を、侵略やジェノサイドに加担させられる島ではなく、アジアの平和と連帯のキーストーンとするために、ともに頑張りましょう」

3、沖縄法廷での証言

沖縄法廷での証言者は、C・ダグラス・ラミス氏（沖縄国際大学講師、専攻は政治学／一九八〇年から二〇〇〇年まで津田塾大学教授、一九六〇年に海兵隊として沖縄に駐留し翌年除隊）、矢ケ崎克馬氏（琉球大学理学部長、理学博士、専攻は物生物理学／鳥島劣化ウラン弾誤射事件調査に関わる、二〇〇三年アフガニスタンICTA第三回公判で証言）、宮城康博氏（名護市議会議員／市民アセスなご事務局長、ジュゴン保護キャンペーンセンターSDDC共同代表）の三人であった。当日の話、及び配布された資料等で訴えている内容には次のような強調点があった。

（1）ダグラス・ラミス氏は、「イラク攻撃・占領とアメリカの世界戦略」をテーマに、イラク侵略戦争の違法性を指摘し、民衆法廷の性格や意義などについてゆっくり語った。

「民衆法廷に出席したのは今回が四回目である。民衆法廷とは、一体どんなものか。反戦集会などで意見を述べ、反戦運動を展開していくということと、裁判で戦争犯罪を裁くというのは違いがある。国際法廷では、慣習法や国際法に照らしその犯罪性や違法性を追及していく。イラク戦争は侵略戦争であり、国際法に違反している。イラク戦争では、大量破壊兵器の所有やアルカイダとの関わりなどが問題になった。しかし、それは明確にはなっていない。アメリカは、他国に統治権を行使しようとしている。しかし、統治権は自国においてのみ行使が可能であり、他国においては許されない。アブグレイブ刑務所における拷問や虐待も人道上の問題がある。東条英機は軍事法廷で裁かれた。何をやったか、それが犯罪である時に裁かれる。アルカイダやテロ集団の場合、その組織があるというだけでは法は及ばない。しかし、捕虜や犯罪容疑者に対し人間扱いしないことも起こっている。国際法では、自己防衛のためならばと称し許される戦争もある。民衆法廷の意義を理解することは重要である」

（2）矢ケ崎克馬氏は、「戦争と環境汚染・被爆の関連」などについて、スライドや参考資料、細かいデータなどを駆使しながら語った。

「私は、琉大で二十二年間講義してきた。劣化ウラン—体内被爆の危険性などについて、このような場に出掛けて話したり講演をしたりすのもその内容や恐ろしさを知ってもらうためである。一九九一年の湾岸戦争で劣化ウランが投下されたイラク南部バスラでガンによる死亡者が増加した。一九九八年、第一次湾岸戦争以後のガンによる死亡者は約十人前後であったが、二〇〇四年の現在では六〇〇人余に増えている。特に、今回のイラク戦争ではバグダッドなどの人口密集地に投下されたので、数年後には爆発的にガンの大量発生が予想される。今後どのような被害が出るか予想できない。米英の戦争犯罪は、永遠の環境汚染と限りない被爆者の発生を生む犯罪でもある」

資料によると、イラク戦争では一七〇〇トンの劣化ウランが使われたという。これは、広島に落とされた原爆の量と比較すると実に三万倍にも及ぶそうだ。これが、イランの地に永久に発ガン、奇形、環境汚染を残していくであろうという一点を捉えただけでも戦慄が漂う問題である。

（3）宮城康博氏は、「新基地という複合犯罪」というテーマで、豊富なスライド資料を示しながら話った。

「新基地建設は、複合的な犯罪である。新基地建設は、普天間飛行場返還に伴うサギ行為であり、日本政府の事業というトリックでもある。植民地政策の形態が伺える。SACO関連事業の環境影響評価のためのボーリングが始まろうとしている。一方で、島田懇事業も進行している。マルチメディア館の建設、ネオパークの整備、名桜大学の整備工事などが行われ、北部地域や十三市町村の振興・発展のために事業として推進されている。しかし、これらが新基地建設の見返りであってはならない。県内移設と振興策の間で、住民は苦しみ、地域社会が引き裂かれている。島田懇の補助事業は概ね箱モノ事業であり、後で施設維持管理費用の捻出に困っている例が多い。米軍普天間飛行場を名護市辺野古沖へ移設する計画は許せない。基地建設は断念させることができる。行政側は説明責任を果たせないでいる。環境省がようやくジュゴン保護に動き出したが環境配慮事業の説明はまだやっていない」

資料によると、ジュゴンは、世界中に約十万頭が生息しているという。生息数は年々減少傾向にあり、日本は沖縄本島中北部東海岸にわずか五〇頭未満が生息しているのみだという状況だ。沖縄は観光立県を謳っている。エコツーリズムが重視されるようになっている昨今、美しいサンゴ礁の海、命を育む海は沖縄の生命線だと思う。決して、戦争のための基地に提供してはならない。

4、戦争以上の犯罪はない

民衆法廷のモデルになったのは、ラッセル法廷と呼ばれるものである。アメリカによるベトナムにおける「北爆」が激しくなった一九六六年、アメリカの戦争犯罪を裁くための計画が「アメリカの良心へのアピール」によって示された。

同年十一月、哲学者ラッセルと物理学者アインシュタインが提唱し、哲学者サルトルを裁判長にして「国際法廷設立会議」が開かれた。第一回ストックホルム法廷、第二回コペンハーゲン法廷を開催し、その後に追悼集会、ストックホルム会議、パリ世界集会、東京法廷などが続いた。アメリカの戦争の不正義に怒り、犯罪を阻止したいと考えたラッセルやアインシュタインは、自らの責任において主体的に世界の反戦平和運動に呼びかけ、アメリカの良心に訴えたのである。

世界各国には、憲法をはじめ刑法や刑事訴訟法などの国内法がある。国際法は、連合軍や国連やＮＡＴＯなどの協力を得て遂行される。一九九八年、ローマ会議において戦争犯罪を裁くための裁判所を設置するための国際刑事裁判所（ＩＣＣ、ハーグに常設）規定が採択された。そして、これは二〇〇二年四月に六〇か国の批准が実現し（署名は一三一か国）、七月一日に発効した（七一か国が批准）。二〇〇三年八月現在の批准国は九一か国だという。しかしアメリカと中国が批准してないし、日本は署名も批准もしなかったという。日米のこのような存在は、現実的な実効力をもたせる点での課題でもある。

民衆法廷は、国際法上の根拠があらかじめ示されているのではないが、やはり慣習法や国際法などを基本にしながら民衆自身が自らの責任において、自らの意思と行動を展開していくことになる。ラッセルやアインシュタインは、国際人道法、国際人権法、人民の自決権などを拠り所に訴えたという。ICCでは、侵略の罪、ジェノサイド、人道に対する罪、戦争犯罪などの対象犯罪を絞り込んだ形で裁くことになった。議論の段階では、植民地犯罪、テロ犯罪、環境破壊犯罪、麻薬犯罪なども上がったが、結果的には批准合意が得られなかったという。

犯罪と名が付くものは、いずれも許せるものではない。戦後半世紀の中で、ナチス・ドイツの戦争犯罪、日本軍国主義の犯罪、朝鮮戦争・中東戦争・湾岸戦争・ベトナム戦争などの戦争犯罪、旧ユーゴスラビアにおける「民族浄化」ジェノサイド、ルワンダにおける一〇〇万人規模のツチ族の虐殺など、いずれも残虐非道な人間虐殺を伴う犯罪などがあった。戦争犯罪は残虐さやその殺戮・殺傷の規模において他のいかなる犯罪よりも大きい。国家やICCなどが裁けない犯罪については、やはり民衆法廷の活躍が必要になってくる。

5、イラクへ沖縄基地から出撃

二〇〇四年二月、沖縄に駐留する米海兵隊三〇〇〇人がイラクに派兵された。キャンプ・シュワブから一七〇〇人以上の海兵隊がイラクに向かった。四月、イラク中部の都市ファルージャで七〇〇人以上のイラク市民が殺害されたが、この事件にはキャンプ・シュワブの海兵隊が関わったといわれている。今、名護市辺野古では普天間基地の代替施設を前提にしたボーリング調査が始まった。金武町では、キャンプ・ハンセン演習場「レンジ4」で、都市型戦闘訓練施設の建設が着工した。沖縄基地は在沖米軍のイラク戦争への出撃基地として機能している。従って、イラク戦争の犯罪の責任の一端は沖縄にもある。そうであるだけに沖縄県民は心が痛むのである。五月三〇日、「世界を平和でつなごう　二〇〇四年　満月まつりIN沖縄」というイベントが名護市東海岸『辺野古ヌ浜』で開催された。戦争・差別・飢餓のない平和・人権・環境が輝く二十一世紀の共生社会をめざすという運動の一環として取り組まれた。午後四時から九時過ぎまで、フォークや民謡などを歌い、「ジュゴンの海に基地はいらない」などとアピールし、全世界に向かって訴えた。またこれに呼応して、同様のイベントが同時開催でフィリピン、オーストラリア、コスタリカ、プエルトリコ、アメリカ、北海道、東京、大阪、奄美、宮古、八重山などでも企画された。このような反戦平和への取り組みが、今沖縄では様々な形で行われている。

なお、同公聴会は、その後は国内で神奈川公聴会、東海公聴会、第一・二回公判が京都で、第三・四回公判が東京でが行われ、二〇〇五年三月二〇日にイスタンブール最終公判が行われる予定である。

三、日米地位協定をめぐって

1、日米地位協定に関する意見交換会

広大な米軍基地を抱え基地問題や軍人・軍属らによる事件や事故が絶えない沖縄で、その問題解決をめざす「日米地位協定に関する意見交換会」が、二〇〇四年七月二十七日、宜野湾市で開催された。県内の超党派で構成する「日米地位協定改定を実現するNGO」（親泊康晴・比嘉幹郎代表）が主催し、地元沖縄の新聞・ラジオ・テレビなどのマスコミ関係七社が後援し実現したものである。米軍基地として施設を提供している自治体の基地関連業務担当者を中心に、会場には一般県民も合わせて約一三〇名が集った。

開会では親泊康晴氏（元那覇市長）、閉会では比嘉幹郎氏（元沖縄県副知事）の両NGO代表がまさに超党派の立場で「不平等な日米地位協定の改定」を目指し、意見交換を通して問題解決の前進を図ろう、という主旨のあいさつをした。

集会の具体的な目標は、「日米地位協定の問題点」「自治体の基地行政の問題点」などについて意見交換を行い、レポーターを務める自治体側からの提議を受けた後に質疑を交わすなど互いに学習し今後の対応に生かしていこう、という主旨であった。自ら抱える自治体の課題を、レポートを基にマイクを通して訴えたのは十市町村であった。その中から、北谷町長が基調報告を行った。資料の提出のみにとどまった自治体が五市町村あった。

基調報告に立った辺土名朝一北谷町長は、県内でも有数の米軍基地被害に苦しめられてきた自治体の歴史や現況、悩みなどを多岐にわたって報告した。

「北谷町は、去る大戦で壊滅的戦災を受け、その後も厳しい状況が続いた。そんな中で、戦後約四〇年も経ってようやく実現した軍用地返還と埋め立てで西海岸地域の活性化が図られた。軍用地返還が実現し、跡地利用で町づくりが進み、現在良好な生活基盤が確保されつつある。北谷町の町づくりは軍用施設の返還が原点であり、跡地利用の縮図になっている。かって町有地の六五%が軍用地であった。昭和五十六年から平成五年にかけてハンビー飛行場などが返還され、平成七年のSACO合意でキャンプ桑江の返還が決定した。米軍基地の割合は今でも五三・五%に及ぶ。米軍基地が返還された後に発生する問題もある。美浜で大量に発見された米軍放置の『タール状物質』やキャンプ桑江北地域での『土壌汚染』『埋蔵文化財の発見』の問題などが持ち上がった。基地に対する環境汚染の責任を米軍が負ってない日米地位協定は問題がある。具体的な処理や撤去に関しての取り決めや補償はなく、『見舞金』の形での対応を迫られ、日米地位協定の壁に阻まれ、苦渋の選択をせざるを得なかったこともあった。日米地位協定は改正する必要がある。基地返還に際しては、返還前環境調査を行う必要がある。米軍基地の問題に直面したとき、日本政府の米国追従で沖縄切り捨て政策を再認識させられた。日本政府の外交姿勢は大きな問題がある。また、日米合同委員会の合意事項については速やかに公表し、外務省の機密文書『日米地位協定の考え方』増補版に対しその『説明責任』を要求していく必要がある」

北谷町など四市町村にまたがるキャンプ瑞慶覧には、在沖海兵隊司令部があり、具志川市のキャンプ・コートニーと並んで海兵隊の中心的機能をもっている。キャンプ桑江には海軍病院もある。沖縄にある米軍基地は、海兵隊を中心に編成されているということを考え合わせると、北谷町の米軍基地に対する悩みは、沖縄県民の悩みでもある。他の自治体からも興味深い報告が数多く寄せられた。

2、日米地位協定の懸念が現実に

米軍基地を抱える市町村の行政担当者や基地周辺に住む住民たちが集った場であるだけに、直面する日米地位協定の問題点や行政上の課題などが次々に提議され、質疑や論議が交わされた。

宜野湾市の担当者は、「米軍が施設内で運用上何でもできると解釈がなされているようである」とし、「宜野湾市で最も大きな課題であり危惧していることに、危険な住宅地上空での旋回飛行訓練がある。これは、地位協定第3条第1項を拡大解釈したものだと思われる。このような解釈が可能な地位協定に問題がある」と、強調した。「住宅地上空での旋回飛行訓練は何に基づいて実施しているのか」という問いに対し、那覇防衛施設局は「日米安保条約や日米地位協定に規定はされていないが、軍人の能力の維持のためであり効果的運用を行っている」と回答したという。

こんな議論をしてから約二週間後の八月十三日、宜野湾市の住宅地の一角にある沖縄国際大学に米軍ヘリが墜落し、炎上した。地位協定には米軍機事故に対する条項もない。まさに、日本は法治国家としての主権が問われている。米軍施設ではない沖縄国際大学で起こった事故に対し、加害者の米軍によって県警は墜落機の検証や事故の捜査を拒否され、報道機関は撮影したフィルムの提出を要求されるなど、屈辱的な事態が発生した。米軍のとった行為に対し、九月七日の参院沖縄北方特別委員会で、川口順子外相は根拠を明確に示さないまま「協定違反ではない」との立場を表明した。日本政府の対米従属姿勢にはあきれるばかりである。日米行動委員会では、事故については捜査協力や現場管理の役割分担のガイドライン策定を目指す考えだという。いわゆる、日米地位協定の抜本的改正に踏み込まず、目先の小細工による「運用改善」で切り抜けようというわけだ。

具志川市の担当者は、平成十四年にキャンプ・コートニー所属の米海兵隊少佐による女性暴行未遂事件が発生したことを踏まえ、「起訴前の身柄引き渡し要請を米側が拒否したことから、容疑者の身柄拘束まで十七日間もの期間を要し、日米地位協定が壁になった」と、報告した。これまでに、具志川市では、燃料流出事故、ＰＣＢ汚染問題、軍属車両による人身事故や接触事故、鉛汚染問題、投石問題などのトラブルが発生した。そのたびに、通報体制の確立や事故原因の早期究明と報告、安全管理の徹底、貯油施設への防災上の立ち入り調査の許可などを要請したが、米軍の対応は現場での説明のみで文書による回答はなかったという。「米軍基地内に日本の国内法が適用されないために米軍が日本の環境基準の遵守義務を定めてないし、立ち入り権も認められていない」ことや、基地返還の際「米軍に返還後の原状回復義務を負わせていない」ことなどは、現行の日米地位協定に起因している、と指摘した。

金武町の担当者は、二点に限定して訴えた。一つ目は、今年に入って、米軍車両によって町内の農地が踏み荒らされた事故が起こったことについて、日米地位協定第五条の改訂が必要だと述べた。町では、事故が起こるたびに関係機関に対し、米軍車両の民間地域への乗り入れを禁止するよう抗議をしてきたが改善されなかった。しかも、キャンプ・ハンセン所属の海兵隊員は、その多くが沖縄赴任六か月未満の兵士が多く、地元の地理などについての知識が乏しいことも理由になっているという。米軍車両の施設間の移動が民間地域においても認められている日米地位協定に問題がある、と指摘した。二つ目は、キャンプ・ハンセン内の訓練場・レンジ4において米軍特殊部隊グリーン・ベレーが使用する複合射撃訓練場の建設について、である。戦後半世紀以上にわたって金武町は軍用地に接収され、現在、米軍基地は町面積の六〇％を占めている。日常的に行われている米軍の実弾射撃演習や事件・事故と隣り合わせに生きてきた金武町民にとって、新たな訓練施設の建設は住民感情を無視したものであり許せない、と憤りを見せた。去る五月二〇日、建設反対の町民大会をもち、日米両政府への要請を行ったが日米地位協定の壁に阻まれた、と報告した。

3、極東一の米軍基地カデナ・基地の街コザ

嘉手納町の報告者は、苦情が最も多く寄せられるという航空機の騒音問題を中心に報告した。「基地被害情報一一〇番には、平成十五年度の騒音関係は一〇四件の報告があった。一番騒音が激しい屋良地区で七〇デシベルを上回る騒音が年間四万一二四五回、一日一一六回発生した。町

では、基地から発生する諸問題の中でも騒音問題は行政の大きな課題としてその改善を求め毎年、在沖米軍・防衛施設庁へ海軍駐機場の早期移転・F15戦闘機による滑走路上での急旋回、低空飛行、急上昇、編隊飛行の禁止その他基地公害の予防対策を強く要請してきた。一九九六年のSACO合意により、『嘉手納飛行場における航空機騒音規制措置』として海軍駐機場を基地奥地へ移設することが公表された。しかし、あれから年数が経っているにも関わらず解決していない。町としては、航空機騒音規制措置の徹底遵守と基地被害の除去・軽減緩和を強く要請していく」

嘉手納基地は、米軍航空隊が使用している極東最大の基地だといわれている。報告書によると、嘉手納基地には、F15イーグル戦闘機四八機、KC135R戦闘機十五機、P3C対戦哨戒機十機など約一〇〇機が常駐している。これらの常駐機のほか米空母艦載機F18戦闘攻撃機、山口県岩国基地からの外来機ハリアー攻撃機その他、韓国オサン基地・米本国などから飛来する米軍機の離着陸訓練、エンジン調整、タッチアンドゴーの通常訓練・飛行場改修工事に伴い飛来する航空機・海軍駐機場から派生する爆音・異臭・洗浄水の飛沫など枚挙に暇がない程だ。

このように、基地カデナは、とてつもなく大きな基地機能をもち、沖縄本島の中心部にドカッと居座り、嘉手納町民はもとより、沖縄県民を苦しめ続けている怪物なのである。しかし、嘉手納町は米軍基地に半ば依存している。沖縄市も嘉手納町とやや似たところがある。

沖縄市の担当者は、二〇〇四年四月十六日付けで米軍から通告が出た「在沖米軍による沖縄市内三店舗へのオフ・リミッツ」について、報告した。全軍教化委員会の名で、四月九日以降無期限ですべての米軍関係者の三店舗への立ち入を禁止する、という通告が出されたのである。その理由は、「米構成員及びその他の米軍関係者の健康・安全・福利に悪影響を及ぼす状況があるから」とし、掲げられた項目が五つあった。その内容は、該当する三店舗「クラブ」の付近で暴力行為が頻発したことや米軍の生活指導巡回・憲兵隊・法執行機関などの立ち入り拒否、照明の不十分さ、二十歳未満者の飲酒の容認、午前零時以降に米軍関係者に対する飲み放題の提供、などである。四月十六日、沖縄市商工会議所から市に対しオフ・リミッツ解除の要請が提出され、これを受けて市は関係機関と折衝し解決に当たった。そして、当面の解決を図ることができた。「米軍の生活指導巡回」について、県や県警は当初、国内法（司法警察権）に抵触するとして受け入れなかった。しかし、①米兵らの身柄拘束など日本側の警察権を米軍が侵害しない②制服による指導は認めない、などを条件に容認したという。県警の「基地外の治安責任は警察にある」という考えのもと、日米地位協定第十八条第十項を生かす形で、オフ・リミッツは解除されたという。沖縄市が考えたのは、日米地位協定の運用改善についてであった。

4、日米地位協定への憤懣

次に列挙するのは、意見交換会のあった日、会場での発言内容または回答、説明などである。日米地位協定の改定の必要性を訴える意見が、会場の雰囲気を圧倒していた。メモに基づいて記しておこう。

【日米地位協定に関連して】

①住宅地の上空での飛行演習は、法的には何を根拠にしているのか。
②地位協定第三条一項、三項とはどんな内容か。
③地位協定第三条に対する外務省の考え＝日本の公権力をアメリカに与えた条項、ではないか。
④地位協定第三条一項の「管理」と「演習行為」は区別すべきではないか。
⑤現行日米地位協定は、復帰以前の本土のみを対象としてつくられたもの、復帰以後は変わったのではないか。
⑥米軍関係の事件・事故の解決には日米地位協定の運用改善では不十分だ。
⑦地位協定で、自治体首長の権限をどう生かすか。国と自治体との協定も必要、アメリカの合衆国と州の関係を参考に。
⑧アメリカは、現行日米地位協定を立派な協定だと考えている、これをどう動かしていくのか。
⑨アメリカ側の安全基準を踏まえた日米協定が必要ではないか。
⑩米軍の排他的管理権にメスを入れない限り、主権国家としての威信が問われる。
⑪米軍基地を提供している日本政府の対応は疑問だ。
⑫米軍基地の実態、日米地位協定の仕組みをもっと把握する必要がある。

【米軍基地への対応について】

①那覇軍港やトリイ通信基地の返還があまりにも遅いのはなぜか。
②沖縄県基地対策室などを通し、ＳＡＣＯ合意による米軍基地返還を要請しているのか。
③欠陥基地をどうなくすか。韓国の基地は沖縄より少ないが、さらに三分の一に縮小されそうだ。

④普天間基地の名護移設反対は本音か。そうであれば、基地労働者の首切り雇用はどうするのか。

⑤基地内での雇用は減少しても、基地の外では約六〇〇〇名の雇用が見込める。最終的には、沖縄基地の全面返還が可能だ。

【基地被害・事件・補償について】

①軍関係者が加害者となっている事件で補償が認められず泣き寝入りしている県民も多い。

②米軍事故は、一九九六年以降で見て減少していない。補償について、日米地位協定第十八条五項、六項や戦後の民事訴訟法に問題があったのではないか。

③金武町伊芸区の都市型訓練施設反対のたたかいを全国的なものにできないか。

④地方自治法第二条により、自治体の長の権限を生かす方法を、NGOで取りあげてほしい。

多岐にわたって、見方の変わった意見が色々と出された。参加者たちは、あくまでも学習会に参加した感覚で、気軽に柔軟な姿勢で互いの考えを交換し合っているようであった。

5、意見交換会の意義

意見交換会では、行政が発行する文書や郵便物の基地内への配布、基地内墓参のことも話題に上がった。自治体の米軍関係業務担当者への質問として、「宜野湾市の基地被害一一〇番とはどんなものか」、北谷町の「タール状物質」処理に対する補償代わりの見舞金はどの程度の額だったのか」という問い掛けがあり、関係者が回答した。面白いと思ったのは、当然のことかもしれないが、米軍基地の中には米軍人軍属の住宅があるのだから税金の対象になる。従って、基地の中に、課税通知や郵便物なども届けられているわけである。沖縄市の場合は、課税通知や納付書が米軍基地内まで届かなかったり不明なのもある、と報告した。宜野湾市の場合は、キャンプ瑞慶覧に私書箱を置いて対応している、という。北谷町では、基地内の問題について嘉手納町、沖縄市と連携をとることが多い。今のところ、公租公課の文書の不行届はない、キャンプ瑞慶覧では旧暦で墓参りができる、と報告した。勝連町では、基地内の墓参については基地司令官と直接交渉で実施しているという。ホワイトビーチには、墓が四〇基以上もあるが、その都度、基地司令官に三日前までに申し出て行っているという。米軍基地を抱えている自治体からの報告のうち、沖縄本島中部地区には深刻な問題が多い。

久米島町からの報告で、鳥島射爆場で一九九五年に発生した米海兵隊による放射性物質含有の劣化ウラン弾発射事件や、二〇〇二年に発生した漁船威嚇事件についての報告がなされた。石川市については、何はさておいても、沖縄の米軍占領体制下の歴史に残る「石川市ジェット機墜落事件」を忘れることはできない。一九五九年六月三〇日、宮森小学校に米軍ジェット機が墜落し、死者十七人、人身傷害二一二人、財産損害六五件の被害をもたらした大惨事であった。同市では、他にも多くの基地関連の事件や事故があったようだが、説明は概要の紹介に留まった。返還合意に達していながら未返還のままになっている那覇軍港を抱えた那覇市からの報告もあった。米軍基地を抱えている自治体からの報告は、学習素材としては素晴らしい内容であった。

さらに、名護市・本部町・恩納村・宜野座村・渡名喜村などからは資料提供があり、いずれも参考になった。特に印象的であったのは、外務省の機密文書「日米地位協定の考え方」増補版に対し、北谷町、具志川市、石川市などはその「説明責任」を求めていく必要性を訴えた点である。米軍基地を提供している日本政府の対応に対し疑問や不信があることを知った。また、同文書の増補版の全文を新聞で取りあげ一般への啓蒙に功績のあった地元沖縄の新聞「琉球新報」の功績について、司会者から紹介され、心強く思った。一方で、参加者からは、数多くの質疑が出され、レポーターである関連市町村の担当者が答えたり、NGO関係者が説明したり、問題の本質に迫ろうという姿勢がみられた。

日米地位協定改定を実現するNGOの新垣勉事務局長は「改定の実現に向け一歩前に踏み出した。今後も、意見交換や勉強会を開き、地位協定に関する知識の共有を深めながら、地位協定改定を国民世論に発展させる考えだ」と述べた。自由討論で司会も務めた新垣氏は、冒頭で「最初の段階として、米軍基地の実態把握と日米地位協定の学習が不可欠」と説いた。交換会は同NGO発足後、初の具体的な取り組みであったが、結果は一応の評価ができるのではなかろうか。

6、話題呼んだ日米地位協定の条項

【第二条】では、1項に「合衆国は、相互協力及び安全保障条約第六条に規定に基づき、日本国内の施設及び区域の使用を許可される。ここの施設及び区域に関する協定は、第二十五条に定める合同委員会を通じて両政府が締結しなければならない」とある。日米地位協定は安保条約第六条を法的な根拠としている、ということを確認した。3項では、合衆国は「この協定のために必要でなくなったときは、いつでも、日本に返還しなければならない」「この施設の返還を目的としてたえず検討する」ことが謳われている。那覇軍港のような不要になった基地の返還要求などの足掛かりとなる条項といえる。

【第三条】では、1項に「合衆国は、施設及び区域内において、それらの設定、運営、警護及び管理のため必要なすべての措置を執ることができる」、3項に「合衆国軍隊が使用している施設及び区域における作業は、公共の安全に妥当な考慮を払って行われなければならない」とあり、これらの項に関する質疑や議論が多く出た。第三条は地位協定が「米軍の排他権」を定め、基地内への立ち入り、国内法の適用を阻む強大な米軍特権を謳った条項とされている。「管理」と「演習行為」を結びつけたり、住宅地の上空での飛行演習についての根拠を見つけるのは難しいが？という質疑があった。現実は、この条項を楯に米軍の駐留や演習は行われているという。3項の「作業」はオペレーションの訳で、作戦・作戦活動などを意味し、通常「演習行為」はこの項目で規定されている、という説明があった。

【十七条】では、「施設および区域の外部においては、軍事警察は、必ず日本国の当局との取り決めに従うことを条件とし、かつ、日本国の当局と連絡して使用されるものとし、その使用は、合衆国軍隊の構成員の間の規律および秩序の維持のため必要な範囲内に限るものとする」の引用、紹介があった。沖縄市のオフリミッツの解除に当たって、発生した事例である。基地の外部において米軍警察が「米軍の生活指導巡回」することについて、沖縄県警の側が条件付きでこれを認め、解決したという。日米地位協定の運用改善が強調されている中、現実的な問題解決に有効な場合もあると思った。しかし、後に発生した沖国大における米軍ヘリ墜落事故では、この条項が逆手に取られ、基地の外部で、米軍警察が管理権を主張し横暴な振る舞いをした。

【第十八条】では、公務執行中に、「合衆国軍隊の構成員若しくは被用者の作為若しくは不作為または合衆国軍隊が法律上責任を有するその他の作為、不作為若しくは事故で、日本国において日本国政府以外の第三者に損害を与えたものから生ずる請求権は、日本国が（次の規定に従って）処理する」とある。公務執行中でない場合の事故についても、請求権が規定されている。米軍人・軍属らが引き起こした事件・事故による被害者の沖縄県民が十分な補償が受けられず泣き寝入りした、という話はよく聞く。この条項を日本政府がもっと強く主張すべきではないか、国内法である民事訴訟法の内容を協定に盛り込むべきではないか、との意見もあった。

参加者たちは、行政担当者・法律専門家・一般市民など層が広いだけに十分に深めることは不可能であったに違いない。しかし、私のような法律の素人にもある程度は解せるような学習会であったのが救いであった。

7、日米地位協定改定への期待

今回の日米地位協定に関する意見交換会があることを知ったのは地元新聞紙上の「案内」によってであった。その文面の中で、次のように記されていた。

日米地位協定を実現するNGOの設立総会からはや二か月が経過した。この間にも、米軍人・軍属、その家族の私有車両（Yナンバー）の車庫証明免除問題、米政府の嘉手納爆音訴訟金未払い問題、金武町の都市型訓練施設建設問題、米軍基地内における基地従業員の福利厚生冊子配布禁止問題、基地従業員過労問題など、在沖米軍への国内法未適用、日米地位協定の運用上の不平等性、米軍演習による公共の安全の侵害、基地内における日本人労働者の労働環境の問題点など、日米地位協定に関わる問題は、山積しています。みんなでこの問題を考えていくために交換会を開催した、という。これらの内容こそ、今沖縄が抱えている最大の県民課題だと思った。人々は、個々人の日常の営みの中でこれらの問題を考えなければならないと思った。そして熟慮すればするほど、これらの問題の解決のためには日米地位協定の改定は避けては通れないし、大きな視点としてはどうしても政治的な力に頼らなければならない、と思った。

八月十三日に沖縄国際大学で起こった米軍ヘリ墜落事故に関し、沖縄県の基地関係市町村と県で構成する県軍用地転用促進・基地問題協議会（通称・軍転協）が事件直後の早々に、抗議行動を起こしたことは必然の行動のように思えた。軍転協役員らは、八月二十六日、在日米軍司令部を訪ね、米軍ヘリの墜落事故に抗議した。今回の日米地位協定の交換会で中心的な役割を果たしたのは軍転協の人々であった。ラリー・モアー中佐は「SACO合意を進めるが、同時に両政府間で他の解決策も検討しなければならない」と答えたという。

ヘリ墜落抗議宜野湾市民大会が、九月十二日、事故現場の沖縄国際大学で開催された。参加者は予想を超えた約三万人が結集し、普天間飛行場の危険性と早期閉鎖・返還を求める世論の高まりがアピールされた。米兵による少女乱暴事件に抗議して開かれた一九九五年の県民大会での八万五〇〇〇人に次ぐ大きな集会となった。稲嶺沖縄県知事が主催して開催すれば、前回の県民大会規模の集会を上回る集会へと盛り上げることが、あるいは可能であったかもしれない。米軍基地所在市町村からは市町村長や議員たちも参加するなど、与野党や保革の立場を越えて反基地世論は高まりを見せた。新聞紹介によると、沖縄県の県商工会議所連合会、県経営者協会、県中小企業団体中央会、県商工会連合会の各会長たちも日米地位協定の見直しを求めていることが分かった。しかしその日、稲嶺知事は「市民大会なので直接は参加しない」として参加せず、普天間基地の名護市辺野古沖への移設と日米協定の運用改善による「危険の除去」を図るという従来の方針を強調した。朝日新聞と沖縄タイムスが宜野湾市民大会の前日と当日の九月十一日、十二日に行った電話による世論調査で、「名護市辺野古沖移設に反対」が八一%、「日米地位協定を改定すべき」が八四%、という数値が示された。またもや、基地返還の課題や日米地位協定に関し、稲嶺県知事の政治姿勢と県民世論の乖離を見せ付けられた思いであった。

普天間基地が危険な基地であることは日米両米政府が認めている。だからこそ、その返還合意に達した。しかし、今回の米軍ヘリ墜落事故で、「米ソ冷戦下の遺物」とさえ言われている日米地位協定の欠陥が浮き彫りになった。日米地位協定の改定は、沖縄県民にとっては不可欠で急務な課題だと言える。それに加え、新たに、危険な米軍基地を名護市辺野古沖に建設すべきではない。代替地なき普天間基地の返還は図るべきだ。稲嶺恵一沖縄県知事および小泉純一郎首相に対し、今一度、SACO返還合意の再考と日米地位協定の見直しを期待したい。

第三章　沖縄の芸術から平和を考える

一、映画「風音」にちなんで

1、映画「風音」を観る

映画「風音」が、二〇〇四年六月十二日、那覇市の「桜坂シネコン琉映・スカラ座」で封切られた。芥川賞作家の目取真俊氏が原作・脚本を手がけ、東陽一氏が監督を務めた作品である。公開初日、出演者の加藤治子さんら十七人の舞台あいさつが桜坂シネコン琉映であった。翌十三日、午後二時から、公開シンポジウム「芥川賞作家が語る、沖縄の文学と映画」が開催された。「沖縄もの」映画の前評判が、かなり広く流れていた。

私は、上映二日目の十三日に、映画「風音」を鑑賞し、その後のシンポジウムに臨んだ。結果を先に言うと、映画は沖縄的な説得性が肌に感じられ、シンポジウムは絶好の学習の機会となり、ともに素晴らしいものであった。しかし、原作者自ら「沖縄が舞台の映画では、すぐにサンシンが流れてカチャーシーが踊られる。そういう固定的なイメージがつきすぎている。癒しの空間みたいな風景や沖縄音楽にはうんざりです」と述べているように、従来人気があった「沖縄もの」ドラマとは違う感じがした。

原作者の目取真氏は、「祖父母から、沖縄戦で本島本部の海岸に特攻隊員の死体が流れ着いた話を聞いた。戦争は昔だけでなく今につながっている」と、舞台あいさつで述べたという。どうやら、「風音」の物語はこの話が基調になっているように思う。

ある特攻隊員の死体漂着―こめかみの銃弾の貫通―死体拭きと風葬場への安置―頭蓋骨の風音―「泣き御頭（なきうんかみ）」―少年達の悪戯―ヤマトゥンチュ老婦人の来訪―風音の鳴り止み―村の平穏にさざ波―死者の遺品整理―風音の謎の解明―魂を運ぶ蝶の群―将来への暗示、などが描写されていた。

映画の登場人物―そして配役、その存在感は大きかった。海人を演じる清吉オジー役の上間宗男さんは本部町字具志堅の現役区長さんだという。上間さんは、十五才の国民学校の卒業式の日に空襲がありそれから五か月間は激戦であった、という体験の持ち主である。実際の風葬場の映画撮影は通常許されないことだと思うが、上間区長が許可したという裏話も興味をそそる。「大和墓」とされる実在の場所が使えたのが良かった。

少年達や地元俳優の吉田妙子さん、北村三郎さん、耳切オジー役の画家の治谷文夫さんらの役どころが光っていた。野村志保役の加藤治子さん、夫の暴力が理由で島に母子で戻って来る島出身の和江役のつみきみほさんなどの本土俳優の存在も見どころの一つであった。加藤治子さんは、映画では、特攻隊員であった昔の恋人の消息を追って何度も沖縄を訪れる役である。しかし本人は、戦争の体験から沖縄に行く気がしないで、この風音の撮影で初めて沖縄を訪れたという。何とも信じ難いような不思議な「戦の島」沖縄にまつわる実話である。原作者の目取真氏は、先に、「沖縄では生活から沖縄戦の痕跡は消えていません」「反戦という一つのテーマや理念があってこの脚本を書いたのではなく、生きるということを書こうとしたときに、自然と反戦に繋がっていきました」「戦争というのは僕にとって、そんなに遠いものではなかったんです。生活感覚と伝承というのが戦争を考える契機となっている」と述べている。

また、目取真氏は、「映画の中で子供達が釣りをしている場所は僕が実際釣りをしていた場所です」と語っているが、そこは今帰仁村字仲宗根の大井川一帯であり私も知っている。吉田妙子さんが登場してくる福木の多い村や白い砂浜の風景は高校生の頃遠足で行ったこともある。身近な所にある身近なテーマで、「風音」は描かれていると感じた。

2、沖縄の芥川賞作家の作品と映画

沖縄出身の芥川賞受賞者は四人いる。映画「風音」公開を記念してのシンポジウム「沖縄の文学と映画」の特徴は、芥川賞受賞者が直接上映館まで訪れ、作家であり映画の原作者である人々が観客と共に考えるよう工夫したことにある。琉球放送創立五〇周年記念としての企画であり、実行委員会の強い意志によって実現した大型イベントであった。シンポでの話題をより豊富により高めていくために、芥川賞受賞者四人の作品が映像化された映画を前もって一気に上映したことも画期的なことであった。

映画「風音」のロードショーが六月六日から始まった。これに先駆けて原作・大城立裕氏のアニメ映画「対馬丸」、原作・東峰夫氏の映画「オキナワの少年」、原作・又吉栄喜氏の映画「豚の報い」などが、約一週間上映された。映画の内容については、後のシンポジウムで話題に上がることになる。

アニメ映画「対馬丸」は、昭和十九年八月二十二日、魚雷攻撃を受けて沈没した学童疎開船対馬丸の遭難事件を描いた大城立裕氏の小説をアニメ化したもの。学童七七五名を含む一四一八名の死者が出た。生存者の証言をもとに書かれた。沖縄戦のもう一つの悲劇を日本中に知らしめた名作である。

映画「オキナワの少年」は、オキナワの本土復帰が決まった一九七〇年、米軍政下で育った青年の少年期の回想と東京での生活を描き出す。沖縄出身の新城卓監督が東峰夫氏の原作を詩情ゆたかにまとめている。

映画「豚の報い」は、オキナワの小さなスナックに豚が飛び込み、襲われたホステスが魂（まぶい）を落とすところから物語がはじまる。又吉栄喜氏の原作に漂う沖縄独特のユーモラスな世界を崔洋一監督が映像化した。

ついでに、映画「風音」については、短編小説「風音」「内海」などを原作に、目取真俊氏自らがシナリオを書き下ろした。そのイメージ豊かな映像詩を、ベルリン国際映画祭銀熊賞など数々の映画賞を受賞している東陽一監督が映画化した。

きわめて個性的にオキナワを描き続けている現役の作家諸氏であるだけに、沖縄県内では文学作品も映画も人気の的であった。重厚感のある沖縄出身の芥川賞作家が一堂に集うということは歴史的なことであり、芸術作品を直に鑑賞しながら話も聞けることは沖縄県民にとって幸せなことである。私は、「豚の報い」は小説を読み、映画を観た。しかし、「対馬丸」は史実としての資料集を読み、「オキナワの少年」はガイドを読んで知っている程度に過ぎない。また、小説「風音」は映画鑑賞の後に読んだ。私の心はこれら著名な作家たちの生の声が聞けるシンポジウムの方へと翔んでいた。

桜坂シネコン琉映・スカラ座の前身は桜坂琉映館、桜坂オリオンである。ここから希望ヶ丘公園へ通ずる通路には、映画「風音」封切のセレモニーに使用された十数本の幟「風音」が夏風にはためいていた。大きな市街地改造計画の中で新築中であった那覇市「ぶんかテンブス館」のすぐ隣である。この公園を挟むようにして、「国際通り」や「平和通り」の名称由来の端緒になったと言われる「国際劇場」や「平和館」が私の大学生時代の頃まであった。さらに、現在のデパート三越の位置には大宝館（後の東宝劇場）、桜坂大通りには最近までグランドオリオンがあった。この一帯は、戦後沖縄における映画興行の一大拠点であったし、映像文化が市民生活に浸透していった過程で歴史的に重要な役割を果たした由緒ある地域である。目取真俊氏の初期の短編小説『平和通りと名付けられた街を歩いて』の中に、「古い木造の洋服屋の板壁に貼られた色褪せた郷土芝居のポスター」という光景が描かれているが、往時の平和通りや桜坂一帯のありふれていた街並みを思い起こさせてくれる。

3、文学と映画のシンポを聞く

沖縄の芥川賞作家のうち、実際にパネリストとして参加したのは沖縄在住の大城立裕、又吉栄喜、目取真俊の三氏であった。コーディネーターは田中康博氏（沖縄国際大学・琉球大学非常勤講師）、司会は比嘉京子氏（RBCキャスター）が務めた。

大城氏は、「対馬丸」を制作した当時を思い出しながら、次のように語った。

「昭和十九年、国策として、沖縄から人口を減らし次代の層を残すという方針が出され、学童疎開のために三隻が振り向けられたが、その一つが対馬丸である。対馬丸事件で生き残った者はわずかな人数であった。小説『対馬丸』は遺族会からの要請を受けて書いた。一九七二年の復帰の後、映画化されたが、その時、文学的なイメージから、当初の『悪石島』は『対馬丸』に変えた。学童疎開を平和へのアプローチという視点から、映画よりアニメだと思った。スーパー字幕に犠牲者全員の名前をのせたかったが、それはできなかった。作品の出来は一〇〇点満点だと思った。以前の沖縄を描いた映画には偏見があった。沖縄の描き方が異国情緒を求めるような描き方で、土着の視点からずれを感じていた。それを脱却し、日本に分からせたいという思いが強かった。沖縄は、ヤマトと変わらない格好をするようになったが、それでも沖縄的な動きをまだ持っている。それを書きたい」

又吉氏は、「豚の報い」をふくめ、創作に対する基本的な姿勢などについて、次のように語った。

「過去に聞いた戦争の話や肝試しなどで見た鉄兜や遺骨などを通して受けたショックや感動が私の創作活動の背景にはある。私の創作の手法はディテールから発想している。そう言う意味で、原風景を大切にしている。しかし、沖縄の風景は大きく変化してきた。山は削られ、海は埋められ、自分を揺さぶる核、小説を創る元となるモノが激減している。復帰後は骸骨、ハブ、豚などが日常の暮らしから隔離されたものになった。また、過去に市町村合併で糸満や羽地が変わった時期があったが、今これと似たような事が起こっている。失われた風景などに固執する。ディテールに現在の問題や社会事象をぶつけ、そこから過去を探り出してみる。原風景に意味があると信じて小説を書いている。映画と小説は根本的に違う。ドストエフスキーの『罪と罰』では心理描写がすごい。映画『風音』では、登場人物は多くを語らないが、テラピアやヤドカリなど象徴的なものを設定して語らないものを通して語らせている。寡黙な人物で、死者の世界を描いた」

目取真氏は、少年・大学生の頃の映画体験や映画「風音」制作の背景、小説「風音」が脚本化され短編から長編へと書き直されていった経緯などについて語った。

「私は、一九六〇年に今帰仁村に生まれた。子供の頃、今帰仁にも映画館があった。コルゲート石鹸（五〇セント）の空き箱を何個か集めて映画を見ることができた。友人の父親が映写係であった。ある年その友人は転校したが、以後今帰仁では映画が見られなくなった。一九六九年、小学三年生のことであった。映画の思い出は、その後、国際通りに繋がっていく。琉球大学の学生の頃、国際通りの東宝劇場やその近くにあった映画館、安里の琉映本館、中部の映画館まで出掛けて映画を見た。映画についての思い出は多い。『風音』の映画化については、昨年四月、話があった。映画化に際し脚本も書いたが、大きなずれはなかった。映画の論理があり、その中で自分の脚本がどう変わったか、それを楽しんでいる。最初の長編小説『風音』は、映画とは独立した別の世界をめざして最終的に一五〇枚ぐらいになった。沖縄戦で亡くなったのは、沖縄の人だけではなく、特攻隊など外部の人も多くいた。鹿児島県知覧町に行って知ったけれど、最初に飛び立った特攻隊員の中に沖縄の人が五人もいた。沖縄戦の体験の多様さについて考えることが重要である」

4、沖縄での創作活動に期待

ニューヨークにおける世界貿易センター爆破による二〇〇一年の九・一一同時多発テロによって、世界中の観光客数が激減した頃、例に漏れず沖縄観光も危機を迎えていた。これを契機に外国旅行の危険性や不安などから国内志向が強まった。厳しい状況に変わりはないが、沖縄観光の復活への兆しは思ったよりも早かった。従来から沖縄の地理的、社会的な特殊性は強調されてきた。しかし最近、「健康長寿の沖縄県」「情緒豊かな癒しの島」などのイメージに彩られた宣伝や、NHKのTVドラマ「ちゅらさん」の放映効果などもあって、二〇〇四年六月現在、沖縄観光の客足だけならばほぼ元の状態に回復した。

実際は、沖縄経済が完全に回復したのではなく、沖縄県民の暮らし向きが良くなった訳でもない。それどころか、去る沖縄戦への反省を踏まえての経済基盤整備は遅々として進まず、今もイラクへ米兵や自衛隊が派遣されるなど巨大な軍事基地を抱えた沖縄の実態が持続している。沖縄観光は五〇〇万人台を大きく突破し六〇〇万人をめざすという。今、沖縄ブームを実感する状況がある。沖縄が単なる観光地として浮び上がり、単なる娯楽と消費の島に堕してはならない。

沖縄は国外からも注目を浴びている。それは、その最大の関心事は、「戦争と平和」に関してであろう。米ソ冷戦構造の崩壊以後、世界は急変した。小泉政権誕生後の日本は、過去に例を見ないぐらい日米蜜月時代を迎えた感がある。それがブッシュ大統領の戦略構想に迎合する形で、国民合意を経ないままに推進されつつあるところに怖さをおぼえる。具体的には、憲法改正を目論みながら有事法制化がなされた。身近な例では、憲法九条をどう捉え、自衛隊の海外派兵やイラク多国籍軍への参加をどう見るのか国民の関心を呼んだ。しかし、小泉首相はサミットの最中に、突然、多国籍軍への参加をブッシュ米大統領に表明し、後日、帰国後の閣議決定をもって国内での最終決定とした。それは、国会審議を認めず、国会承認を経ることなくなされた。この決定は、「戦争が出来る国・日本」を表明したにも等しかった。国家の存立に関わる問題が奇妙な方法・手段で処理されつつあるように思う。

その一方で、SACO合意の普天間飛行場返還は根本的な解決は図られないまま、代替地辺野古沖が具体化しつつあるという矛盾など、沖縄戦から五十九年経った時点でも戦争の傷が癒えない沖縄である。沖縄戦では民間人や日米兵士を含め二三万人余の人命を失い、沖縄県は多大な文化財を失った。一度失われたものを再び取り戻すのは容易ではない。しかし、そうではあっても、人々の努力によって文化創造への営みは営々と行われてきた。今日、文学などの世界において、沖縄県出身者のみならず国内外の広域から来県、在住し、沖縄の地に根を下ろして創作活動をしている作家は多い。他分野の文化活動においても同様に沖縄をモチーフに活動を展開している人々は多く、私たち沖縄県民にとっては実に頼もしい限りである。シンポジウムで、又吉栄喜氏が述べていた次の言葉は印象的であった。

「すべてを一度に語ることはできない。沖縄は表現するには無尽蔵なところである。権力とか、大きな存在が、沖縄を一括りにしようとする動きがある。その動きに乗るのか、乗らないのか。それを無視して自分の道を行くこともできる。気にそわないことはしない。自分のやりたいことは責任を持ってやっていく」。

二、海から豚がやってきた

1、豚ミュージカルを観る

ミュージカル「海から豚がやってきた」が、二〇〇四年七月三日、那覇市民会館で開演された。

私は、この催しについての予備知識はなかった。企画・内容が新聞で紹介されて、面白そうなので鑑賞に出かけた。まず最初に感じたことは、奇妙な組み合わせ「豚と沖縄とハワイ」の縁についてであったが、これは一体どういうことかと思った。それが何と、沖縄戦にまつわる、沖縄の戦災復興を願うハワイ移住沖縄県人会の人たちの人間愛に満ちた救援活動を舞台化したものであった。労を厭わず太平洋横断にチャレンジした人たちは、五五〇頭余の豚を郷里沖縄に搬送する計画を苦難の末に敢行する―こんな感動的な涙の物語であった。

去る大戦で、沖縄県民は未曾有の大惨劇を経験した。壊滅的な沖縄に関する情報は、ハワイの沖縄県人会の人たちにも伝わり、彼らは心を痛めた。一九四八年、ハワイのウチナーンチュたちは、救援活動のために立ち上がった。布哇（ハワイ）連合沖縄救済会は、募金を呼びかけ、チャリティー公演などを通して豚を送ることを思い立った。そして、アメリカ本国での購入を済ませ、五五〇頭の白豚が太平洋を横断して、オレゴン州ポートランド港から沖縄東海岸のホワイトビーチに運ばれた。航海中や上陸後に、三度も台風に見舞われる。沖縄近海では日本軍が仕掛けた地雷を発見する。終戦三年後の時点とはいえ、戦争の爪痕がまだ残り、あわや大惨事という事態も発生する。船酔い・台風襲来・地雷騒ぎなどの中で、多数の豚の世話と搬送に苦闘する。しかし、ハワイの沖縄二世たち七人の勇士は、父祖の郷土を思い、負わされた使命の達成のために奮闘する。またなんと、普通ならば考えられないことであるが、豚の輸送に当たったジョン・オーエン号（七一七六トン）は、米国陸軍省が提供してくれたものであった。一九四三年に建造されたかなり立派な軍徴用船であった。ほぼ一か月間にも及ぶ世界初の白豚輸送のための太平洋横断の旅は、甲板に急ごしらえされた豚小屋に宿泊しながら、波瀾万丈の中で実現した。「豚のプレゼント」が、心身共に疲弊し困窮していた当時の沖縄社会に、大きな光明をもたらしたのは言うまでもない。沖縄の戦後復興の礎を築いた、とさえ言われている。実話に基づくハワイと沖縄の間に結ばれていた絆や人間愛がミュージカル「海から豚がやってきた」のテーマである。このミュージカルでは、主に、ポートランド港から沖縄への豚輸送の航海中における七人の勇士たちの姿が描かれている。原作下嶋哲朗氏の『豚と沖縄独立』から福田芽久美氏が脚本原案、池内美舟氏が演出・脚本・振付、嘉手苅聡氏が音楽を担当している。出演者は、沖縄県内に活動の軸足をおいて動いている幾つもの演劇集団が協力し、賛助出演として首里少年少女合唱団、石嶺小学校金管バンド部、那覇少年少女合唱団などが加わった。また、全劇中に流れた主題歌「海から豚がやってきた」は作詞・池内美舟氏、作曲・嘉手苅聡氏によるものであるが、聞いていて楽しかった。

2、沖縄とハワイ

自主制作のこの作品は、二〇〇三年三月に初公演が行われ、さらに追公演が二回もたれている。そして翌年四月三〇日、ハワイ・ホノルル市最大のニール・ブレジデルコンサートホールで、一六〇〇人余の観客を集めて、ハワイ公演が行われ、大好評だったという。今回は、ハワイ凱旋公演であった。実行委員会の意図は、ハワイのウチナーンチュたちの功績を広く沖縄県民にアピールすることと、ハワイの人々に感謝の気持ちを伝えたい、ということであった。

観衆には、七人の勇士たちの心情や葛藤、背後に存在する歴史的な流れや戦争に対する思いなどがジーンと迫るような形で伝わってきた。出演者らの層の厚さや情熱的な演技の中から、芸の広がりと奥深さを味わうことができた。このミュージカルの制作・上演・公演のねらいは十分に果たされていると思えた。

「海から豚がやってきた」という史実は、ノンフィクション作家下嶋哲朗氏の著作が琉球新報紙上に、戦後五〇周年の特集として掲載され、一九九四年から一五八回にわたり、長期連載されたことで、世間の注目を浴びるようになったという。私は、実は、舞台でミュージカル公演があった日、会場の那覇市民会館の玄関で、予期せず下嶋哲朗氏に会った。そして、そこで、著者へ署名をお願いした上で、『豚と沖縄独立』の本を入手することができた。この出会いが、「海から豚がやってきた」ことの意義についてもう少し考えてみようという契機になった。そして、まずその手始めに、当時の時代背景を念頭におきながら、沖縄やハワイ・アメリカの社会状況などについて、同著をベースに概観してみたいと思った。

七人の勇士たちの出身地は、おもに具志川市であり、豚輸送で、陸揚げされた港は与勝半島にあるホワイトビーチであった。立役者の多くは、戦前からの「養豚王国」具志川市とその周辺の出身者たちであった。そんなことから、当然のことながら、ミュージカルの企画に当たって、具志川市やその周辺の人々の思い入れは強かった。具志川市、具志川市民芸術劇場、地域の人々が強い意思を投影した形跡がある。戦後、廃墟と化した郷土沖縄を支援し励まし続けたハワイのウチナーンチュに対し、いくら感謝の気持ちを尽くしても足りないという思いがあったのであろう。そしてようやく、尊い行為に対し抱き続けていた感謝の念を芸術の域へと昇華させることができた。史実に基づいて、時空を越えて沖縄にもたらされた遠き人々の深き愛に対し形を変えて報いようと試みた、これがミュージカル「海から豚がやってきた」であった。

沖縄から、第一回ハワイ移民二七名が出発したのは一八九九年（明治三十一年）のことであった。彼らこそ、ハワイのウチナーンチュたちの発展の礎をつくった人々であった。送り出した側の代表は、「沖縄移民の父」として知られている當山久三や平良新助らであった。

かつての琉球王国はヤマトの一県として併呑され、人々は参政権すら与えられない屈辱的な歴史を体験した。謝花昇に代表される沖縄の自由民権運動は、ヤマト中央政府による偏見・差別、奈良原沖縄県知事による独裁・専制などによって敗退を余儀なくされた。その頃から、「自由の失われた沖縄にとどまらず、海外に雄飛し、そこに沖縄の理想社会を創造しよう」との声があった、という。

3、沖縄二世と日米開戦

移住地ハワイのオアフ島エワ耕地における、第一回移住者たちの仕事は重労働で処遇は奴隷そのものであった。実はその前年アメリカがハワイを属領とし、一九〇〇年に新法を施行する運びとなった。これによって、日系移民の奴隷化の原因であった契約移民の禁止と既存の労働契約は無効となり、ハワイ移民の待遇は改善された。その四年後に、第二回移民四五名がハワイ島ホノカア耕地に送られた。移住者の一人として當山も加わり、平良も現地の指導に当たるなどの体験をしたが、この地でのコロニーは諸々の条件の過酷さから破綻に追い込まれる。第二回移民はハワイでの移動を繰り返しやがてオアフ島に落ちつく。そこから新しい境地を構築していく。このように、苦難な経緯を経て、ハワイへの移住者たちはアメリカの市民としての生活や権利を獲得し、やがて沖縄では得られなかった夢の実現をめざしていく。

第二回移民以降は移民熱が高まり、沖縄からハワイへの移民は増えていく。時はアメリカンドリームに夢を馳せた時代、アメリカ本土への渡航が自由になったのを契機に、大陸での農園、西武鉄道敷設の賃金労働者として渡って行く者も多かった。

兎にも角にも、沖縄からの移住計画は継続され、ハワイ移民は増加した。一九二四年の排日移民法が成立するまでに、二万人以上が渡米し、その数は、一九四四年の日米開戦までに二万五〇〇〇人に達した。一九〇〇年当時、日系ハワイ移民の子孫はハワイ人口の約四〇%も占めていたという。ハワイにおいて、沖縄県は広島、山口に次いで三番目に日系移民の多い県として知られている。自らの苦難の歴史を敗戦後の郷土沖縄の上に重ねて思い、血肉を分けた同胞の苦衷に居たたまれず起こした行動が「豚のプレゼント」であったと言えよう。

ミュージカルでは、次のように表現されている。

一、どんなに遠く離れていても／誰かを思う気持ちは同じ／

どれほど時が過ぎたとしても／故郷思う気持ちは同じ／
（繰り返し）
遠い国からやってきた／荒ぶる波と吹きすさぶ風乗り越えて／
夢と希望の船に乗り／心をつなぐ強い絆で海を越え／
二、はるかな海を越えてく島に／今新しい未来が見える
心と心一つになって／今美しい愛が生まれる

沖縄からのハワイ移民は、その多くは後々までハワイに定着した。しかし、中にはコロニーからホノルルなどの街へ移り住み、職業は農業から離れていく者も多かった。さらに一念発起して、米本国に渡る者もいた。後に財をなし功を遂げた人々の中には、こんなコースを辿った人々が多かったようである。移住者として農村で暮らし続けた人々は、必ずしも家計は楽ではなかった。しかし、それぞれにふさわしい形の沖縄支援活動であっただけに、誰もが協力し合った。歴史を振り返ると、「豚のプレゼント」には胸をつまされるものがあった。太平洋戦争が勃発した頃、ハワイに渡ったウチナーンチュたちは二世が中心の時代になっていた。一九四一年十二月七日（ハワイ時間）、日本時間八日午前六時、日本軍がいきなり真珠湾を攻撃した。この事が、アメリカの日系移民に深刻な打撃を与えた。

4、真珠湾攻撃と排日感情の高まり

真珠湾攻撃は、事実上の宣戦布告であった。「卑怯者日本」「リメンバー・パールハーバー」の声はすぐにアメリカ全土に浸透し、排日感情は高まり、日系人は最悪の状況を迎える。このことが、以後の日系アメリカ人にとって屈辱の原点となり、日系沖縄二世たちを悩ませ、苦境に陥ることになる。日米両国の緊張が高まる中で、日系人はすでに同年七月に敵性外国人として資産は凍結され、日本語も禁止された。米本土各地及びハワイで、日系人や日本人指導者は逮捕され、強制収容所へ連行された。

こんな事例がある。ハワイ移民から米国本土に渡り、のちに大富豪になった島庄寛氏は、著書『島庄寛物語』の中で、真珠湾攻撃の頃の体験談や日系人の周辺に起こったことなどを紹介している。それによると、アメリカの日系人は大変であったことが分かる。島庄寛氏は、一九四一年当時、アメリカの首都ワシントンに住み、大富豪邸宅の秘書として財産管理などの要職に就いていた。ポイントを要約すると、こうなる。

「日米開戦の当日夜、ＦＢＩに連行され、ＦＢＩ事務所からそれほど離れていない事務所に入れられた。そこには、四、五人の日本人がいたが、新聞記者のようであった。さらに人数は増え、全部で十人ほどになった。そこでは尋問らしいのはなかったが、食べ物はロクに与えられなかった。そこに四、五日いた。そこから、フィラデルフィアの移民局に引っ張っていかれたが、そこにはドイツ人約三〇〇〇人、イタリア人約一〇〇〇人、日本人が約一〇〇〇人いて、ウチナーンチュはいなかった。人数がさらに増え手狭になったので、一か月ぐらいしてから、ボルティモアの抑留所に移された。そこは有刺鉄線が三重に張りめぐらされ、見張りの塔があった。日本人社会の有力者たちが入れられていた。抑留所の建物は粗末で、寒い上に、食べ物はとてもまずかった。収容者の日本人のうち新聞記者あるいは日本に帰りたいという者は早めに抑留所から出された。結局、ボルティモアの抑留所には一年ほどいた。そこを出たのは、一九四三年の春頃であったが、出所の前に全員が『敵国外人裁判』にかけられた。裁判官からは、主に、忠誠心を問われ、ほとんど全員が『アメリカに忠誠を誓う』と答えた。私は、大学で法律を学んだことがあったので通訳をさせられ、裁判は最後にまわされた。私にも忠誠心を聞いた。私は、『日本が勝たなくては困る。ほかの人はみんなアメリカが勝った方がいいと言っているが、日本人で日本が負けた方が良いと思う者は一人もいない』と返事した。殺すなら殺せ、という気持ちで答えた。さすがに裁判官は驚いたが、本当のことを言ったということで不当な扱いは受けなかった。抑留所を出てワシントンに戻ったが、当時は戦争の真っ最中で、私の家や財産は凍結されたままであった。日本人ということでアパートも貸してくれない。抑留所から出てきた敵国外人というので相手にもしてくれない。沖縄戦が始まる前のことだったと思うが、アメリカの海軍から『沖縄に行かないか』と言われた。沖縄では、軍の放送の仕事か通訳として使うつもりだったらしい。私は、きっぱり断った。『沖縄には親兄弟や親戚、友人などが大勢いて、彼らに銃を向けることはできない』、と答えた。抑留所に入った頃から、覚悟はできていて、怖いとは思わなかった。それよりも、生まれ故郷で『敵軍』として銃を持つことはできることではなかった。沖縄が遂に陥落したというニュースを聞いたときはガックリきた」

5、ハワイ移民から大富豪へ

島庄寛氏は、一九一六年、十四歳のとき、郷里の沖縄本島北部の羽地を後にし、呼び寄せ移民としてハワイへ渡った。沖縄はその三、四年前に飢饉に見舞われ、ヤンバルでは蘇鉄の実や芯を食べて飢えを凌いだ時期である。十六歳のとき、移住地からホノルルへ出て、雑誌会社の下働きや陸軍中佐の家の掃除夫などをしながら、学校に通う。そのとき、中佐の誘いで、ワシントンに移住する機会を得る。しかし、当時のアメリカは排日運動が厳しく、日本人労働者の排斥、日本人学童の隔離教育、日本人への営業妨害などが行われた。「東洋人排斥協会」という組織さえできていた。そんな中で、やっと見つけた就職口は小さなサンドウィッチ・ショップの皿洗いであった。しかし、給料は安くて勤務時間は長く体をこわしてしまいそうになる。学校へも行けそうにない。結局やめてしまう。そこをやめてブラブラしていた頃、命運を左右する一通の書状が届く。まったく予期しない、ワシントンにある日本大使館で開催されるパーティーへの招待状であった。この会場で、偶然にも右隣に腰掛けた紳士から声をかけられる。その紳士は、ジョン・B・ヘンダーソン氏であった。早速、翌日、自宅への来訪をすすめられ名刺を渡されたが、ジョン氏の内心は即座に使用人としての採用を決めていた。彼は、かなり前に愛妻を亡くし、子どもはいなかった。十数年前、父親も亡くしていた。当時の家族は母親のミセス・メリー・ヘンダーソンと二人だけであった。父親のジョン・ブロック・ヘンダーソンは教員、弁護士を経て、南北戦争当時は北軍の将軍として戦った軍人であったが、後にミズーリ州選出の共和党上院議員になり、政財界に大きな影響を及ぼした実力者であった。約七五〇〇坪もある大邸宅はヘンダーソン・キャスルと呼ばれ、使用人だけでも五〇人ほどいた。

島庄寛氏は、ヘンダーソン家の財産を維持管理する事務所のセクレタリー（秘書）として迎えられたのである。ところが、島氏がヘンダーソン家に入って二年もしないうちに、ジョン・B・ヘンダーソン氏は病死する。その前に、ジョンは死期の用心として五〇万ドルを島氏の名義の銀行口座に入れ、八五歳になっていた母親のことと財産管理について頼み込んでいた。まだ二十四歳であった島氏は大富豪ヘンダーソン家のトップに立った。この話題は、当時のアメリカの新聞で大きく取りあげられたという。

沖縄からの移民の多くは、その動機はいろいろあるとはいえ、生活の困窮から逃れて新天地をめざして実行する場合が多かった。島庄寛氏の場合も、その例にもれなかった。しかし、いくつもの偶然と幸運をたぐり寄せながらこれを現実のものとして固めていった。結果において、特異な人生航路を航海し、不遇な環境から功を遂げた、珍しい経歴をもつ人物であった。

一九四三年、抑留所から出て、その年、日系女性と結婚した。その後はアパート、食料品店、レストラン『東京スキヤキ』などを経営する実業家として身を立てていく。実業家としても成功し、何ひとつ不自由のない成功者として幸福を手中に納めていく。しかし、その彼が、強調したことばがある。「私はやはり日本人。日本人の血が流れ、ウチナーンチュの心がある。そして何より生まれ故郷が沖縄であることを心から誇りに思っている」と、著書に記している。

6、異国で故郷を思う心

真珠湾攻撃の勃発によって、ハワイの日系人兵士たちは、即日武装解除されて連行された。ハワイの日系人は、連行された人数比が米国の他州より低く抑えられた。その意味は、ハワイ人口の四割を占める日系人なしではハワイ経済が崩壊しかねないこと、太平洋の前線基地としてハワイの民政安定が不可欠であったからだ。そして、大戦の末期になって、彼ら日系二世は対日戦へと投入されていく。沖縄戦において、アメリカの沖縄二世は、沖縄を敵にして戦うことになる。日系人は、おもに情報部に配属されたという。彼らにとって幸運なことがあった。それは、前線の戦闘部隊ではなかったということであった。沖縄戦において、沖縄本島上陸後に特別な行動も行っている。日本語のできる二世兵たちによる必死の救出活動が始まる。サイパンで起こった「万歳岬の悲劇」と似た摩文仁海岸での飛び降りや壕の中での自爆・自決・集団自決など、住民たちの犠牲が相次いで起こっていた。住民に対する投降の呼びかけを、沖縄方言でしかも敬語を使って行う者まで出たという。

沖縄からのハワイ移民は一世、二世を問わず、日米対戦のはざまで祖国日本、郷里沖縄と戦う日系アメリカ人として呻吟していた。そして、銃を持つことを拒否したり、実際に戦場である沖縄に出兵したり、あるいはそれ以前に収容所に送り込まれたり、辛い体験をした。しかし、「リメンバー・パールハーバー」の矢面に立たされた日系人の中には、一層悲惨なことが起こっていた。その時に起こった日系二世の悲劇の例が、『豚と沖縄独立』（下島哲朗著）で次のように紹介されている。

テキサス州でドイツ軍に包囲されたアメリカ部隊を救出する作戦で、勇敢な日系二世部隊としての活躍を求めた大統領の直接命令が出された。真珠湾攻撃などという日系人の屈辱感をはねのけるために、志願兵が殺到した。これらの若者の中から、救出のための日系二世部隊が編成され、送り出された。結果として、この勇敢な部隊は、ドイツ軍に勝利した。しかし、そのとき、二世部隊の死傷率は九七％、無傷で立てる者はわずか十数名に過ぎなかった―。

こんな悲惨な話がどこにあろうか。日本から見て異国のアメリカは、移民した日系人にとってはもはや自分の国であったが、祖国日本、故郷沖縄との縁は絶ち難かった。戦争が終わったとき、ハワイの沖縄共済会は、郷里の人々に豚を送ることを思い立ち、戦後の苦しい生活からの更生を願った。そして、実際に送り届けることに成功した。ハワイの沖縄二世たち七人の勇士が、約一か月をかけて、アメリカから豚五五〇頭を搬送し、到着した港は与勝半島のホワイトビーチであった。船が到着した日、浜は出迎えに来た大勢の人々で埋め尽くされた。豚があまりにも多く、しかも在来種のアグーとは異なる珍しい白豚であったことに人々は驚嘆し、感謝した。そのときの感想を、「豚を見たときはびっくりした」「黒い豚しか見たことがない」「白人の国は豚まで白いのか」「五五〇頭って口で言うのは簡単だが次から次に出てきた」などと、人々は語ったという。

米海軍の原子力潜水艦シャルロット（六〇八二トン・乗組員一三五人）が、二〇〇四年十一月二十三日、勝連町のホワイトビーチに寄港した。寄港の目的は、人員輸送とされている。ここは、悪化した中東情勢に対応するために、イラクや米本国への米兵輸送を現実に行っている沖縄における拠点港として機能している。原潜の寄港は、二〇〇四年は十五回目で、復帰後では二一八回目にあたるという。終戦直後、この港に、白い豚が海からやってきたとき「白人の国は豚まで白いのか」と言いながら、沖縄の人々は喜んだ。その時の輸送船は、米国陸軍省からさし向けられた徴用船で乗組員は白人たちであった。人々の喜びは、当然、七人の勇士たちやハワイ在住の沖縄県人と同様に輸送船の乗組員への感謝の念が込められていた。しかし今日、同じ港に、白人たちが寄港しても歓迎する者はいない。ホワイトビーチに立ち寄る原潜は、沖縄国際大学に墜落した同型ヘリや米海兵隊をイラクへ輸送するなど、ファルージャなどにおける掃討作戦に加わっていることが判明し、むしろ恐れられているからだ。

7、豚王国沖縄の将来像

太平洋を横断し、豚の輸送にあたったのは、仲間牛吉、山城義雄（獣医）、宮里平昌、渡名喜元美（佐敷町出身）、島袋眞栄、安慶名良信（具志川市字具志川市出身）、上江洲易男（具志川市字川田出身）ら布哇沖縄救済会から選抜された沖縄一世、二世たち七人であった。それに、ジョン・オーエン号乗組員の米軍水兵ら二三人であった。彼らは、長い船旅で、台風や豚の死亡、地雷騒ぎなどが発生する中で、困難な豚の世話に細心の注意を払い続けた。そして、念願叶って、最後は、那覇市古波蔵の農事試験場にたどり着いた。そのとき、山城獣医の報告では、船上で、豚は七〇頭余出産し、また死んだりして、実際に届けられた豚の頭数は十七頭減っていたという。

その後、豚は農家人口を配慮した形で市町村別に配布され、受け取った沖縄の人々に感謝された。しかし、残念ながら、配布の方法で不公平さが生じたり、ハワイのウチナーンチュたちが期待したほどの繁殖が達成できず、人々の生活向上に直接的な効果を発揮するまでには至らなかった。ハワイでは送った側の喜びや「報告会」の様子などが報道され、増えた豚は一般農家だけではなく、病院、農事試験場、奄美大島、宮古島、八重山へと広がっていった、と伝えられた。

一九三五年、鹿児島県からバークシャー種が、多量、沖縄に移入された。これを契機に品種改良が行われ、成績が大いに上がったので、その頃から在来種アグーは沖縄から影をひそめ始めていた。沖縄の豚は、沖縄戦で壊滅状態になったので、戦後は、軍政府の斡旋で、早急な増殖をはかるためにハンプシャー、ニューハンプシャー、ロードアイランドなどの品種の移入が進んだ。一九四七年とその翌年には、ハワイ在住者から、パークシャー、チェスターホワイト、ポートランドチャイナなどの各種の豚が大量に寄贈された。一九四八年に「豚が海からやってきた」ときの豚は、恐らくこのような品種であったと思われる。沖縄における食肉文化は、「人々が神に豊穣を祈願し、悪霊をはらう祭祀の前でムラの人々が一同に集う共食を背景にしながら変遷してきた」とされる。しかし、貧しい農村の百姓たちが日常生活で豚肉を食することはままならなかった。沖縄戦の前後における豚の存在は食肉用養豚が目的であったとはいえ、自家用ではなく、換金可能な財産として位置づけられていたと思う。私が大学生の頃までは、本土大学へ進学後の学資送金や住居建築費などのために肉豚を売って資金繰りするのが沖縄社会の常識であった。それだけに、灰燼の中から沖縄県民が再建を図ろうとしたとき、豚の存在は最も身近な財産づくりのように思われたに違いない。今日では、沖縄県ほど食肉として豚肉を多用している地域はそう多くはないと思う。

戦後、アメリカ在住沖縄出身者や関係者たちの間で、郷里沖縄のことを何とかしなければという動きが起こった。ロスアンゼルスを中心に「沖縄復興連盟」が結成された。しかし、その組織は、二派に分かれていた。ひとつは日本復帰を主張する考えであったが、これは少数派であった。もう一つは、沖縄独立論の主張であった。一九五〇年頃、沖縄では、沖縄の独立論が盛んに唱えられた時期である。沖縄独立をめざす共和党、沖縄独立共和国をめざす沖縄民主同盟、米国沖縄州をめざす社会党、琉球独立論を主張した琉球国民党などの政党などが記憶にある。沖縄の米州化案というのもあったという。四群島政府に移行する以前の沖縄民政府の志喜屋孝信知事、又吉康和副知事らは「コロラド州、オクラホマ州ほか三州のいずれかの山地に沖縄州をつくり、沖縄人で希望する者はどんどん送る」案も構想していた、という。「忍従の歴史」を打ち破ろうと琉球国を夢見た六人として、『「沖縄独立」の系譜』（比嘉康文著）では、大浜孫良、崎間敏勝、野底武彦、新垣弓太郎、大宜味朝徳、喜友名嗣正らが紹介されている。

今、都道府県をブロック単位に再編する道州制の議論の中で、首相の諮問機関で地方制度調査会の諸井虔会長が、二〇〇四年十一月に来沖した際、「九州道の中に入ってしまうよりも沖縄単独での道州制移行の方が望ましい」との認識を示したが、興味深い話である。

三、石川真生写真展に学ぶ

佐喜眞美術館へ行く

石川真生・本田孝義―両氏の写真展「沖縄ソウル」鑑賞のため、二〇〇四年八月十三日、宜野湾市にある佐喜眞美術館を訪問した。開催期間は三〇日までの日程だから少々余裕はあったが、その日は何となく写真展へ行きたい衝動に駆られていた。その衝動が何かを暗示していたのかもしれない。展示場から那覇に戻るとき沖縄国際大学前を通ったが、通過した約三〇分後に、同大学に米軍ヘリが墜落・炎上する事故が起こった。事故のことは後で知ったが、思い起こすと今でもぞっとするような大事故であった。そのことについては、後でふれたい。

石川真生氏は、基地問題や人間模様などを撮り続けている沖縄の写真家である。一方、本田孝義氏は岡山県出身のドキュメンタリー映像作家である。展示会「沖縄ソウル」の名称は異様な感じもしたが、石川真生氏の著書名でもありユニークさを心情とする彼女の個性を象徴しているかのようであった。彼女の出展作品は、港町・沖縄芝居・自衛隊・日の丸・米兵などであったが、一つひとつの作品が面白く、しかも解説に味わいがあり、私は、長時間会場に陣取っていた。そして何と言っても圧巻なのは、一三〇点もあるという彼女を被写体にした緊迫感を伴う「目とシャッター」の写真群である。密着取材したという本田孝義氏のドキュメンタリー作家としての本領を発揮しているように思った。似ているようでいて、やはり異色の作家二人のコラボレーションとして、相乗効果を高めているように思えた。会場の奥には、常設展示されている画家の丸木位里・俊夫妻の「沖縄戦の図」がずっしりと構えていて、企画そのものを一層引き立てていた。

私は、主に米兵や自衛隊に関する作品に注目して鑑賞した。「基地を取り巻く人々」の写真では、戦争とは何か、戦場に向かう兵士の心境はどんなものか、家庭に戻ったときの私人としての兵士はどんな心境なのか、いろいろ考えさせられる作品が多かった。

一九八八年から二〇〇四年の間に撮った作品の説明で、石川氏は、次のように記している。「私は、三〇年間沖縄の基地を取り巻く人々を撮ってきた。米軍基地撤去を叫ぶ人もいる。基地に依存して生きている人々もいる。この両方とも沖縄だ。沖縄から大勢の米兵がイラクに出兵している。日本の国で一番米軍基地が集中している沖縄は、これからどうなっていくのか。ずっと私は、米軍基地を取り巻く人々の人間模様を撮っていく」と。また、二〇〇四年、沖縄では自衛隊八三人の新隊員が入隊したようであるが、「新隊員入隊式」の中の、初々しく緊張感みなぎった新入隊員の表情をとらえた写真も興味を引いた。私は、昨年まで高校の進路指導部に勤務しながら卒業生たちが就職先として自衛隊を選択する者が増えてきたことを知っていたので、自分自身緊張していた。あいさつに立った新隊員が「私は、我が国の平和と独立を守る自衛隊の使命を自覚し、事に臨んでは危険をかえりみず、身をもって責務の完遂に努め、もって、国民の負託にこたえることを誓います」と、宣誓書を読み上げる光景を撮った写真は印象に残った。

八月二十二日、普天間飛行場第二ゲートで普天間飛行場の閉鎖・完全撤去要求の県民集会が開催されたとき、石川氏が取材している姿を身近に目撃し親近感を覚えた。後日、長年辺野古で賛否両派住民を取材してきたことに関連し、マスコミの取材に対し、石川氏は次のように答えている。「写真展に来た賛成派の人に事故のことを聞いたら『住宅地上空を飛ばないようにする』という。そんな制限を軍隊が守るわけがない。私は、やむを得ず賛成する人の気持ちも理解しようとしてきた。だけどもう一度みんなで考え直してほしいと心から願っている。人間、決心しなければならない時がある。それが今でなければ、いつなのか」と。帰りに、彼女の著書『これが沖縄の米軍だ』『沖縄・海上ヘリ基地』の写真・解説集の二冊を会場で求め、サインをもらった。立ち話の中で、ほんの少々時を過ごした。闘病と芸術活動を並行しながら、しかしこうもエネルギッシュに活躍し続けている姿に感激し、脱帽した。写真家石川氏の今後の健闘を期待しつつ、暖かい雰囲気の会場を後にした。

四、平和美術展に学ぶ

1、STOP THE WAR

沖縄平和美術展が、二〇〇四年六月二十九日から一週間の日程で那覇市パレットくもじ・市民ギャラリーで開催された。出展された作品のジャンルは、絵画、彫刻、デザイン、染色、写真などであり、約二〇〇点にも及ぶ多彩なものであった。私は、七月四日の午後、展示会場へ出掛けた。その日の会場は、最終日の日曜日であった。参観者の層は地味な熟年層が中心で青年層が少ない、という印象があった。年輩の者が、芸術作品を前にして小さな子供たちに語りかけている光景があちこちに見受けられたが、それは得てして、「戦争や平和」をモチーフにして制作された作品のようであった。「ＳＴＯＰ　ＴＨＥ　ＷＡＲ」をテーマに、「核も基地もないみどりの沖縄を！」のスローガンを掲げた沖縄平和美術展は、その開催主旨が大いに反映されているのではないかと思えた。

沖縄平和美術展は今年第二二回目の開催である。大会実行委員長の渡慶次真由氏は、開催を迎えてのあいさつの中で、「芸術・美術は、自由と平和の象徴であり、美術を愛することは本来本能的なものであり、生命の尊さを知ることが戦争否定の根底であり、平和の基礎だと思います」と述べている。

素人の鑑賞談を書くのは気が引けるが、各ジャンルとも素晴らしいと思う作品がずらりと並んでいた。個々の作品には、作者なりのテーマもきっと込められているであろうと、作品の中の随所に感じさせられるものがあった。那覇市きっての繁華街に位置する「パレットくもじ」の会場は便利な位置に清閑で立派なホールを構え、既に「酷暑」が到来していた沖縄では、芸術鑑賞をするには最適な場所だと思えた。最も圧巻だと思ったのは、久場とよ氏の琉装の女性を描いた油絵「夕月」という作品であった。住宅とおぼしき近代的な家屋の一角を背景に一人の琉装女性を前面に押し出していながらも、やや汚れたコンクリートの壁、琉球伝来の衣装と染め織り、女性の着こなし、そしてこれらのことが夕月との間で織りなすコントラストなどに魅入っていた。私は、頭の中に平和のイメージを浮かび上がらせながら鑑賞していた。

2、沖縄平和美術展―平和へのアピール

沖縄平和美術展は、毎年六月二十三日の慰霊の日の後に開催されている。第二二回開催にあたって、平和美術展実行委は、「平和アピール」の中で、次のように訴えている。

「今から五十九年前、私たちの島、沖縄に鉄の暴風が吹き荒れ、約二〇万余の人の貴い命が奪われました。広島・長崎をはじめ、日本の各地や近隣国で、何百万人もの尊い犠牲を出した、というこの悲惨な戦争への反省から平和憲法が制定されました。『二度と戦争をしない』という、この憲法第九条のもとに、『平和国家』を世界にアピールして、新生日本として出発したのではないでしょうか。昨年、アメリカ・イギリスは、世界各国の多くの人々からの『イラクを攻撃すべきではない!』との声を無視して、日本はアメリカに手を貸して、今年になって、自衛隊をイラクへ派兵しました。今、日本は、平和憲法をないがしろにし、『戦争をしない国』から『戦争をする国』になろうとしているのではないでしょうか。世界の人々が今『平和』を切望しています。そして、世界が『平和』でなければ、美術を愛する人々の創作活動も決して保障されることはないでしょう」と。また、平和美術展の開催主旨を述べた項の末尾には、「地球は一触即発の核戦争の恐怖にさらされています」とも述べている。

悲惨な地上戦が展開された沖縄戦を体験し、今日まで生存してきた生命の尊さを芸術に生かし、

命の尊さを知り尽くしているが故に戦争に反対しているんだという先輩たちの訴えは真に迫ってくる迫力を感ずる。未来永劫に続いて行くであろう歴史の中で、一つの時代を「戦争を否定し平和を構築していく」思想で貫き、そして現実に「将来の平和が約束される世の中」を築いて行くための人間の営みは容易ではない。一方で、人間の尊厳を基調に考えれば、核兵器に反対し、戦争を許さず軍事基地の建設が容認できないのは必然の流れだとも言える。芸術と戦争・平和の間に生きる芸術家たちの活躍には学ぶことが多い。

五、平和への願いから創作へ

1、平和祈念美術展に学ぶ

第五回「平和祈念美術展」が、二〇〇四年十月十日から十七日までの日程で、那覇市民ギャラリーで開催され、併展として、「レクイエム東京大空襲　村岡信明展」が隣の展示室でもたれた。沖縄戦の幕開けとなった一九四四年十月十日の「十・十空襲」を風化させまいと活動してきた「市民の集い」が主催するものである。私は、新聞紹介でこの企画を知り、開催期間の最終日にやっと会場に足を運ぶことができた。なお、今回は「十・十空襲」の六〇年忌にあたることから「六〇年忌記念事業」として取り組まれ、十月十日、「那覇大綱挽」の日にセレモニーが行われ、同時開催の平和祈念美術展の二本立ての企画になったという。セレモニーでは、同日夕方から那覇市のパレット市民劇場で、イラクからの最新映像による報告、北島角子氏の一人芝居、大工哲弘氏の歌と三線などが催されたようであるが、それには参加できなかったので内容は分からない。

平和祈念美術展は、「若い世代の平和への希望を込めた絵画や版画」「現在の戦火の中のイラク人アーティストらによって描かれた絵画」「村岡信明詩画展」の三部門の構成になっていた。

平和祈念美術展は、「人間が人間らしく生きていくために、それが脅かされることのない真の平和創造を」と、目標を設定している。人間が人間らしく生きていく上で、芸術・文化はなくてはならない。今、私たちは幸福だと思う、しかし危険な時代である。十・十空襲によせる慰霊の祈りを実現しなければならない。十・十空襲六〇年忌にあたって、失われた多くの命の上に今日があることを忘れてはならない。地上戦を含む沖縄戦を体験した沖縄県民だからこそ、現在を生きる私たちの命題として、真の平和を創造していきたい。「那覇大綱挽」を体験できる幸せから、その根のところで、平和の尊さを自覚したい。決して、ギネスブックで認知された世界一の「観光名物の大綱挽」や「癒しの島沖縄」の話題に終わってはならない。平和祈念美術展は、このように主張しているように思えた。

沖縄県内外の若い人々の作品は従来鑑賞してきた絵画や彫刻などと趣を異にしていた。古い形にとらわれず、瑞々しさをたたえていた。数ある展示作品の横に、ある雑誌の拡大コピーが掲示されているのに気づき、記事の内容を読んでみた。作品「地球空襲」の出展者（桃色ゲリラ）の代表・増山麗奈さんが「ピンクコスチュームで世界反戦行動日（三月二〇日）に来ていたお姉さん」と紹介されていた。ユーモラスでいて、身近なモチーフの中に芸術の真髄を究めようとしているような雰囲気を感じた。現在のイラクから届いた映像と絵画は、悲惨な戦況下にあっても、営々と文化や芸術の営みが持続されていることの証であり、感激した。ウイサム・ラディ氏は、一九九一年に開催した個展「戦争と芸術」以来、戦争を主題とする画家として活動しているという。その心情も、背景も分かるような気がした。いずれの作品の中にもそれぞれの主張があり、共鳴できるものがあった。

地上戦が展開された沖縄戦については、今日、世界中に知れわたっている。そして、沖縄戦とは、一九四五年三月から六月にかけて沖縄本島とその周辺諸島をめぐる日米の攻防戦、と解されている。しかし、その端緒となった「十・十空襲」については、一般的にあまり知られていない。「十・十空襲を風化させない市民の集い実行委員会」は、語り継がれる機会が少なかったことに危機感を覚え、沖縄から全世界へ平和を発信していく機会を再構築しようと行動を始めたようだ。

2、十・十空襲と体験談

絵画や版画などがずらりと並んだ大展示室の奥には、「十・十空襲」に関する資料コーナーが設けられ、十・十空襲時の写真や戦災統計資料などの展示、島クトゥバによる証言ビデオの放映などが行われていた。まず最初に目に入ったのは、第一回「那覇大綱挽」で撮られた大綱と旗頭が写った拡大写真であった。「那覇大綱挽」は、「那覇市制五〇周年を祝し十・十空襲の被災者を悼んで一九七一年から復活した」という。「那覇まつり」「那覇大綱挽」「十・十空襲」が一つの線で結ばれているという、歴史的な意味が実感できる写真であった。

「十・十空襲の朝」と称する三部作は、空爆の直前直後の那覇港周辺を写していたが、那覇空襲を理解する上で貴重な資料であった。被災時、炎上している船舶が二隻、沈没した船舶が五十六隻もあったと、統計資料にあった。空爆に煙った那覇港周辺の悲惨さは、航空写真によって立証されていた。小禄の垣花や旧那覇の辻町、西町、松山などの空爆後の光景も確かめられた。

十・十空襲の当時、沖縄では、離島を含む航空作戦を強化するための飛行場建設が進んでいた。実は、十・十空襲の前日も米軍からの攻撃があり、住民の犠牲が発生していた。それは空からではなく海からの攻撃であった。そして、十・十空襲の日の朝だ。米軍機の編隊が飛来してくるのを見た者は少なくない。しかし、その事実について日本軍は住民に知らせなかった。「久しぶりに、朝っぱらから友軍機の演習か」「実戦さながらの演習だ」と感じた人々が多かった。住民は、知らされることなく無知であった。そして、日本軍の第三二軍は、この米軍の攻撃に応ずる体制はとらなかった。それは、情報処理や防衛戦略に関して無能であった、という一面もあった。

十・十空襲に関する事前情報がどの程度日本軍に掌握され、実際の空襲に対し、いかほどの対策がとられたのだろうか。結果は、いずれも悲観的である。日本の軍隊が住民を守る軍隊として存在していたら、あるいは、十・十空襲の被災は実際より減少していたかもしれない。それどころか、十・十空襲の前夜、沖縄の第三二軍司令部は、十日から三日間、参謀長主催の兵棋演習に注意がそそがれていて、演習前日の九日夜は、慰労のための宴会がもたれていた。司令官牛島中将の招待で、沖縄各地や奄美から司令官や参謀など高級幹部が那覇に集められた。波の上にあった沖縄第一ホテルでの宴会の後、さらに、軍参謀全員の二次会が市内の料亭でもたれた。

その翌朝、那覇の街はその九割が炎上し、多数の死傷者を出すという空襲に見舞われたのだ。日本軍は、南方各戦地で連戦連敗の戦闘を繰り返し、戦力は大幅減少していた。そのころ、米軍は二週間後のフィリピンのレイテ島沖海戦を構想しながら沖縄戦の前哨戦を展開し始めていた。そんな中で、日本軍の戦闘方向は、日本本土の防衛が主題になりつつあった。日本軍は、軍民一体の戦闘協力を指示し、飛行場建設と全島要塞化のために民衆を根こそぎ動員し、天皇制を守るための沖縄「捨て石作戦」、本土決戦を遅らせるための沖縄戦へと突き進んでいく。

展示されている写真と資料からは学ぶことが多かった。十・十空襲にちなんでの「体験談」が、「島クトゥバで語られる証言」として、目の前のビデオで放映されていた。数多くの人々の証言がリアルに語られていた。私は、三人の証言を聴いたが身につまされる悲惨な話であった。「市民の集い」が編集し、二〇〇〇年に発行した体験手記『十・十空襲』（全二巻）に後で目を通したが、貴重な資料だと思った。併せて、『島クトゥバで語る戦世（一〇〇人の記憶）』（編集・発行、琉球弧を記録する会）にも触れることができた。「体験談」を語り継いでいくことの大事さを痛感した。

3、東京大空襲画

「村岡信明詩画展」は、「レクイエム沖縄・那覇大空襲」をメインにして、併展「レクイエム東京大空襲」として位置づけ、企画・展示されていた。村岡氏が詠んだ沖縄叙事詩「レクイエム那覇大空襲」の一節に、次のように謳っている。

那覇も首里も焼け落ちた／火の中に重なる死かばね七五四人／
街の人間の死臭にみちて／砕け散るシーサ　空は血の海に染まる／
そして　地獄の沖縄戦が始まった／

十・十空襲から六〇年が過ぎ去った。十・十空襲の中から生き残ったウチナーンチュたちの体験に学び、忘れつつある記憶を甦らせ、焼け死んだ人々の口惜しさを思い、東京大空襲に生き残った一人として、沖縄戦で亡くなった人々の冥福を祈る—このような心情が村岡氏の心の中にあったという。

沖縄をモチーフに描いた絵画「レクイエム沖縄・那覇空襲」「悲しみのシーサー」「歴史を見つめる万座毛」（連作）、「十三祝い」などの大作が紹介されていた。

また、「東京大空襲」を描いた作品は多数あった。「絵で奏でるレクイエム東京大空襲」「私の子どもを知りませんか」「炎の中で」「生まれる前に殺された」「お母ちゃん起きてよーッ」などのように、作品名に表れているような内容が表現されていて、大空襲の惨たらしさを肌で感じ、強烈なインパクトを受ける作品群であった。特に、これらの作品は油絵や墨痕画と呼ばれる手法で描かれていて興味を引いた。墨痕画というのは、案内の人に伺うと、水墨画に似ていてまったく内容が異なる「ぼかし画」の一種だという。この企画が話題に上がった頃、村岡氏は「沖縄と東京は、たくさんの庶民が命を奪われた空襲の経験が共有できる」と語った、という。

村岡氏は、一九三二年、東京生まれ。現在、国立モスクワ・スリコフ芸術大学名誉教授。兵庫県西宮市在住であるが、毎年、ロシアや東欧の国々など世界の国々を訪れ、歴史・民族・宗教・建築を主題に描き続けているという。著書に、『東京大空襲・死と生の記憶「赤い涙」』などがある。一九四五年三月十日の東京大空襲を体験して以来、空襲の悲惨さと平和の尊さをアピールし、膨大な作品を描き続けている画家である。東京大空襲の際は、東京で被災し「死体が累々と横たわる惨状」に衝撃を受け、それ以来、東京大空襲を後世に伝える油絵や墨痕画などを描き続け、その作品数は五〇〇作品余に上るという。

今回、「村岡信明詩画展」の開催にあたり、村岡氏は「大空爆は昔の出来事ではなく、イラクの人たちにとっては、今毎日の現実です。そして、右傾化を進める日本の明日でもあるのです。戦争の未来か、平和の未来か、いま日本人はその岐路に立たされています」と、日本の進路についての不安を指摘している。「平和という概念が今ほど多様化している時代はない」と指摘し、「真の平和創造を」との主張は、主催者である「平和の集い」の願いと完全に符合する、と思った。平和をめぐる世界情勢が混沌としている中で、「戦争と平和」について考えるのに絶好の美術展であったことに感謝した。

第四章　世界平和を求めて

一、アフガンからの報告を聞く

1、ペシャワール・中村哲医師の話

「本当の復興支援とは何か―アフガニスタン・イラク」という演題で、ペシャワール会医療サービス（ＰＭＳ）の総院長である医師・中村哲氏の講演会が、二〇〇四年五月二十八日午後一時から四時まで、沖縄国際大学三号館で開催された。講演実行委員会が組織され、学生のみならず一般市民にも呼びかけていたので、幸運にも、アフガン情報を中村氏から直接に聞く機会を得た。

中村哲氏は、一九四六年福岡県の生まれ。九州大学医学部を卒業。国内の診療所勤務を経て、一九八四年パキスタン北西辺境州の州都ペシャワールに赴任。以来、二〇年の長期にわたってハンセン病など貧困層の診療に携わる。一九九八年、ＰＭＳを建設し、ここをハンセン病診療とア

フガニスタン山岳部無医地区診療の拠点にしての医療活動や小麦粉・食用油の配布事業、用水路建設などの水源確保事業等を行っている。現在では、ペシャワール基地病院を中心に、アフガン東部に三か所、パキスタン北部に一か所の診療所を運営し、一二〇名の医療職員で年間十五万人の診療を行っている。運営資金は、年間二億五〇〇〇万円、すべて日本の市民の会費と寄付によって賄われているという。二〇〇〇年から水源確保事業を新たに始め、一五〇名の職員を擁するに至っている。医療団体が灌漑施設の建設に乗り出すというのは少々奇異な感じもするが、病気の背景には清潔な飲料水の欠乏、栄養失調、砂漠化で廃村が拡大するなど、医療活動が医療に従事してさえいれば済むような状況ではなくなっている、と中村氏は強調している。

ＰＭＳが活動している地域は、医療活動が困難であるばかりか、戦禍の煽りで飢餓・難民の問題も発生し、自らの身にさえ危険が及んでいる戦地さながらの土地である、という。このような環境の中で、どうしてこうも澄ました格好で粛々と活動ができるのだろうか。そのきっかけは、ルース・ファウ医師との出会いであった、と中村氏は語った。一九八二年に日本キリスト教海外医療協力会の意を汲んで初めてペシャワールのミッション病院へ下見に行った時、一人の五〇代半ばの女性医師に出会った。ファウ医師は、ドイツのカトリック団体から派遣された医師であり、二〇年も前からパキスタン北西辺境州ハンセン病コントロール計画のオルガナイザーとして仕事に打ち込んでいた。出会った翌日、中村氏は病棟へ案内された。そこで見た病棟の中の診療スタッフの動き、患者の訴えや病状、医療施設の状況などが、ファウ医師の話を媒介に深く印象に刻まれたという。中村氏は、それから帰国し、国内外での研修を積んだ後一年半後にペシャワールに赴任した。その時、ファウ医師は、パキスタン全土にわたるハンセン病コントロール計画の立案・推進役として連邦政府厚生省顧問の任務を担っていた。それから二〇年間、中村氏はペシャワールの勤務を続けている。

2、医療活動の根底は人間愛

中村氏が話したことで、最も心の琴線に触れた部分について先に記しておこう。

「アフガニスタンは、人口約二〇〇〇万人の国である。これらの人々は、約九割が農民・遊牧民である。アフガンに生まれ、そこで生き、そこで死んでいく人たちである。他へ逃れることができない人たちである。少なくとも過去五年間で新たに発生した難民・避難民の百数十万人は干魃によるものであった。戦争よりもまず、生存することが急務であった。これまで、国際社会はこの事実を大きく取り上げてくれなかった。私は、アフガンが今後どのような状況になろうとも今後もそこに居残り、今まで通りの仕事を続けていく。『テロに対する毅然たる態度』という名目で、米英など同盟軍の思惑で開戦し、そして今、アフガン問題は一見落着したかのように、米英などの思惑が演出されている。一方、アフガン東部では、以前は親日的であったのが現在では翳りが見え始めてきた。日本政府は、『テロ対策特措法』を名目に、アフガンへ陸上自衛隊を派遣する構想を持っている。東ティモールから撤退が完了した後の夏以降に具体化しそうだ。陸上自衛隊が来たら私たちの仕事はやりにくくなる。しかし、彼らが来ても、私たちの仕事には指一本もふれさせない。今、アフガンには、アフガン人すべてに共通する感情としての反米感情がある。復讐はアフガン社会の掟である。『誤爆』や捕虜虐殺で犠牲になった数千名の犠牲者に対する復讐を彼らは忘れないであろう」

中村氏は、家庭にあっては五人の子供の父親だと話した。外国での過酷な勤務環境の中にありながらも、医療業務以外の任務を携えて年に二、三回は日本に帰って来るという。福岡県の家庭でゆっくり休むことなどままならないであろう。困難な中での障害を克服しながら前進できるのは、自らクリスチャンとしての強い信念と正義感の裏付けがあるからであろう。今日の社会で最も強く求められている勇気と逞しい行動を身近に見た思いであった。

中村氏は、二〇〇二年八月三〇日、第一回沖縄平和賞を受賞した。沖縄との繋がりができたことは沖縄にとってとても有意義なことである。今回のように、沖縄まで出向いて講演までして頂けるのも歴史的な縁が織りなすドラマのように思えてならない。

二〇〇四年五月二十七日、テレビＴＢＳ系「ニュース23」の番組で、筑紫哲也キャスターは中村氏のことを紹介した。その数日前の二十一日、中村氏は、天皇陛下に招かれアフガン情勢やアフガンにおける活動状況等について訊かれたそうだ。天皇陛下は、一九七一年にアフガンを訪問したことがあり、その頃の情勢は安定していた、とのこと。中村氏は、パソコンなどを利用しながら、懇切丁寧に説明したという。アフガン問題は皇室にとっても大きな関心事だと思われる。

3、本当の復興支援とは何か

中村氏は、演題に沿って、さらに語り続けた。

「二〇〇一年十月米軍がアフガンを爆撃し、十一月にはタリバン政権が崩壊し、その後のカルザイ政権が擁立された。翌年一月、東京でアフガン復興支援会議が開催された。これに乗って、確かに、復興支援ラッシュが首都カブールに押し寄せた。しかし、援助資金の七割以上が国連や外国NGOの事業を通して行われ、現地のニーズを満たさなかった。しかも、この復興支援も今では撤退・縮小の傾向にあり、カルザイ政府でさえ直接の支援を訴えている」

「かつて、旧ソ連軍は人権・平等・民主化などを掲げて戦争を引き起こし二〇〇万人の犠牲者を出した。米軍は、対テロ戦争・民主化などの大義名分で戦争を始めた。アフガン空爆、タリバン兵捕虜と大量虐殺、イラクでの事実を歪曲した軍事行動や誤爆、捕虜虐待など悲惨なことが起こっている。両者は何ら変わりはない。外国から民主主義を持ち込むという思惑はいずれも失敗した。アフガン社会は、バラバラの部族が掟で繋がっている社会である。五〇〇〇メートルから七〇〇〇メートルの山々が連なり、約三〇〇〇メートルの高地に至るまで人々が住んでいる。山岳地帯も合わせて二〇以上もの部族が住んでいる。二五〇〇メートルの高地に住む部族に会ったときのことであるが、フランス人かと訊かれた。この人たちは外国人と会うのが初めてだったのだ。国際社会の情報などなくても彼らなりの文化を守りながら立派に暮らしている」

「アフガンは領土面積は日本の約一・五倍で、人口は約二〇〇〇万人であるがその九割は農民・

遊牧民である。宗教は、九割以上がイスラム教であり、彼らはモスクに集まり掟で繋がっている。パキスタン北西辺境州もアフガンからの難民パシュトゥン人とパキスタン人の約半々が住んでいて、人口は約二〇〇〇万人のイスラム社会である。この地域の難民は、生活はアフガン、行政はパキスタンということになる」

「今アフガン人を苦しめているのは、ここ五年間も続いている大干魃である。しかし、国際社会はそのことにあまり触れてこなかった。二〇〇〇年一月から発動されたタリバン政権に対する経済制裁に加えて天災による人々の生活崩壊は外国や国連などへの根強い不信に変わっていった。皮肉にも、タリバン政権下で絶滅に追いやられていたケシ栽培が、世界の七割まで復活した。しかし、アフガンは昔から緑茶の名産地であり、他にも農作物は採れる。アフガンはやはり農業国である。その水源はヒンズークッシュ山脈の雪解けに頼る。干魃対策は四〇〇〇メートル以下の山裾で万年雪に替わる貯水池や用水路を確保するほかに道はないと考え、私たちは潅漑用水路建設事業を始めた」

「今、現地では復興支援を含めた外国の干渉に不信感と反感が深く根を張りつつある。そして、それが国連組織やNGOにも向けられつつある。今求められている本当の支援は、軍とセットになった復興支援ではない。それは、アフガンの人々が自ら望む復興をあくまでも他の諸外国が支援していく内容でなければならない。アメリカの要請で『陸上自衛隊のアフガンへの派遣を検討』と聞いたが、もしこれが現実になれば日本人は『米軍の同盟者』と見なされ、私たちのプロジェクトは崩壊しかねない。私たちは、身をもってこれに抗さざるを得ない」

4、イラクへの対応を誤るな

この稿を整理しているのは二〇〇四年五月三十一日、沖縄県那覇市においてである。その頃、イラクや東京では、今後日本とイラクとの関わり方や国の進路の選択が問われる出来事が進行していた。

五月三十一日、イラク南部のサマワで人道復興支援活動を行ってきた陸上自衛隊の隊員一四〇人がクウェートから北海道の旭川空港に戻って来た。これで、二月の派遣以来、一次派遣の主力部隊四八〇人全員が帰国したことになる。

丁度その日、小泉純一郎首相は参院決算委員会で、国連決議に基づき主権委譲後のイラクで編成が予定されている多国籍軍への自衛隊参加について、積極的に参加する姿勢を示した。多国籍軍と一体化すれば、憲法で禁じている海外での武力行使との関連はどうなるのか。石破茂防衛庁長官は、治安活動への後方支援などを念頭に参加は可能である、と表明した。また、川口順子外相は、多国籍軍の任務、目的、編成など具体的な事実に基づいて判断する、と参加の可能性を示した。国連安保理事会には既に米英から提出された主権委譲後の多国籍軍の駐留、再編の議題が提案されている。ドイツは派遣しない方針であり、フランス、ロシアは撤退期限をつけるよう要請しているという。今日まで、イラクに派兵し被害を受けてきた国々が多いだけに、国連参加の国々の軍隊派遣については対応の仕方が今後大きく分かれていく可能性がある。日本がいかなる方法を選択するのか、日本の自衛隊はどうなるのか、日本の国家のあり方や進路に関わる重大な問題に遭遇していた。

自衛隊のイラク派遣の根拠になっているのは、イラク復興支援特措法である。この法律では、給水や医療などの人道支援が主であり、武力行使を禁じている。多国籍軍が反米武装勢力などの掃討の目的で武力行使が避けられない状況の中で、本当に自衛隊は武力行使をしないで済むのか。多国籍軍の指揮は、日本の自衛隊に武器使用を命ずるまでは及ばないのか。

イラクでは復興支援のあり方を含め外国の干渉に対する不信と反感が根強い。さらにその矛先は国連や外国人、ＮＧＯやジャーナリストなどへと拡大してきた。五月二十八日午後、フリージャーナリストの橋田信介氏（六一歳）、小川功太郎（三三歳）の二人がバグダッドの南約十キロの地点で車で移動中に襲撃され、頭を撃たれて死亡した。その頃、この種の襲撃事件が頻発していた。外国人には容赦なく攻撃するところまできた。犯人は、現場から立ち去る時、イラク人運転手に対し「米国の手先」と呼びながら殺害には及ばなかったという。また、二十九日は、サウジアラビアでイスラム過激派グループによる石油関連会社及び従業員の居住区数カ所に同時襲撃し二〇名以上が死亡し、負傷者はこの数を上回った。犯行声明には、「イスラム教徒の富を奪う米国の会社を攻撃した」と、あったという。サウジでは、一月間に武装グループによるテロ攻撃が二度もあり、死者が多数出た。

イラクにおける戦争は、もはやイラクだけの問題ではなくなっている。文化や宗教、石油利権、支配と被支配などが絡むイスラム社会全域に関わる問題だと思う。「復讐はアフガン社会の掟である」と分析しているペシャワール会・中村哲氏の警告が、今身近に感じられるようになってきた。日本政府の対応が高所大所から検討されることを願うばかりである。

二、安田純平氏が見てきたイラク

1、安田氏を沖縄に迎えて

フリージャーナリストで、イラクで取材中に武装勢力に拘束された安田純平氏の講演会が、二〇〇四年七月一日、浦添市社会福祉センターで開かれた。話題の中心は、イラク取材中に拉致拘束されたときの体験談や報道されてない部分の裏話や戦争の本質などについてであった。

安田氏は、イラクで取材中に武装勢力に拉致・拘束され、三日後に解放されるという、希有な体験をした人物である。米軍による空爆と占領下におけるイラクの人々の市民サイドからの取材活動であっただけに当然大きなリスクを負うものであった。混迷を続けるイラク情勢の今後の動向が危惧され、世界の国々や国連、日本などの取るべき態度が問われている時であった。こんな時世だけに、安田氏の講演に対し多くの人々から期待が寄せられていた。イラク情勢に思いを馳せ、戦争の残虐さ、悲惨さに心を痛めていた人々が講演会場に出向いた。

安田氏は一九七四年生まれの三〇歳、一九九七年信濃毎日新聞に入社。二〇〇二年、一月にアフガニスタン、十二月にイラクへとそれぞれ休暇を取って取材に行く。二〇〇三年一月、新聞社を退社しフリージャーナリストとして独立、二月に二度目のイラク入りをし、イラク戦争の開戦時には「人間の楯」としてバグダッドにとどまる。バグダッド南部の発電所や浄水場に滞在しながら空爆下の様子を取材。同年十月、三度目のイラク入りで「戦後」を取材。二〇〇四年三月、四度目のイラク入り。三月十六日、バグダッド、サマワ、ナジャフなどを訪問、武装勢力の人質になった高遠菜穂子さんが関わってきたストリート・チルドレンなども取材。

安田純平氏と市民団体メンバー渡辺修孝氏（三六歳）は、バグダッド市内にアパートを借り、そこを拠点にした取材活動を行っていた。二〇〇四年四月十四日、彼ら二人は、取材のためにタクシーで移動中に、車に乗ったイラク人集団に拘束された。そこは「イスラム・スンニ派三角地帯」と呼ばれるバグダッド西部のアブグレイブで、バグダッドからファルージャに向かう途中の地点であった。タクシー運転手はその場で解放されたものの、事件は犯行声明もなく、被害者の安否も不明のまま時は流れ、日本の人々は不安に駆られた。当初、メディアは反米武装勢力による犯行だろうと推測し報道していた。しかし、安田氏の話によると、反米武装闘争の続くこの地域では政府などなくとも部族の秩序がしっかりし社会が維持されていたという。二人が目隠しされたまま連行された場所はアブグレイブの民家のようで、拘束したのは自警団のようであったという。米軍も道路を封鎖していた。怪しい者が入り込まないようにイラク人側が同様の対策をとっていたようだと指摘している。その後、拘束場所が農家に替わり、やがて反米武装勢力の手へと渡っていった、という。二人は三日後の十七日に解放された。そして、四月二〇日、ヨルダン経由で帰国した。

安田氏ら二人が拘束された四月十五日午後六時半の時点で、ヨルダンで現地対策の指揮を執っていた逢沢一郎外務副大臣は、外務省を通してもたらされた未確認情報に対し「事実確認中」と述べた。さらに、イラクに滞在している日本人は自衛隊以外に約七〇人との認識を示し、最終的にはそれぞれの自己責任であり、引き続き強く勧告していきたい、と日本政府の姿勢について述べた。その日は、ボランティア活動のためイラクに滞在し拉致拘束されていた高遠菜穂子氏ら三人が恐怖の縁から命からがら解放された日であった。日本政府が日本国民の生命を守るべき「国家としての義務」とボランティア活動等における「個人の自己責任」とをごた混ぜにした政府見解を表明したことに対し、国民の間ですぐにブーイングの反響が起こったのは当然であった。

2、沖縄でイラク・戦争・憲法を考える

二〇〇四年七月一日の集会は、「七・一侵略戦争と憲法改悪に反対する連帯の集い」として企画された幾つかのプログラムの中の一つであった。講演が終わった後、質疑応答を深めながら、現在まだ戦火が止まないイラク戦争やアフガニスタンの悲惨な現状などから戦争の実態について学習していこうという主旨があった。他方で、主催者の実行委員会から、名護市辺野古と金武町伊芸区のたたかいが紹介された。北部の基地・演習に反対する現地の住民からは、建設予定地の状況や行政側の姿勢などについての報告が行われた。「許すな!・米軍のイラク占領」「阻止せよ!新海兵隊基地建設」などのスローガンのもとに、参加者は連帯を確かめ、絆を深めていくための

セレモニーなどで応えた。

名護市辺野古においては、普天間基地撤去に伴う代替施設を海上に建設するためのボーリング調査の動きに神経が集中し、座り込み行動などが行われていた。那覇防衛施設局がボーリング調査の着手を試みた四月十九日から始まった座り込みは、計画断念までの阻止行動を決意しながら継続されていた。講演会場で発言した代表は、「戦争のための基地は絶対つくらさない」と強調した。話は後のことであるが、七月二十七日、「基地建設阻止座り込み百日集会」が辺野古漁港近くで開催され、約五〇〇人が参加した。採択された「辺野古への基地移設計画の撤回を求める決議」は米国大統領や首相、防衛庁長官、沖縄県知事、名護市長らに提出されるなど精力的な活動が継続されていた。

一方、金武町にあるキャンプ・ハンセン内の「レンジ4」では、都市型戦闘訓練施設の建設が始まり、伊芸区の住民が中心になって支援者の仲間とともに抗議や要請活動などが幅広く展開されていた。地元代表は「国の安全のためにというが、伊芸区の安全はどう守るのか。施設の建設予定地は住宅地から三〇〇メートルほどの距離だ。観光も影響を受ける。高速バスはすぐ近くを通っていて危険だ。沖縄の発展は観光に依存している。今、沖縄の海も山も危ない」と訴えた。

集会アピールでは、安田氏によるイラク現地の報告や名護市・金武町からの基地建設を許さないという地元住民たちの思いを受け止め、連帯と運動の輪を広げていこうと誓った。イラクに出撃している米軍の強固な軍事基地が沖縄にあること、イラク暫定政府が発足したとはいえ米傀儡政権であり占領支配に抗している民衆の気持ちが理解できること、各国軍の撤退が相次ぐ中で日本が多国籍軍へ自衛隊の参加を決定ししかも小泉首相の独断で行われたこと、これらのことが憲法改悪や教育基本法改悪の流れと深い関わりがあること、などが意見や討論の中で提議された。

参加者が訴えたスローガンの内容は次のようなものであった。

米軍のイラク占領に反対、イラク人捕虜への拷問・虐待糾弾、自衛隊の占領への加担に反対、反米・反占領を戦うイラク民衆と連帯しよう、有事関連七法の制定阻止、憲法改悪阻止、教育基本法改悪阻止、新基地建設のためのボーリング調査阻止、都市型訓練施設建設阻止、浦添新軍港建設反対、奄美・喜界島への自衛隊通信基地「象のオリ」建設反対、派兵・改憲に突進する小泉戦争内閣をぶっ飛ばそう―などであった。

3、武装勢力による日本人拉致・拘束

なぜ日本人拉致・拘束がイラクで起こったのか、まずこんなことから考えてみたい。

日本人として最初に武装勢力に拉致・拘束されたのはフォトジャーナリスト郡山総一郎氏（三二歳・東京都）、フリーライター今井紀明氏（十八歳・北海道）、ボランティア活動家の高遠菜穂子氏（三四歳・北海道）の三人だった。

四月七日、彼ら三人はヨルダンのアンマンから陸路移動中に拉致された。カタールの衛星テレビ・アルジャジーラが八日、人質三人の様子をビデオテープで放映し、「サラヤ・ムジャヒディン（聖戦士の部隊）」を名乗るグループからの犯行声明を伝えてきた。犯人グループが要求した

ことは「三日以内に自衛隊がイラクから撤退しなければ、三人を殺害する」という内容であった。この、あまりにも衝撃的な情報は瞬く間に日本国中を駆けめぐり、人々を震え上がらせた。声明文には、「われわれは、おまえたちに友情と尊敬、愛情を抱いてきた。だが、おまえたちはそれに対して恩知らずにも敵意を返してきた。米国の不信心で堕落した軍隊に武器と兵士を提供した」「おまえたちに二つの選択を提供する。われわれの国からおまえたちの軍隊を撤退させ帰国するか、あるいは、三人を生きたまま焼き、血に飢えた戦士たちの食物にするかだ」という内容が盛られていた。

高遠菜穂子氏ら三人が拘束されて三日経った時点まで殺害されたビデオが流されなかったので、安田純平氏は大丈夫じゃなかろうか、と考えたという。いろいろ曲折はあったが、事実その通りになった。四月十五日、拘束されていた三人はバグダッドのアミリーヤ地区のモスクで解放された。日本人解放を訴えていたイスラム聖職者協会の手を経て、首都バグダッドの日本大使館に保護された。そして彼らは、翌四月十六日に帰国した。三人が解放されたとき、日本中の誰もが胸をなで下ろし喜びを覚えた。

この事件に対応した日本政府の姿勢はこうであった。即ち、「即時釈放を求める」「自衛隊は人道支援のために行っている。撤退する理由はない」というもので、当時の官房長官福田康夫氏が記者会見で明らかにした。事実、日本政府は犯行集団の要求に屈することはなかった。

一方、自らが囚われの身となっていた安田純平氏と渡辺修孝氏は、相前後して解放された四月十七日、彼らを拘束していた武装勢力からメッセージを託されと述べ、その内容を明らかにしていた。その内容は、「米英両国はイラクの敵であり、われわれはこれからも戦う。日本は友人なので、日本人はイラクにこないでほしい。日本人は傷つけたくない。自衛隊はイラクから出て行け」というものであった。

これまで親日感情が良好であったイラク国民の間で逆転現象が起こり始めたのではないのか。過去の日本の功績に感謝しつつも自衛隊の人道支援活動を高く評価するイラク人は激減し、現に目前で展開されている爆撃の停止と外国人のイラクからの撤退を求める人々の要求と感情がもう制することができないところまで昂揚し引き返せなくなってしまった、のだと思える。高遠氏や安田氏らが解放された時点がその臨界点で、以後は容赦しないという状況に入ったのではないのか。

4、イラク過激派による日本人殺害

イラクでは、二〇〇三年十一月二十九日、北部ティクリート付近で、日本人二人が襲撃され死亡するという事件が発生した。犯行声明などもなく、犯行の詳細は明らかにはされなかった。二人は外務省職員の奥克彦大使（四五歳）と井ノ上正盛一等書記官（三〇歳）であった。奥氏はロンドンの英国大使館から派遣され、米軍などとの連絡調整に従事していた。また、井ノ上氏はアラビア語の専門家で昨年五月からイラクに派遣されていた。川口順子外相は、緊急記者会見で、「二人が亡くなったことは痛恨の極みとしか言いようがない。二人の遺志をしっかり引き継ぐためにも今後ともテロに屈することなくイラクの復興支援を積極的に取り組む方針に揺るぎはない」と述べた。二人の追悼式は、十二月十二日、バグダッド市内の連合軍暫定（CPA）施設内で、CPA行政官、日本大使館、米軍関係者ら約五〇人が参列し、しめやかに行われた。

二〇〇四年になって、今度は、日本人ジャーナリスト二人が、取材先から戻る途中の車の中で襲撃され死亡するという事件が起こった。殺害されたのは、タイ在住の橋田信介氏（六一歳）と甥で鳥取市在住の小川功太郎氏（三三歳、山口県宇部市出身）であった。その日、橋田氏は取材許可証を取るために陸上自衛隊の宿営地に向かったが、自衛隊が活動中の南部のサマワからバグダッドに戻る途中の惨劇だった。

五月二十七日夕、バグダッドの南方約三〇キロの地点で、橋田氏の乗っている車には二人以外に通訳と運転手の計四人が乗っていた。併走していた車がいきなり追い越しながら発砲。弾丸は小川氏の右目とこめかみに一か所ずつ当たった。銃撃後、小川氏は車外に一度は脱出したがその場に倒れ、通訳も殺害された。橋田氏は連れ去られた後で殺害されたようである。三人の遺体が確認されたのは二十九日のことであった。襲撃犯の車がUターンしてきて立ち去るときに、イラク人運転手に対し「米国の手先」と呼びつつも逃走を許したという。外国人に対し容赦ない攻撃を行う一方イラク人には警告にとどめていた。運転手は死を逃れた。彼は親類を通じて日本大使館に連絡し、そこで事件は発覚した。遺族の橋田幸子氏（橋田信介氏夫人、静岡県在住）らは、六月二日、クウェートで遺体と対面。橋田信介氏と小川功太郎氏の遺体は、六日、タイのバンコクで火葬された。

九日、橋田氏らの遺骨と家族が帰国した。六月十九日、橋田氏らに最後の別れにと、仕事仲間ら三〇〇人が献花を行ったという。

外務省は、五月二十八日、イラクの在留日本人や渡航者に対し注意を呼びかける渡航情報を出した。その内容は、「日本人が犠牲者となった事件が発生したことをきわめて深刻な事態と認識し、同国への渡航はどのような目的であれ絶対に見合わせ、滞在者は安全な方法で、直ちに退避することを改めて勧告する」というものであった。これとは別に、二〇〇三年二月以降、イラク全土に最高ランクの危険情報である「退避勧告」を継続して出していたという。

5、日本人拉致・拘束・殺害の根底にあるもの

二〇〇三年十一月、外務省職員の奥克彦氏と井ノ上正盛氏が殺害されたところは、北部ティクリート付近であった。そこは、いわゆる「イスラム・スンニ派三角地帯」と呼ばれる一帯で、サダム・フセインに忠誠を誓う反米意識が強い地域とされている。米軍による爆撃や占領が長期化するにつれ、外国民間人を狙った拉致・拘束は増え、二〇〇四年三月ごろまでに、イラク全土で中国人、韓国人、イタリア人、米国人などの十六カ国、五〇人が拘束された。日本人に対する拉致・拘束事件が起こっていた四月頃、ファルージャ一帯では、米兵がすでに七〇人ほど死亡していた。米民間人が焼かれて死亡し宙づりにされた、という報道もあった。初めの頃は、拉致・拘束された者のうち、イラク国内に軍隊を派遣している国の人は人質にされ、そうでない国の人は

原則として解放されていた。たとえ、軍隊を送っている国の国籍を有する者であっても、NGO関連の支援活動に携わっている人々は解放されていた。しかし、やがて無差別に行われるようになっていく。反米武装勢力が根強い地域だけに、米軍はその根絶に動き出し、スパイづくりによる密告なども始まっていた。そして、米軍は、激しい掃討作戦を開始した。激しい爆撃が街や周辺の農村を襲うようになった。こんな地域で日本人の殺害があっても不思議でない。

一方、イラク中部は一般的にシーア派が多く、フセイン独裁体制のもとで差別を受けてきた地域として知られている。イラクの民主化を歓迎するムードが感じられる土地柄で、外国を見る目、日本人に対する評価なども、日本人の側から見て良好なものとして受け止められてきた。二〇〇四年五月二十七日、フリージャーナリストの橋田信介氏と小川功太郎氏が取材先から戻る途中に車の中で襲撃され死亡した事件は、中部ハマディア付近で起こった。なぜ、ここでも悲惨なことが起こるようになったのだろうか。

その頃、シーア派の対米強行指導者サドル師の民兵組織による行動はますます過激で活発化していた。米軍の爆撃や占領支配に対し徹底抗戦を掲げ外国人の拉致・拘束・殺害を戦闘の一環として位置づけ、実際に行動に移しつつあった。イスラム教シーア派の聖地ナジャフなど中部で続く米軍による大規模な軍事作戦が展開されるに及んで、イラク一般民衆の中で情勢は急変しつつあった。日々、イラクの人々にとって、一般市民を巻き添えにした無差別攻撃によって、毎日のように多数の死傷者を出していくことは許せないことであった。掃討作戦に疑問を感じ、親日を離れ、反米化し、武装勢力に声援を送る、こんな状況にさえなっていた。もはや丸腰の外国人など、イラクに滞在することが不可能にさえなっていた。橋田氏らの殺害事件は、こんな時期に発生した事件であったと思う。

何が原因で、何が結果か、訳の分からない状況に陥っていた。米軍は、反米武装勢力の掃討作戦だと称して爆撃によってイラクの人々を殺害する。日本人に好意的と見られてきたイラクの人々は、屈辱と、繰り返される爆撃と占領に反旗を翻し応戦する。一体、何のためにこんなことを繰り返しているのであろうか。憎しみや怨嗟の連鎖は、イラクへ軍隊を派遣した国々への報復という結果をもたらした。特に、自衛隊がイラクへ派遣されたことにより、イラク国民の心は大きく旋回したと思われる。

6、安田氏に学ぶイラクの姿

イラク情勢や取材活動における裏話、戦争の本質などに迫る安田純平氏の講演は、興味深いものであった。講師の辛口で辛辣な情勢分析や歴史観をも絡ませながら展開されたトークは聴衆を惹きつけた。その中から、幾つか印象に残った話を記しておこう。

イラク事情の報告

「私は、六年間新聞記者を務めた。昨年一月にやめた。イラクへは、取材のために、これまでで四回行った。イラク人に拘束されたのは、昨年二月、『人間の楯』の一員として行った時である。

イラクに行くのは、イラクの情勢を自分で取材し情報を日本に伝えたい、という気持ちからやっている。メディアによって報道されている情報の中には、ホテルの中で取材して伝えられているだけのものもある。情報は、選択しなければならない。三月十六日は誕生日で三〇歳になった。その日、日本人の友人とイラク人もやって来て、誕生祝いをやってくれた。思えば、三月で、イラク戦争の開戦から一周年であった」

「四月七日、日本人三人がバグダッドの西ファルージャで拘束された。その頃、ファルージャの近くでは、外国人が十七、八名～五〇名ぐらい拘束されていたと思う。アメリカ側は、拘束した人たちのことをすぐテロリストという。しかし、必ずしもそうではない。その頃、イラク情勢は悪化し、バグダッドでは、米軍による爆撃によって、すでに七〇〇～一〇〇〇人が虐殺されていた。私たちが、取材のために車に乗ってアブグレイブの近くまで来たとき、タクシーで接近してきた約十人ぐらいの集団に囲まれた。どこの国の人間かと訊かれ、とっさの思いつきで中国人だと嘘をついた。私を拘束した人たちは、自警団の人たちのようであった。彼らは、その後、私たちを優しく丁寧にもてなした」

「その後、民家に連れて行かれた。農家は一軒家のようであった。地域全体が自警団のような警備をしているようだった。三歳ぐらいの小さな子供がいたが、普通の服装をしていた。男たちは、スカーフを使って覆面をしていた。長方形の部屋では、偉い順に壁側に座っていた。玄関口に男の子がいたが、私が外のトイレから帰るとジョロで水を運んでくれたので、感謝の意味を込めて握手した。ただ喰いでは困るから仕事をさせろと要求したが、応じなかった。その後、拘束の場所は移動した」

「米軍の攻撃が開始されてから、部族の活動も活発化し、覆面をしながら米軍の掃討作戦から逃れるための工夫をしているようだ。米軍に反撃する者を米軍は射殺する。密告によって殺されたりする。密告社会になっている。民主社会をつくるとした米国はもともと密告社会だ」

「犯行グループは、アメリカを憎む理由をのべた。アメリカはイスラエルをモデルにして、イラクの国づくりをしようとしている。私たちはアメリカ支配とたたかっている。日本はどうしてアメリカに追随しているのか、日本人は広島や長崎のことを知っているはずだと言っていた」

「彼らは、昼は農民、夜は武装勢力という感じであった。私は空手が好きであり、カンフー映画のブルース・リーやジャッキー・チェンも好きである。沈黙の時間があったから、その話をした。イラク人はこのスターたちを日本人だと思い込んでいるようであり、空手が好きであった。イラク人が日本人を好きなのは、空手に対する憧れからかもしれない。また、マフラーの巻き方も教わった」

「私たちのスパイ容疑は晴れなかった。おまえはＦＢＩかそれともＣＩＡかと、銃を片手に訊かれ、恐怖を感じたこともあった。しかし、殺されなかったのは銃を持っていなかったからだと思う。最も強いのは丸腰だと思った」

「イラク人の日本に対する感情はまだ良い。一般市民の感情を大切にしないと、今にしっぺ返しが来る。なぜ、アメリカを守るために、日本人の今の暮らしを守るために、イラク人はある程度死んでもらわねばならないと考えるのか。こんな考えは、やがて破綻する。グローバル化という言葉は響きは良い。このグローバル化のもとで非関税、外国企業優遇、資本主義の搾取が始まる」

およそ、このような内容の話であったが楽しく聞くことができ、勉強になった。

7、聴衆からの質疑

安田純平氏の講演が終わった後、聴衆の中から多岐にわたる質疑が出され、講師は丁寧に答えていた。そのとき出された質疑内容の概略を記しておこう。

「イラクの農民が戦っている。テロリストなどと片づけられているがメディアの姿勢に問題はないのか。イラクにおけるメディアの対応についての感想を聞かせてほしい」

「普天間飛行場の近くに住んでいる。ヘリの飛来でイラクの状況を感じたり、イラクへの米軍の移動が分かる。イラク人民に対し、アメリカの残虐さはメディアを通しどう伝えられているのか」

「自衛隊が人道支援と称し水道施設工事を行っているサマワ周辺の状況はどうなっているのか」

「人間の楯について詳細を聞かせてほしい」

「他に拘束された人たちの状況はどうだったのか」

「イラクの主権委譲後の地位協定はどうなるのだろうか」

「アメリカが犯した戦争犯罪はどう裁かれるのだろうか」

「イラクで感じ、大切にしたことは何だったたか」

「アフガニスタンにおけるペシャワール会の医療活動や水源確保のためのダム建設は人道支援活

動として画期的なものであった。イラクに対し自衛隊の派遣は適切であったか。今、日本がイラクへの人道支援を行うとすればどんなことが望ましいか。いかにすれば、それが可能になるか」

「テロとか戦争はなぜ止められないのか」

「自己責任バッシングの論理が横行しているが、この考えに対する考えを聞かせてほしい」

「アメリカの政治、イスラエルの政治、シオニズムの考えなどがイラク戦争に何らか関連しているように思えるが、どう思うか」


私がこの稿を整理していたのは七月末から八月にかけての頃であったが、イラク情勢は決して穏やかではなかった。

七月二十八日、イラク中部バクバの警察署前で自動車による自爆テロがあり、市民が七〇人以上が死亡し、三〇人以上が負傷するという大惨事が起こった。その日は、イラク暫定自治政府に主権が委譲されてからちょうど一か月目の日であった。さらに、七月三十一日から八月一日にかけて、中部ファルージャや北部のモスルで、米軍による空爆や自動車爆弾などでイラク人ら約二〇人が死亡し、約九〇人が負傷した。ファルージャでの空爆は、イラクでのテロや攻撃の黒幕とされるヨルダン人、ザルカウィ氏の組織を壊滅させるためのものであったという。七月二十一日、二〇〇三年三月のイラク戦争が始まってから翌年七月までに、米兵の死者数が九〇〇人に達した。一方、イラク側の死数は、悠に一万人を越えていた。

8、日本は方針転換を

イラク暫定政府に主権は委譲されたが、治安維持に関わる権限を持つ多国籍軍とは実質米軍に他ならない。一日も早く自治政府の警察機関が独立し、治安維持体制を確立することが急務といえよう。そのためにも、イラク国民の生活基盤の再建は同時に進められなければならない。米軍の要請に対してではなく、イラク国民の要請にきちっと応える復興支援のあり方を、日本は考えなければいけない。イラクで取材活動をしながら現地の悲惨さを見てきた安田純平氏は、「イラクの人々は自衛隊派遣に反発している、イラクは親日的な国である、今のうちに方針転換しないとしっぺ返しを食らう」などと、イラクからの自衛隊撤退を訴えた。

二〇〇三年十一月十八日、イラク復興支援特別措置法に基づいて、陸上自衛隊員等約十人で構成された調査団がイラクに向かった。イラクへの本格的な自衛隊派遣業務の開始であった。陸上自衛隊は、①浄水と給水②道路などの補修③医療支援、などを行う計画であった。

第一次派遣の概要。二月二十七日、陸上自衛隊主力部隊約一三〇人がサマワ入りし、陸路先着の部隊約一〇〇人と合流。三月二〇日、一三〇人がクウェートからイラク入り。三月二〇日、一二〇人。三月二七日、一二〇人（遅れて六〇人）。三月末までに、陸上自衛隊派遣部隊の総勢五五〇人がサマワ入り。

第二次派遣の概要。五月八日、第二次派遣部隊一四〇人が出発。五月十五日、陸上自衛隊二三〇人（女性十人、医療・通信の業務に当たる）が出発。五月二十二日、陸上自衛隊一一〇人が出発。第一次派遣部隊の交代要員として派遣されたもので、五月中に第一次派遣団と交代。行動は八月までの予定。

第三次派遣の準備。六月十四日、八十三人が出発予定。八月に八〇〇人がサマワに向かう予定。六月二八日、自衛隊、多国籍軍に参加。七月五日、陸上自衛隊の交代要員九〇人がサマワ入り。今、沖縄で、日本国中で、「自衛隊の海外派遣」や「憲法九条の平和条項」などが論じられている。こんな矢先、米国務副長官が爆弾発言をし、話題になった。

七月二十一日、アーミテージ氏は、日本の憲法九条について「日米同盟の妨げ」、日本の国連安全保障理事会常任国入りについて「国際的利益のために軍事力を展開しないと難しい」などと発言した。訪米中であった中川秀直・自民党国対委員長との会談で述べた話のようである。それにしても、日米同盟の一層の強化のために、イラクへ派遣されている自衛隊のような復興支援活動に限定すべきではない、日本国民は集団的自衛権の行使を承認している、憲法改正は日本国民が決めていくことだ、憲法九条が日米関係の妨げになっている、などと語られたというから恐れ入った。アーミテージ発言は、日本に対する内政干渉にも等しい。日本の政治や外交は対米追従だと指摘されている。このような状況があるだけに、日本の外交のあり方はもとより、憲法や自衛隊の海外派遣についてはもっと検討されるべきだと思われる。

三、沖縄平和賞について

1、第二回沖縄平和賞にＡＭＤＡ

第二回沖縄平和賞の授賞式が、二〇〇四年八月二十二日、名護市の万国津梁館で行われた。今回の受賞者は、国際医療援助団体「ＡＭＤＡ（アムダ）」（アジア医師連絡協議会、本部・岡山市）に決まり、稲嶺恵一沖縄県知事から賞状と副賞一〇〇〇万円が贈られた。同賞は、アジア・太平洋地域の平和への貢献をたたえるという主旨で創設され、二年に一度、個人または団体を顕彰するもので、第一回は、二〇〇二年に「中村哲を支援するペシャワール会」に贈られた。

ＡＭＤＡは日本初の医療ＮＧＯ（非政府組織）である。国内外三十一支部、医師三〇〇人を含む会員一五〇〇人を擁する。一九八四年の設立以来、アジア、アフリカ、中南米など約五〇か国で災害支援や地域開発の実績があり、受賞時点で、十四カ国四十四事業を展開し活動中であった。ＡＭＤＡの活動は、人道援助の三原則に基づいているという。即ち、①誰でも他人の役に立ちたい気持ちがある②この気持ちの前には国境、民族、宗教、文化等の壁はない③援助を受ける側にもプライドがある、ことを大切にしている。ＡＭＤＡは「医療平和」という概念を主張している。それは、紛争当事者に中立で人道上の立場から医療による支援を行い、この事を通して人類の平和と人間の安全保障に貢献しようというものである。

沖縄平和賞の選考委員会は七人の委員で構成されている。委員長の江崎玲於奈氏（芝浦工業大学長）と副委員長の尚弘子氏（放送大学沖縄学習センター所長）は連名で選考委員会コメントを発表した。その中で、次のように述べている。

「医療技術集団としての特定非営利活動法人アムダのこれまでの世界的な活動は、専門知識と技術に特化し、アムダが確固たる人道支援のあり方を確立してきたことが高く評価された。また、アムダ沖縄支部が設立され、その活動から今後も医療支援を必要としている人々のために、沖縄から多くの人材が参加し、沖縄発の高い知識と技術に裏付けられた活動を通じ、地域の安定と人間の安全の確保に寄与することが指摘された」と。菅波茂・ＡＭＤＡ理事長は、沖縄県に対し三点を提示し、今後、県のパートナーとして頑張りたいと語った。①世界の沖縄県人ネットワークを利用した緊急支援機構の確立②沖縄の若者に支援現場を体験させる奨学金制度の創設③広島・兵庫・岡山各県と知事外交のサミットの開催、などを通し人道支援活動をすすめていきたい、という抱負であった。

沖縄平和賞は、稲嶺知事の政策の中から生まれた。沖縄平和賞委員会長である稲嶺知事のことばを借りると、「二十世紀が二度にわたる世界大戦が起きるなど対立の世紀であったことの反省から、新たな世紀は調和と共生の時代へと転換することを期待」し、「平和の維持と構築に向けて持続的に取り組むひとつの手段として沖縄平和賞を創設」した。沖縄平和賞の顕彰対象は、アジア太平洋地域における平和・非暴力・非暴力実現の促進に貢献する活動、「人間の安全保障」を脅かす問題を解決し貢献する活動、平和実現を図る活動などを想定している。第一回、第二回とも素晴らしい受賞者が誕生し、沖縄平和賞の目標は達成されているように思う。受賞者たちの過去の実績には感動し、共鳴する。今後の活動に期待したい。

ただ、ここで考えたいことが二、三ある。一点目は、こんな大きな賞を一地方自治体が企画し多額の賞金を出すことはどうだろうかということである。目下、三位一体の行財政改革で、地方自治体はサバイバル体制で財政危機からの脱出に凌ぎを削っている時である。二点目は、沖縄は平和・基地・人権などの問題を現実に抱え、軍事的な面から常に国内外から注目を浴びている地域であり、この沖縄県が平和賞を授ける立場に立つというのは適切か、という点についてである。そして、三点目は、沖縄県政の平和や基地に対する姿勢についてである。

2、沖縄平和賞の意義

沖縄平和賞は、稲嶺県政が一九九九年の県政運営方針の中で表明して創設され、二年に一回、「沖縄と地理的・歴史的に関わりの深いアジア太平洋の平和の構築・維持に貢献した個人・団体に一千万円の賞金を贈って顕彰する」という主旨の平和賞である。そして、第一回（二〇〇二年）が「ペシャワール会」、第二回（二〇〇四年）が「ＡＭＤＡ」に授与された。

まず一点目は、金銭的な観点から考える。賞金は一〇〇〇万円であるが、諸経費を含めると年間五〇〇〇万円もの予算が必要とされている。第二回授賞式の日から約三か月後の十一月十六日、沖縄の地元新聞に次のような投書があった。「県が予算編成で大幅削減になり、市町村も予算削減で今後の事業推進で困惑している、学校のプールが老朽化している、修理は無理なので建て替えてほしい、危険と分かっていても見て見ぬふりする県行政は市町村のことを考えているのか、県は沖縄平和賞で平和貢献もいいが子どもたちのために予算を使ってほしい」という主旨であった。貧困な沖縄県にとって、平和賞にかかる費用は大きい。地方財政が最悪の事態を迎えている時だ。

二点目は、沖縄は在日米軍基地の七五％を抱え、基地公害や被害が後を絶たないし、目下戦時体制下にあるイラクへの最前線基地として機能している。連日、イラク全土で銃撃戦が展開されているが、そこへ米海兵隊を送り出しているのは沖縄にある米軍基地だ。沖縄県民は、世界平和の実現に向けて、沖縄基地の存在に心を痛めている。

三点目は、稲嶺沖縄県政が基地を容認し、新たな米軍基地建設を推進している県行政の姿勢についてである。少なくとも、平和賞の目的は平和を求める心を発信することにある。そうであるならば、基地容認または新規の基地建設はこの精神に矛盾する。基地は押しつけられたもの、沖縄県の立場はやむを得ないもの、と言うのであれば、それなりに積極的な平和行政の姿勢を打ち出すべきである。しかしそれがない。むしろ後ろ向きだ。現行の平和賞をこのまま継続していくとしても、沖縄平和賞委員会、沖縄平和賞選考委員会は委員の選出から受賞対象者の選考に至るまで、公平、慎重、中立、透明を期さなければならない。平和共生を求める姿勢を強く打ち出し、日本国内はもとより、東南アジアや世界の人々に訴え、相互に理解し合う努力をすることである。

現在の沖縄県立平和祈念資料館は、二〇〇〇年三月にオープンした。その準備段階で、展示内容に対する県当局による改竄問題があった。展示内容の改竄の範囲が沖縄戦のみならず、戦後史

沖縄県平和祈念資料館

にも及び、しかも八重山平和祈念資料館においても同様のことが起っていた。最後は、事務局が詫びをし事態の修復を図ったが、その真相解明は不十分であった。この問題は、当時マスコミで連日大きく取りあげられ、県当局の平和行政のあり方や県政の透明性・民主性が問われる問題だとして県民世論が湧き起こった。このような県行政の姿勢では、沖縄平和賞の存在意義が問われてくるし、受賞する側もうれしくないに違いない。受賞者側は、受賞を契機に、本心から「平和の維持と構築に向けて持続的に取り組む」ことを身命として本格的に活動を続けている個人や団体である。

たとえば、第一回受賞者の「ペシャワール会」が平和について考えていることは、沖縄県側の発想との間に相違が見られる。「ペシャワール会」の中村哲医師は、五月二十八日の沖縄国際大学における講演で、「本当の復興支援とは何か」について、「アフガンの人々が自ら望む復興をあくまでも他の諸外国が支援すること」「今、本当に求められている支援は軍とセットになった復興支援ではない」と断定し、五月二十八日の時点で、日本政府がアフガンへ陸上自衛隊を派遣する構想を批判し、米英軍の思惑で開戦したアフガン戦争を非難した。その上で、アフガン戦争の結果として発生した二〇〇万人余の犠牲者や難民問題の救済に全力を尽くしたい、と抱負を述べた。ここに述べられた国はアフガンであるが、派兵や復興支援については、受け入れ側の事情としてはアフガンもイラクも類似している。受賞者の「ペシャワール会」やＡＭＤＡが沖縄県と連携をとりながら平和に貢献するための活動を展開しようとするとき、スタンスや依って立つ基盤は異なる。このような矛盾、自己撞着が発生することになる。

3、沖縄から平和の発信を

沖縄県は、太平洋戦争・沖縄戦終結五〇周年にあたる一九九五年、沖縄県条例で定めた六月二十三日の「慰霊の日」に、平和を求める沖縄県民の心を内外に強くアピールするため「非核・平和沖縄宣言」を行った。その趣意を述べた部分に、次のようなことが記されている。

①沖縄は、かって、「琉球王国」を形成し、「武器なき邦」「平和愛好の民」として国の内外に知られ、近隣諸国との交易を通じて、積極的に友好関係を結び、独自の文化と平和な社会を築きあげてきた。

②その後、「薩摩の侵攻と支配」「琉球処分」「太平洋戦争・沖縄戦」「アメリカの占領統治」「日本復帰」など様々な歴史の試練を受けながらも、祖先から受け継いだ平和への志向を一段と深めてきた。

③今、私たちは、平和を尊び「共生」を志向する「沖縄のこころ」をもって、世界の恒久平和の実現のため努力をしているところである。

この世界平和に寄せる沖縄県民の心は、二〇〇四年現在でも、人口が約一三〇万人に増えた今日でも、沖縄県民の心情を最大公約数的に盛り込んだ内容として共通理解できることだと思う。この「沖縄のこころ」を発信し続けるために「非核・平和沖縄県宣言」は制定されたものである。沖縄県が平和を求め、平和を発信するなら、もうこれ以上軍事力はいらない、基地を無くそう、新しい基地は造らさない、という方向性の意思表示が求められてくるのではなかろうか。

【非核・平和沖縄県宣言】

戦争は／無差別に破壊し尽くす／すべての生命を／生活を／文化を／歴史を／自然を／
太平洋戦争最後の／地上戦があった／この地沖縄／町や村がやかれ／二十万余が命を奪われた／
先祖が 築き上げた／文化遺産は失われ／地形をも変えた／その傷あとは今なお癒えない／
戦争／その悲惨な体験をいしずえとして／私たちは／世界の人びとへ訴える／
一切の核兵器と／あらゆる戦争をなくし／武器にかえて対話を／そして愛と信頼で／
地球を／平和に満ちたみどりの星にしよう／
私たち沖縄県民は／「イチャリバチョーデー」を合言葉に／万国津梁の地の建設を希求し／
世界の恒久平和を願い／声高らかに／非核・平和沖縄県を宣言する／

一九九五年六月二三日　沖縄県

第五章　憲法を考える

一、沖縄から憲法を考える

1、憲法改正の是非を問う

憲法のあり方についての論議を深めるためのシンポジウム「沖縄から憲法を考える」が、二〇〇四年、五月十四日、那覇市のパレット市民劇場で開催された。主催は、沖縄タイムスと琉球放送である。この企画に先駆け、四月十日、十一日の両日、先の二社と琉球朝日放送が行った憲法世論調査の中に表れた次のような結果に対し、私は強い関心があった。

質問「憲法を改正する必要があると思うか」に対し、回答「必要がある―五〇％、必要はない―二九％、その他―二一％」　質問「今の自衛隊は憲法に違反していると思うか」に対し、回答「違反している―四〇％、違反していない―三七％、その他―二三％」　質問「憲法九条を改正すべきだと思うか」に対し、回答「改正すべき—二九%、改正すべきでない—四〇%、その他—三一%」　質問「国際貢献する場合、自衛隊の参加は良いことだと思うか」に対し、回答「良いことだ—五六%、良くないことだ—二五%、その他—十九%」　質問「日米間の軍事的な協力関係は今後どうあるべきだと思うか」に対し、回答「強める方が良い—六%、今のままが良い—二四%、見直した方が良い—六四%、その他—六%」　質問「沖縄の米軍基地の今後について」に対し、回答「今まで通りでよい—十五%、段階的に縮小する—六八%、ただちに全面撤去する—十三%、その他—四%」などであった。

日本国憲法は、一九四七年五月三日に施行された。この世論調査は、それから五十七年の歳月が流れた時点におけるものである。そのうち二十七年間、沖縄は米軍統治下に置かれ日本国憲法が適用されなかった。戦後の軍事占領支配下で、沖縄県民は土地を取り上げられ、窮乏な生活を強いられ、基本的人権・民主的な教育や自治権などが剥奪されてきた。それどころか、気がついた頃は、沖縄の米軍基地は、アメリカのベトナム侵略基地として機能し、アメリカの世界戦略構想の中のキーストーンとしての役割を果たすようになっていた。アンケートの結果は、おおむね「憲法論議をする必要がある。日本は国際貢献をすべきである。憲法改正はあったとしても、平和条項は堅持すべきである。今後、沖縄の基地は漸次縮小し日米関係は見直すべきである」という県民像を描き出しているように感じた。「護憲」「改憲」「創憲」「加憲」「論憲」などという言葉をよく耳にするようになってきた。この状況を踏まえてのシンポジウムであるだけにパネリストやコーディネーター諸氏の弁舌は、会場に期待と興奮をもたらした。

沖縄の祖国復帰運動の原点が日本国憲法―平和憲法への復帰を意味するものであったことはいうまでもない。ところが、日米両政府による沖縄返還協定は、沖縄県民の念願とは異質な内容となり、以後沖縄県民を苦しめることになる。決して、「無条件全面返還」の沖縄返還ではなかった。復帰運動の理念は日本国憲法の完全適用をめざしていた。しかし、安保体制下にあった現実日本の国情との間にはかなりの相違があった。基本的人権や真の日本国民としての教育が行われていなかった沖縄は、本来あるべき姿の沖縄像を確立するために日本国憲法の適用を願っていたにも関わらず、沖縄県民にとっては不本意な祖国復帰となった。その阻害要因となっていたのが、日米安保体制であり、日米地位協定などであった訳だ。沖縄の米軍基地の存続とそこから派生する基地被害や沖縄県民に対する人権蹂躙の問題などが依然として残り、繰り返されることになった。沖縄の米軍基地は部分返還は行われたものの、基地機能の集中強化や日本政府による思いやり予算の増強、日米地位協定などによってその重圧はあまり軽減されていない。一九七二年の復帰以後も、米軍基地から派生する事故や公害、米軍人・軍属などによる凶悪な犯罪は後を絶たない。今、日本国中が地方自治の確立を模索しながら、行財政の再編を迫られ呻吟している。沖縄においては、市町村の将来設計がうまく描けない理由の一つは米軍基地の存在がネックになっている。米英によるイラクでの開戦以来、自衛隊の存在と海外派兵、日本の行方と日本国憲法のあり方など考えさせられることが多々起こっている。憲法の改正論議は、教育基本法の改正論議と相まって、今、重大な局面を迎えている。国民が将来生きていく上での望ましい国の姿や国民の権利は、国民自らが関心をもって求め続けなければ実現しないし、また、守れないことだと思う。

2、憲法解釈と考え方

パネリストは稲葉耶季氏（琉球大学法科大学院教授）、照屋寛徳氏（衆議院議員）、西銘恒三郎氏（衆議院議員）、比嘉良彦氏（政治アナリスト）、C・ダグラス・ラミス氏（政治学者）の五名であり、コーディネーターが仲地博氏（琉球大学教授）、総合司会が土方浄氏（琉球放送キャスター）であった。

稲葉氏は、「長年の裁判官としての体験から日本国憲法がいかに高い理念のものであるか理解できる。現憲法は、複雑多様な今日の社会で真価を発揮している。自衛隊が国内で災害復興などに貢献していることは尊敬している。しかし強大な軍隊にしてはならない。憲法に違反することを既成事実化し、憲法と現状が変わったから改正しようとするのは順序が正しくない。改憲論議は現憲法の素晴らしさや貴重さを理解した上でやってほしい。第九条一項には、国権の発動たる戦争を放棄すると書いてある。しかし、自衛権の行使なら戦争をしてもよいという見解がある。だから、九条一項を改正しなくても自衛権のためなら戦争ができるという考えである。しかし、自衛かそうでないかをどうやって区別するのか。米国はイラクに大量破壊兵器があると主張して爆撃を始めたが破壊兵器は見つかったでしょうか。そして、戦争はまだ続いている。日本政府は、国連の紛争解決機能を強化する外交努力を続けてほしい。そうすれば、日本は平和を愛する武器を持たない国として世界中から尊敬される」と、現憲法の卓越性を主張した。

照屋氏は、「日本国憲法の三つの原則（平和主義・国民主権・基本的人権尊重）と十三条の個人の尊重は人類普遍の原理であり、国際社会の規範になり得る。安保体制で憲法は踏みにじられ、沖縄は反憲法的な状況下にある。沖縄はこの状況に異議を唱え、個人の尊厳、幸福追求権、平和のうちに生活する権利を実現しなければならない。憲法では、国家権力を制限して人々の人権を尊重するのが最も重要なことだ。国会議員レベルでは、改憲派が圧倒的に多い。しかし、今度の調査によれば、沖縄では九条改正派が二九%であり、特に二〇代の若者たちの五七%が九条を改正すべきではないとしたことは驚きである。このことは、悲惨な沖縄戦の体験、二十七年間の米軍支配、復帰後の反憲法的な状況が影響していると思う。沖縄では、自衛隊の違憲性、軍縮を求める声が多いと考える。また、改正論の根拠として日本の伝統や文化を憲法に盛り込むべきだとする意見がある、それが国家神道や武士道、皇室などであることを国民、県民は分かってほしい」と、護憲の立場を訴えた。

西銘氏は、「憲法が公布されてから五十七年がたち、国際情勢も大きく変わった。沖縄との関わりでは、やはり自衛隊の位置づけであろう。現実的に存在し、隊員が国際貢献、国内災害を含めて一生懸命汗を流している。自衛隊は明確に位置づけるべきだと思う。日本人の歴史や伝統、文化に誇りも持たないといけない。わが国が生きていくために国際社会が平和でなければならない。日本はODA（政府開発援助）で国際社会の平和に貢献している。これから十年間で今後五〇年、一〇〇年のわが国の形をしっかりしたものにしていくためにも、憲法は国際情勢に合わせて変えるべきところは変えていくべきだ。今回の調査によると、五〇%が改正すべきだとしたのは歴史的な節目に来たと実感している。国際情勢を見ても不安定であり、それを見ながら国民的な議論をし、納得する形で改正できればいいと考える」と、改憲の必要性を主張した。

比嘉氏は、「憲法世論調査では、憲法改正に関心があるは者は六五％となっているが、普段の生活では憲法を意識するかという問いに六割の者がないと答えている。軍事基地のある沖縄で、マスコミも連日基地被害を報じていることからみれば、この憲法感覚は怪しいのではないか。改憲、護憲の立場から見ても憂うべきだ。私は、単に護憲か改憲かという観点からのみ憲法論議をすべきではないと思う。護憲か改憲かで議論すると、議論に潤いが出てこないし深まらず、『水不足』で乾いてしまう。自分の信念を持つのはいいが、どうすれば実現するかの『戦略』を持っていなければいけない。現在の憲法改正論議は、国民の閉塞感の表れだと思う。少数派の意見も主張することが大事である。国の仕組みを抜本的に見直す機会にしてほしい。道州制の議論から始めてはどうか。日本国家の再構築論議ができる。沖縄のかつての琉球の再建にもなる。宮古・八重山まで琉球自治州をつくれば海域を含めて海洋州が形成され、再生できると思う」と特異な論を述べた。

ラミス氏は、「護憲の立場の人のほとんどは、現憲法は押しつけ憲法ではないという。しかし、私は押しつけ憲法だと思う。日本国憲法の場合、持ちすぎた日本政府の権力を占領軍が減らすために押しつけたものである。問題は、誰が誰に何を押しつけたかということだ。憲法四十条までのほとんどの条項は権力制限の規定であることが特徴的だ。結果として、この半世紀間、憲法を政府に押しつけ続けたのは日本国民だけだ。ところが、米国は、早い段階から、今度は押しつけ改憲を求めた。国民が押しつけ続けないと、人権条項や国家権力の制限条項はすべてなくなる恐れがある。日本政府は、タブー視されていた改憲論議を長いキャンペーンで破ることに成功したが、必ずしも九条の改正の意見が増えたとは言えない。今の時代、戦争をしないことが立派な国際貢献になる。日本政府は国際社会という言葉を盛んに使うが、内実は米国のこと。米国は世界に堂々と帝国をつくろうとしている。その米国に合わせるために憲法を変えようとしているのでしょうか、やめた方がいい」と、改憲論に対する強烈な批判を浴びせた。

仲地氏は、「三〇〇余の席が八割方埋まり、そのうち、一〇〇余名の方々から質問があったことは驚きの一つであった。多くの人が参加したことは、硬いテーマにもかかわらず、決して関心が低くないことを示している。パネリストは、日頃憲法のことを考えていることが多いが、フロアの皆さんも同じだと思う。多くの人々の議論の必要性を指摘した。きょうの意見が改憲論議を深めていく上での問題提議になるであろう。議論は始まったばかりだ」と、締めくくった。

二、小田実氏の平和講演を聞く

1、今頃考えること

べ平連（ベトナムに平和を！市民連合）で有名な小田実氏が沖縄にやってくる～沖縄、大阪、ベトナム、イラクがどう結びつくのか、という講演会への案内を新聞で見た。アメリカのベトナム侵略戦争に対しその残虐性を指摘し、かつて一九六〇年代後半から展開されたベトナム戦争反対市民運動で指導的役割を果たし、長期にわたって実践行動を通し貢献した人物である。小田氏は一九三二年、大阪生まれ。東京大学を卒業し、同大学大学院在学中にハーバード大学に留学した。留学後、世界各地を回って綴ったエッセイ『何でも見てやろう』は大ベストセラーになり、あまりにも有名である。今日、アメリカはアフガンやイラクで戦争を開始し、約四〇年前のベトナムを想起させるような危機的な状況にある。ぜひ、貴重な体験談と提言を聞きたいと思った。

小田実氏の講演会は、「今頃考えること」という演題で行われた。二〇〇四年九月二十七日の晩、那覇市パレット市民劇場には四〇代以上の熟年層を中心に青年や市民などが多数集まった。理論家で実践家である講師のリアリティーに富んだ話題は一つひとつを検証するかのように語られ、聴衆を惹きつけた。小田実氏の講演内容から、幾つか拾ってみた。

小田氏は、講演の冒頭で、こう切り出した。

「私は大阪生まれの大阪育ち。沖縄との関わりは、戦争を通して沖縄を知ってからである。大阪も戦災は大きかったが、反戦の中心とは考えられなかったところ。しかし、大阪では、大空襲があった。今日の状況はどうか。『戦争を知らない子どもたち』という歌が流行ったことがある。あの頃の青年や子どもたち―あの年代の人たちが、今は大人になった時代である。今、その人たちが、イラクへの派兵や改憲を主張している。私は、自分では、戦争を多く知っている大人だと思っている。戦前、戦中、そして戦後も長く生きてきた。終戦の時は、十三歳であった。戦争の悲惨さを体験し、残酷さを見てきた。大阪大空襲や沖縄の戦争も知っている。今の状況は危機だ。

ぜひ、世の中を変えてほしい」

小田氏は、講演の話題が大阪大空襲の話へと進んだ頃、数枚の古い新聞をカバンから取り出した。どうやら一九四五年当時のニューヨークタイムズのようであった。聴衆の側から、演壇中央の講師が掲げた新聞の紙面を確認することは難しかったが、戦時下の写真入りの報道特集のようであった。話は続いた。

「大阪空襲は、六月十五日に起こった。今お見せしているのは当時の大阪大空襲の写真だ。この写真現場の近くに私もいた。空襲は八月十四日まで八回も繰り返し行われ、そのうち、私は三回体験した。ニューヨークタイムズは、一九四五年六月十七日の日曜版で、大阪大空襲について、一三〇ページ余に及ぶ膨大な報道を写真入りでニュースを流した。戦争の末期、アメリカは、平時と同様に新聞を発行していた。その頃になると、沖縄の記事はほとんどが『摩文仁』を取材したものであったが、内容は戦争の記事というより、戦争が終わった、戦争に勝った、という視点からの報道であった」

小田氏は、米国留学中に実際に自分で入手したアメリカの新聞記事を通し、アメリカ社会や日米関係を洞察し見解を述べた。

2、大阪大空襲の体験

小田氏は、大阪の大空襲の実態がどんなものであったかを振り返りながら、終戦や戦後間もない頃の問題を掘り起こし、今日の課題へと論を展開した。話は続く。

「大阪は、米軍がゼリー状ガソリンを初めて実験として使ったところである。その前に、日本軍は、中国の重慶で何度も同様のことをやっている。米軍は、その前にもベトナムのハノイで、そういうことを繰り返した。ベトナム侵攻の出撃基地は、沖縄であった。沖縄がなかったらベトナム戦争はなかった。アフガン、イラクのような無差別攻撃戦争はやめなければいけない。最初に、無差別爆撃を行ったのは日本であった。これは、無論、国際法違反である。四十五年前、世界の『三悪人』は、ヒットラー、ムッソリーニ、裕仁天皇であった。日本は、『国体の護持』の名目によって『天皇の命乞い』を果たすべく、ポツダム宣言受諾の意向を表明する。しかし、日本側は、ぐずぐずして受諾は遅れた。米軍は、八月十四日午後二時、八〇〇機のB29機で大阪を空爆したと、当時のアメリカの新聞が報じている。私の二〇〇メートル先で空爆があった。少しの誤差があったならば、私は生きてはいない。日本では防空壕、ドイツでは防空ビルがつくられた。阪神には防災対策はなく、私は被災者になった。降伏一日前に発行されていた『日本は降伏した』というアメリカのビラを発見し、びっくりした。しかし、日本では、降伏については知らされてなかった。人々は、一体何のために一トン爆弾と一緒に死んでいったのか。戦争は、殺戮と破壊をもたらす。被害は民衆に及ぶ」

　戦争の残虐性とジェノサイドのような殺戮行為の違法性について語り、日本のポツダム宣言受諾は天皇制存続を意味し、その受諾宣言の遅れから国民は一層大きな犠牲を被ったという展開であった。さらに、民主主義を標榜するアメリカの実態を指弾し、今後、日本が目指すべき方向性などについて提言を行った。話は続く。

「平和と民主主義を標榜しているアメリカであるが、現実は逆のことを行っている。今新しい発想で、現実に立ち向かっていく必要がある。民主主義、平和主義に加えて、人権尊重を訴えていく必要がある。となれば、日本国憲法の精神こそ、今求められている大事なものである。日本国憲法は、世界の他にない卓越した憲法だ。『憲法は今でも』という言葉を聞くが、『憲法は今だからこそ』その存在価値が重視されなければならない。『九条の会』は、今こそ、と言う気持ちで発足した。九人の老人が連携し合って、『今こそ憲法を実現するとき！』と訴えている。平均年齢七十六歳で、私は下から三番目だ。日本とドイツは、悪いことをたくさんやってきたという共通点がある。戦後ドイツは、国民に兵役を課したが一方で老人福祉・介護などに積極的である。日本は、兵役の義務はないが、安保条約で縛られている。沖縄問題は、根本において安保条約の改定まで行かなければ解決しない。安保条約を改定し、友好条約を締結する必要がある。中国との間にも、日中平和条約を締結するなど、アジアや世界の国々と平和共存していける体制を創り出すことが大事である」

3、憲法九条を外交の基本に

小田実氏の講演は、ヘリ墜落事故で米軍基地の態様が問われ、「沖縄基地」や「戦争と平和」の問題が議論されている沖縄において、タイムリーな学習の機会であった。同氏は、講演の中でも紹介したが、「九条の会」の呼びかけ人としても、憲法九条の存在価値を訴え続けている。年内に再度来沖し、今度は「九条の会」として、憲法や平和の問題についての話をしたい、と語った。後日、新聞報道で明らかになったが、沖縄県憲法普及会の呼びかけで講演を「成功させる会」が結成され、那覇市で、十二月一日に「九条の会」の沖縄講演が進められていることを知った。後の話になるが、この企画が実現し、再度、新鮮な気持ちで憲法や戦争・平和の問題についての講演を聞くことができた。

小田氏は、「九条の会」が結成されたときの記者会見で、「日本国憲法は、言ってみれば世界平和宣言ですよ」と語った。戦争が終わった時点で国連が「世界平和宣言」を出すべきであったが、それが出せないから「世界人権宣言」を出した。だから、日本国憲法は「世界平和宣言」に匹敵する価値が出てきた、という。要するに、日本国憲法は、世界平和宣言に匹敵するほどの重みがある、という主張だと思う。

「九条の会」の呼びかけ人は、井上ひさし（作家）、梅原猛（哲学者）、大江健三郎（作家）、奥平康弘（憲法研究者）、小田実（作家）、加藤周一（評論家）、澤地久枝（作家）、鶴見俊輔（哲学者）、三木睦子（国連婦人会、故三木武夫元首相夫人）の九人のメンバーである。「九条の会」は、平和を求める世界の市民と手をつなぐために、憲法九条を激動する世界に輝かせたいと考えている。「九条の会」は次のようなアピールを、発表した。

「世界市民は、第二次世界大戦の教訓から、国際紛争のためであっても、武力を使うことを選択すべきではないという教訓を引き出した。日本は、戦争放棄と戦力をもたないことを規定した九条を含む憲法を制定し、世界市民の意志を実現しようとした。憲法制定から半世紀経った今、日本国憲法を改正し、戦争する国に変えようとする動きがある。子どもたちを『戦争をする国』を担う者にするために、教育基本法も変えようとしている。アメリカのイラク攻撃と占領の泥沼状態は、紛争の武力による解決がいかに非現実的であるかを明らかにした。一九九〇年代以降の地域紛争への大国による軍事介入も紛争の解決にはつながらなかった。二十一世紀の進路が問われている今、あらためて憲法九条を外交の基本にすえることが大切である。アジアをはじめとする諸国民との協力関係を発展させ、アメリカとの軍事同盟を転換し、世界歴史の流れに自主的に関わっていくことが求められている。国民一人ひとりが、九条をもつ日本国憲法を自分のものとして選び直し、日々行使していくことが必要であり、主権者の責任だと考える。『改憲』のくわだてを阻むため、一人ひとりがあらゆる努力を今すぐ始めることを訴える」

小田氏は、一九六五年に「べ平連」を結成した当時を振り返り、「志を同じくする市民とともに始め、自分のやりたいことから始めた。それが、九年余も続いた反戦運動の始まりであったし、市民運動の本質を表している」と語っている。今、「九条の会」が「日本国憲法を日々行使していくことが必要である」「一人ひとりがあらゆる努力を今すぐ始めよう」との訴えは、べ平連の運動を支えた精神と根底で相通ずるものがある、と思えた。

4、反戦の主張―べ平連の運動に学ぶ

小田実氏は、べ平連は「志を同じくする市民とともに始めた」と述べている。その「志」とは、一体、何だったのか。一九六五年はじめ、アメリカが始めた「北爆」、当時の「北」ベトナムへの空爆に対する市民の怒り、これこそ反戦の「志」であったという。小田氏は、著書『随論日本人の精神』の中で、次のようなことを述べている。

べ平連とは、普通の市民が、ベトナムの平和のために、自分たちのできる範囲で、しかしできるだけの努力を自発的にやっていこうという行動のグループであった。そこには、重要な共通認識があった。一つ目は非暴力であり、二つ目は徹底した常識に基づいた行動だった。即ち、「普通の人間」が、「常識に基づいて」考え、判断し、行動するというものであった。そして、べ平連の運動は「普通の市民運動」でありながら、反戦の「志」の原理原則を曲げなかった。

最初に鶴見俊輔氏が電話をかけてきて、じゃあデモに行くか、ということになった。電話は、二人から三人へ、三人からほかの人へ、その人はまたほかの人へと広がり、「とにかくデモをやる」と決め、実際に四月二十四日に実行した「デモ行進」には一五〇〇人ほどが集まった。「毎日デモ」が六月一日から七月一日まで全国各地で続けられ、その頃、小田氏は、十五日間毎日歩いたという。デモ参加の人数は、四〇〇人ぐらいから始まって、連日人数が増え六〇〇〇人ぐらいまでになった。

学生運動もベトナム反戦運動に取り組んでいた。べ平連は、初めのうちつきあったのは「反スターリン主義」を標榜していた「三派全学連」の政治諸党派の学生たちであった。鶴見俊輔氏が評した言葉で、べ平連には「言論的穏健派」「行動的急進派」などがいて、反戦運動の振れ幅は大きくなった。「急進派」の「三派」その他は、「反戦」では駄目だとし「変革」、「革命」を説いた。政治諸党派の影響が衰えた頃、「ノン・セクト・ラジカル」を自称する「行動中心の急進派」の「全共闘」運動が台頭した。ベトナム反戦運動を契機として生まれた新しい学生運動で、「自由と反権力」を主張していた。労働者の中には「反戦青年委員会」も生まれた。べ平連も含め、これらの組織や運動は、世の評価として「新左翼」と称され、「社共」「総評」と一線を画した見方がなされていた。「全共闘」の若者たちは、「三派」などと同様に、やがて「変革」「革命」を重視し、次いで「反戦」という立場をとっていった。

「べ平連」の運動は、運動が進むにつれて、「反安保」の活動に乗り出し、一九七〇年代の安保条約の改定期を迎える。しかし、安保改定期「七〇年」は、期待したほど、運動は盛り上がらなかった。一九六九年に東大安田講堂の学生占拠事件は、学生運動の象徴としてとらえられ、迫り来る「七〇年安保」の激震を予感させていた。しかし現実は、裏目に出た。その理由は、およそ二つあった。一つ目は、東大安田講堂占拠は警察権力の弾圧をもたらす結果を招き、弾圧、くたびれ、内部抗争、崩壊、内ゲバなどで組織、運動の力が弱まったこと。二つ目は、「反戦」の目標が後退し、「変革」「革命」が運動目標で優先上位に回り当面の学内闘争に重きが置かれ、安保闘争で「反安保」中央行動を展開するゆとりがなかったことであった—。

小田実氏の講演「今頃考えること」を聴き、今日の課題を考えた。さらに、一九六〇年代のベトナム戦争とこれをやめさせようと展開されたべ平連の活動、一九七〇年代以降の日本の進路を占う上で重視されていた日米安保条約改定期の社会情勢などについて勉強ができ、有意義であった。

三、中村文子氏の平和講演を聞く

1、一フィート運動との関わり

中村文子氏の平和講演会が、「二十一世紀の若者へのメッセージ」と題して、二〇〇四年十月十六日午後二時から、北中城村中央公民館で開催された。会場には、約三〇〇名の若者や一般市民が訪れた。主催は「第九条の会・沖縄うまんちゅの会」、後援は「一フィート運動の会」、「沖縄県憲法普及協議会」によるものであった。

中村氏は、一フィート運動で広く知られ、平和運動一筋に活躍してきた人物である。今日までの人生体験と平和運動における実践から同氏を慕い、その中から何かを学び取ろうとする人々は多い。今回、ようやくその機会を得て、中村氏の生き方・考え方・活動などについて学びたいと思い、講演会へ出かけた。

講演会に先駆けて、沖縄戦の記録映画「沖縄戦・未来への証言」が、約四〇分間上映された。

一フィートフィルムは、ワシントンのアメリカ国立公文書館から、一フィート運動の会が購入したフィルムである。アメリカ軍が克明に記録した実写フィルムだけに、戦時下の沖縄の姿を見事に再現し、歴史の証人として生々しい映像を私たちに伝えてきた。アメリカから取り寄せた映像は、やや鮮明度に欠け、芸術的な観点からは味気なさがあった。一フィート運動の会が、一九八六年、初めて自ら制作した記録映画「沖縄戦・未来への証言」では、ナレーションやBGMが付けられ、戦争に関する映像だけに、最も重視していた臨場感が迫ってくるようになった。

沖縄戦終焉の地、摩文仁や喜屋武の映像が現れ、ひめゆり学徒隊の十三名が最後を遂げた荒崎海岸などが目に入る。戦後四十五年以上も経って行われた戦没者の遺骨収集の映像にまず固唾を呑む。昭和六〇年、日本政府が主催した遺骨収集では、摩文仁一帯の森や壕などからおびただしい数の遺骨が発見され、戦後はまだ終わってない、という感を抱く。十・十空襲では、たった一日で那覇の街の九割が壊滅したこと、沖縄の島々が本土防衛の最前線として位置づけられていたこと、米軍の慶良間・沖縄本島への上陸、住民の強制移動、対馬丸事件、吹き荒れる約三か月間の鉄の暴風、地獄からの生還、集団自決、祈りの島沖縄、九月七日嘉手納基地での降伏調印式…と辿っていく。沖縄の戦後史が、短時間に、映像で学べる。映画は、事実を正しく伝えながら、犠牲者たちへの思いを通し「戦争は破壊以外に一体何をもたらすのか」と問いかけているようであった。

講演会の開会のあいさつに立った安里要江氏は、中村文子氏のことについて、次のように語った。

「中村先生は、現在の本部町のお生まれである。戦前戦後を教師として勤務され、退職後十二年間、故宮里悦さんと二人三脚で県内婦人団体のリーダーとして活躍された。その後、沖縄戦記録フィルム一フィート運動の会の事務局長に就任され、以後、反戦反基地運動に一生懸命頑張ってこられた。中村先生は常日ごろ、『沖縄県に一坪の基地もなく、一機の軍用機も飛ばず、一両の戦車や一隻の軍艦もない時が来るまで運動を継続しなければならない』と語っておられた」

一フィート運動の発起人として会を立ち上げ、初代会長を務め、活動を方向付けてきたのは仲宗根政善氏である。仲宗根氏は、生前、「空に一機の軍用機も飛ばない、地上に一台の戦車も走らない、海に一隻の軍艦も浮かばない、そんな沖縄が本当の姿だ」と言い続けていたという。ひめゆり学徒隊は仲宗根政善氏の教え子たちであったが、中村氏の教え子でもあった。中村氏自身、仲宗根氏に対し尊敬と信頼を寄せていたことが伺える。

2、平和の原点は何か

中村文子氏は、講演の中で、自分の生い立ちや経歴、今日までの諸活動などについてに幅広く語った。その中から、断片的に、いくつかを拾ってみたい。講演は、会場となった北中城と自分との不思議な縁から切り出した（現在の北中城村は、戦前は中城村であった）。

「私と中城という土地は不思議な繋がりがある。中断はあるが四十二年間の教職生活を終え、その後に教職員会に引っ張られた。そのとき、私を支えてくれたのが中頭教職員会の方々であった。その中の一人で、本日の主催者代表にもなっている方が中城の出身であり、ここには何度も訪れた。『思ゆらば里前　島とめていもり　島や中城　はなの伊舎堂』という琉歌もある。また、女子師範で親しくしていた友人が中城の出身であったが、彼女はもう亡くなってしまった」

「沖縄県立女子師範の同級生は四〇人であった。しかし、戦争で亡くなったり、あるいは高齢で亡くなっていった。同級生のうち、現在の生存者はたった四人のみになってしまった。教え子の中にも、戦争で亡くなった者が多い。戦前は、刷り込まれた教育によって、人間は行動させられていた。これを推進したのは教師たちだ。それは、国のたくらみによって行われた。戦争で死んでいった人たちは、何の喜びも味わうこともなく死んでいった」

「沖縄婦人連合会では、五年かけて、女だけの戦争体験記『母たちの戦争体験』を発行した。当時、話題になり、マスコミの取材を受けることになった。この本を『誰に読ませたいですか』というインタビューを受けたとき、私は『真っ先に中曽根康弘首相と天皇陛下に読んで頂きたい』と答えた」

「私が生まれた頃、自然は豊かで、少女時代は恵みを満喫した。今でもそれが忘れられず、緑の野菜が食べられるよう、手のひらの一握り分が収穫できるベランダ園芸をやっている。辺野古の海は、二五〇〇メートルを埋め立てて飛行場を造るというが、これは自然の大切さを認識しない人たちの政治だ。松茸は、上本部ではナバといい、これは古語であるが、とても美味しく、よく採れた。キノコ、シメジも美味しい。タニシ、貝も採れた。松葉、ウッチンなども取ってきた。松葉は、欠かせない燃料であった。やはり、緑豊かな自然は残すべきである。なぜ、辺野古で海を埋め、金武町の山々に演習場を造ろうとするのか」

「戦前の教育は、刷り込まれた教育であった。そして、敗戦だ。私は、十九歳で師範を卒業し、戦前も戦後も教師生活をした。戦前の皇民化教育は間違っていた。戦後、私たちが平和憲法を大切にしてきたのは当然だ。戦争は、人間が行う罪悪の中でも最悪のもの、最たる罪悪である。『人間は豊かになりすぎると、賢さを失う』という。今、また戦争への恐怖を抱いている」

「講演会に招かれることがよくある。講演後に、子どもたちから返ってきた言葉の中に印象に残ったのがある。『戦争はやめさせられるものと思わなかったが、やめさせられる、ということが分かった』というのである。私は、命ある限り、平和運動に関わっていくつもりである」

講演は、およそこのような穏やかな話の中にも含蓄のある内容がたくさん盛り込まれていた。ある講演で、本土の中学生から『ほんとうの平和って何ですか』と問われ、平和の原点は『自然の恵みを受けられ、何物にも脅かされないこと』と答えたという。その心が伝わってくるようだ。

3、軍国教師から平和教師へ

講演の後、フロアから意見や質問などが述べられ、講師や主催者側の説明や回答などがあった。それぞれの発言は迫力があり、講師の説明は説得力があった。その幾つかを記しておきたい。

牧師と称する中年男性は、講演を聴いての感想を次のように述べていた。

「私は、十九年前、本土から沖縄に来て、現在まで定住している者である。東京の下町で、従姉妹や伯母たちのおよそ半分を戦争で亡くした。小学一年生で戦争になったが、学校で教科書に墨を塗らされた経験があり、それが強く印象に残っている。中村先生は九十一歳になられるというが、力強い体験談の語りかけに感激した」

教師を退職して三年目だという男性は、「刷り込まれた教育」という戦前の教育の推進者であった教師たちの責任について、次のように訊ねた。

「中村先生は、私の母と一歳違いであり、感慨ひとしおというところである。先生の講演を聞いたのは二回目である。お元気な姿に感激している。戦前の教育が『刷り込まれた教育』だという指摘を踏まえ、『反省の気持ち』を聞かせてほしい。若い私たちにとって勉強になると思いますので」

中村氏は、質問に対し、およそ次のように答えた。

「軍国教師から平和教師に変わっていくときに躊躇はなかったか、という問いが以前にもあった。結論から先に言うと、軍国教師から平和教師に変わるには、何の躊躇もなかった。私はきょうだいはいない。自分の産んだ子供は自分で必死に育ててきた。子どもは五人であるが、子どもを負ぶって学校に通勤した時期もある。教え子たちが戦争で死んでいった。この子たちは、卒業の喜びも、結婚の喜びも、子育ての楽しみなど何も知らずに死んでいった。国家のために死ぬことを教えてきた教師としての罪を償うために、私は、可能な限り追体験をしてきた。生き残った教え子たちを訪ね、現状を聞いたりもしてきた。そして、息子や教え子たちを戦場に送ってはならない、と決意した。その頃、パールバック著『母親の肖像』を読んで涙を流した。ある時、パールバックの母の家に、息子の召集令状が届いた。しかし、母親はそれを握りつぶす。母親は『この子を戦場に出すわけにはいきません』と抵抗し、役人はとうとう『あなたに負けました。息子さんをお返しします』と、断念する。戦時中でありながら、息子を戦場へ送らないと主張した女性がいたことに強く胸を打たれた。去る大戦で子どもを亡くした親たちが『子どもを返せ』と叫んでいる声が聞こえてくる、そんな思いをすることがある。戦後の民主教育は、このような戦争体験の反省に立っていると思う」

また、現役教師という四〇代の男性は次のような意見を述べた。

「イキジンブンの大切さを教えられた。私たちが幼い頃は、親や先輩たちの行動を見て自ら学ぶことが多かった。教えられなくとも周囲からいろいろなことを学んだ。今、国のために尽くすという国家主義、一方で、目取真俊さんが指摘しているような競争主義が進んでいる。中村氏の講演から考えさせられることが多い。平和運動や市民運動では運動の質が問われる。例えば、普天間基地の返還運動を進めるとき、辺野古に新しい基地を建設するという方法はどうか。何が良いのか、何をどうすれば良いのか。住民一人一人が考え、行動を起こすときだ」

4、生活の場での闘い

琉大のある男子学生は「今日のような体験者の講演を直接に聞く機会が少なかった。戦争反対という気持ちはあるがどうリアクションを起こせばいいのか迷っている」と発言し、助言を求めた。これに対し、聴衆の中から「今日の講演会への参加も事始めとして考えて良い。できることから始めれば良いのではないか」との発言があった。また、主催者側の一人は「何か行動を起こしたいが何をどこからどうすればよいかということについては、やはり、最初はよく考え、自己検証を積んでいくようにしたら良いのではないか。ある程度しっかりした判断が出てから行動を起こしても遅くはないと思う。沖縄県民の戦争体験など大いに学んでほしい」と語った。

辺野古沖への基地建設反対運動を取り組んでいる人たちも訪れていたが、その中の二人が発言した。一人目の六〇代ぐらいの女性は「中村先生のお話を聞いてますます心強く思った。有り難うございます」と言葉少なに語った。二人目の七〇代ぐらいの女性は、厳しい表情で声を強ばらせつつ、早口で多くのことを語った。「私は、ひめゆり部隊の生き残りである。摩文仁の丘には、死ぬために行ったようなものであった。二か月あまり、あの絶壁の辺りにいた。二度と、あのような体験は誰にもさせたくない。自分の体験を後世に伝えるために頑張っている。八年前、ヘリ基地建設の話が出た。そのあと、ヘリ基地の建設反対を現知事にも訴えてきた。辺野古の阻止小屋では、オジーやオバーたちが基地建設反対で頑張っている。しかし、もう六人も亡くなった。基地づくりは戦争への道づくりである。憲法九条は絶対に守るべきだ。多くの人々が闘いに参加してほしい」

中村氏は、一九一三年生まれで、九一歳。平和運動の現役活動家として活躍中であり、特に一フィート運動で広く知られている。一九三三年、沖縄県立女子師範学校一部卒業後、小・中学校で教鞭を執る。一九七四年三月、退職。同年四月、沖縄県婦人連合会副会長に就任。一九八六年六月、沖縄戦記録フィルム一フィート運動の会事務局長に就く。二〇〇一年、「白井博子・地の塩賞」受賞。「地の塩賞」とは月刊誌「あごら」が主催し、平和活動、女性の地位向上、人権問題などの活動で功績のある者に与えられる賞。著書に『母たちの戦争体験』（編著）、『わたしの大正・昭和』『一九九〇年代・平和への願望』などがある。

中村氏の平和運動は、自分の体験の中から教訓を導き出し、自分の生活に軸足を置きながら展開されてきた。そうであるだけに、彼女が参加し関わってきた諸活動は客観的な説得力があった。

今回の講演を主催したのは、九条の会・沖縄うまんちゅの会である。同組織の共同世話人として、安里武泰、安里要江、安里昌栄、佐久川政一、高作正博、比嘉盛久、比嘉弘明、照屋盛行の各氏が名を連ねていた。再度、開会のあいさつを述べた安里要江氏の言葉を引用したい。

「今こそ私たちは、本気で米軍基地撤去の闘いと憲法改悪反対に立ち上がらなければならない。今この時、すべての県民が団結して取り組み、世論を高め、平和の尊さを国の内外に発信するときではないだろうか」

5、憲法「改正」に警鐘

中村氏は、講話がひと通り終わった時点で、あらかじめ配られていた一枚の白紙について説明した。よく見ると、年号だけが何行か手書きコピーされ、余白部分がとても広いシートになっている。説明を聞いた後で分かったが、それは、中村氏が時代の節目ととらえ、日本や沖縄の政治や社会情勢が大きく変化した年度を記載した年号表になっていた。家庭で、夫婦あるいは親子で平和を語るときの話題の一つにでもなればと思い、考案したものだという。数えてみたら全部で十六項目あり、そのうち六項目以上をすぐに「何の日」と言い当てることができれば、一応合格だと説明した。余白部分には自分で歴史上の重要事項を書き込むようになっていたが、身近なところから学習への動機付けがなされ、聴衆の関心を集めた。

【次の日はどんな日でしょうか】

①一九三一年九月十八日【満州事変勃発】
②一九三七年七月七日【盧溝橋事件、日中戦争勃発】
③一九四一年十二月八日【日本軍の真珠湾攻撃】
④一九四四年七月七日【サイパン陥落】
⑤一九四四年八月二十二日【対馬丸事件】
⑥一九四四年十月十日【「十・十空襲」、那覇を中心に米軍の大空襲を受ける】
⑦一九四五年三月二十六日【米軍、慶良間に上陸】
⑧一九四五年四月一日【米軍、沖縄本島に上陸】
⑨一九四五年六月六日【「沖縄県民かく戦えり」と豊見城・海軍壕から打電】
⑩一九四五年六月二十三日【牛島司令官・自決、「慰霊の日」】
⑪一九四五年八月十五日【日本の終戦記念日】
⑫一九四五年九月七日【沖縄の日本軍、降伏文書に調印】

⑬一九四七年五月三日【憲法発布の日】
⑭一九五二年四月二八日【サンフランシスコ条約発効、日本の独立と沖縄切り離し】
⑮一九七二年五月十五日【沖縄の本土復帰記念日】
⑯二〇〇三年三月二〇日【イラク攻撃開始の日】

講演が始まる前に、「今日の憲法改悪の動きについて」と称し、憲法をめぐる情勢についての共通認識をするための資料の配布やコメントが、主催者側からあった。第九条の会・沖縄うまんちゅの会共同世話人の一人である比嘉盛久氏が、憲法に対するコメントを行った。次の言葉は、同氏が、講演会への案内のために新聞で訴えた内容の一部である。

「米軍大型輸送ヘリが沖縄国際大学本館ビルに激突し、墜落、炎上する事故が発生した。その後、九月十二日の抗議市民集会を大きく成功させた。これまでの沖縄の、抵抗の歴史の中で『反戦平和の理念、生存権の理念、国民主権の理念』が県民の心の中に深くしっかりと受け継がれている。日本復帰に際し『日本国憲法の保障する人権をわれわれにも与えよ』『日本国民であるわれわれを差別するな』と主張したのは、平和憲法の下で基地沖縄の諸矛盾を解決したいという県民の願いがあったからである。第二次世界大戦の大きな犠牲の上に創られた憲法を改悪する動きに対しては、抑えがたい怒りを覚える」

6、平和憲法は世界に誇れる憲法

第九条の会・沖縄うまんちゅの会は、憲法九条について学びたいという仲間数人で立ち上げた平和団体である。同会は、二〇〇三年十一月、米国のチャールズ・オーバービー博士を招き「日本国憲法九条を、二十一世紀の指導原理として世界に広げよう」とのテーマで講演会を終え、彼の助言を得て、「憲法改悪反対の闘い」を始めたという。本土では、六月十日、大江健三郎氏、井上ひさし氏、小田実氏ら九人の呼び掛けで「九条の会」が発足し、すでに憲法改悪を許さない取り組みが始まっていた。第九条の会・沖縄うまんちゅの会は、このような県内の平和団体との連携を強めながら、憲法改悪に反対の運動を広げていこうとしている。

平和講演会の「二十一世紀の若者へのメッセージ」の講話は、まさに今の時期にふさわしい演題であったと思う。そして、語られた内容が素晴らしいばかりではなく、語った講師もまた打って付けの人物であったように思う。「一フィート運動の会」を通し平和運動の中から生まれた話題は、事務局長の中村文子氏であったからこそ、あのように聴衆をうならせるほどに素晴らしい講話にすることができたのではないか、と思った。地味に長年、営々と実践してきた平和運動は単に理論ではなく、実践哲学として生活化しているからこそ聴衆には興味が倍加する。

小泉政権は、改憲を主張しその具体化を進めている。また、自民党は、二〇〇五年までに改憲の成案を考えているようである。護憲、改憲、創憲、加憲、論憲、などと憲法をめぐる動きは活発化してきた。自衛隊の海外派兵が現実に行われ、米軍と自衛隊による基地の共同使用や共同演習が行われるようになってきた。平和憲法は、戦後、日本国民が沖縄・広島・長崎を象徴とした戦争体験の代償として獲得したものと言っても決して過言ではないと思うが、最近、その存在を過小評価する風潮が見られる。日米同盟に頼れるだけ頼り、イラク戦争では国連軽視の傾向も浮き彫りになった。今、日本にとって、世界にとって、危機を迎えているように思える。米軍基地の撤去の闘いもその延長上で考えていく必要がある。

中村氏の講話の後に、第九条の会・沖縄うまんちゅの会の比嘉盛久氏が語った次の言葉が忘れられない。

「実は、私自身も艦砲のクェーヌクサーであり、戦争未亡人家庭の育ちである。父は私を三日間抱いただけであった、と母から聞いた。先の大戦後、『命どぅ宝』という真理ともいえる言葉に接する時、私は命の尊さをひしひしと実感する。それだけに私は、第二次世界大戦の大きな犠牲の上に創られた憲法を改悪する動きに対しては、抑えがたい怒りを覚える。憲法の精神を自分の生活の中に日々活かしていく努力をしながら、憲法改悪はやめさせなければいけない。私ももう六〇歳、頑張るつもりでいる。でぃー、ちぃばてぃんだな、さい」

このようにして、中村文子氏の講演は開催され、幕を閉じていった。彼女は、戦争のない世界を高らかに宣言した憲法前文と憲法第九条の理念を守り、過去の轍を二度と踏むべきではない、と主張している。激しく変化する社会情勢の中にあって、今学ぶべきことの基本について学習することができ、有意義であった。

第六章　沖縄の自己像と地方自治

一、二十一世紀の沖縄像を求めて

1、沖縄を考えるために

フォーラム「二十一世紀の沖縄像を求めて」が、二〇〇四年七月十八日午後二時から、琉球大学で開催された。主催は沖縄対外問題研究会（代表・宮里政玄氏）、琉球大学アメリカ研究センター（代表・山里勝巳氏）であった。参加者は熟年の男性が多かったが、他に若い女性や大学生なども含め約二〇〇名の人々が集い、夕方六時頃まで問題提議や意見交換が行われた。当初、約一か月前に予定されていたが、台風六号の接近で延期になっていた。

実は、当初予定されていた六月十九日は、午前十時から糸満市摩文仁の県立平和祈念資料館のホールで、上原清氏の講演「生存者が語る対馬丸遭難」が、悪天候を突いて開催されていた。糸満市平和祭の一環としての講演会であったので延期ができなかったのかもしれない。しかし、大きな資料館の中は台風の襲来を忘れさせるほど静かであった。私は、この二つの催しに参加したいと考えていた。那覇から摩文仁までは天気のいい日でも四〇分以上はかかる。天候が崩れていくことを警戒しながら行ってみると、講演会を中止するほど悪化してはいなかった。しかし、講演が終わり、会場を出る頃になると風雨は強まっていた。この後、琉球大学に出向き、フォーラム「二十一世紀の沖縄像を求めて」に臨もうと思っていた。

「平和の礎」はすぐ目の前にある。平和資料センターから東の方向は太平洋の大海原である。なんと、波の高さが十メートル以上もあろうかと思われる怒濤が幾重にも重なりながらギーザバンタに荒々しく打ちつけている。轟音とともに波しぶきが高く舞い上がる。琉球大学に向かおうか、それとも那覇の自宅に戻ろうかと迷い、平和祈念資料館の軒先で思案に暮れた。

今、眼前に見渡している方向は、具志頭村港川の沖である。そこは、沖縄戦の端緒になっていくキーポイントである。米軍の大艦隊が、沖縄戦の開戦時に、陽動作戦のために現れた場所だ。沖縄守備軍は、米軍の沖縄本島上陸地点と睨んだ。そして、すでに港川から北方三キロの地点にある糸数城跡に本部を置く美田連隊を配置していた。しかし、結果は、南部からの上陸ではなく、中部の北谷・読谷から上陸し、沖縄本島を南北に分断していく作戦が取られた。

しばし、こんなことを考えている間にも風は強まりつつあった。海岸線に近い「沖縄工業健児の塔」の脇を足早に通り抜け、摩文仁を去った。その後、とにかく琉球大学まで行くことにした。法文学部の新棟二一五号教室の壁にフォーラムが延期になった旨の「お知らせ」が掲示されていた。実際に台風が最接近したのは翌日十九日午後一時過ぎであった。新聞紙上で延期の「お知らせ」を確認しようとしたのは前日であったが、曖昧であった。ひょっとしたら、予定通り開催されるかもしれないと思っていた。結果は、それから一か月後の開催となった。

主催の事務局を担当していた我部政明氏（琉大教授）は、新聞紙上で、フォーラムへの参加を呼びかけていた。その中で、次のように主張し、フォーラムを企画した意義と共通課題としての論点を整理し、提議した。

「沖縄を眺めてみると、在沖米軍基地に凝縮される日本の安全保障の問題が『飽和』して、沖縄の人を諦めと無関心へと駆り立てる。新たな問題が追加されても、飽和状態では反応は起きない。この飽和状態を解き明かさねばならない」「今や、沖縄の枠組みで考えることが、不可能な時代に入ったともいえるのか。人々が抱える苛立ちから抜け出していくために、松明を付けてみようと考えてみた」「このフォーラムでのキーワードは、『グローバル化』『多文化主義』『自己像』である。現状の沖縄をどのように理解できるのか。どこへ向かっているのか、探る」

2、沖縄を三視点で捉える

主催者側代表の一人である宮里政玄氏も、新聞紙上で参加を呼びかけた。その中で、沖縄県民は、身近な問題に関する当事者意識が低下していると指摘した。沖縄をめぐる国際、国内の環境が本質的な変化を遂げつつあるなかで、当面する切実な問題を、文学、文化人類学、心理学の多面的な視点から捉え討議したい、と訴えた。

「米国では、市民活動からの離脱、社会的孤立感の高まりなどが指摘されている。情報技術とマスメディアの進歩が政治的無関心の原因、電子メールやインターネットの普及が個人の孤立感を亢進する」「グローバリゼーションや情報革命のため、市民は利己的な消費と目的にしか関心をもたない」「沖縄の基地問題や環境問題などを自分の問題として受け止める『当事者意識』が著しく低下してきた。『政治的無人島化』している」などと指摘し、三つのキーワード「グローバリズム」「マルチカルチュアリズム（多文化主義）」「沖縄アイデンティティー」を討議の論点として提議した。

話題提供者は、社会人類学者の比嘉政夫氏、心理学者の東江平之氏、英文学者の米須興文氏が予定されていた。「パネリストではなくあくまでも話題提供者なんです、と、本人たちから念を押されています」と、司会の長元朝浩氏（沖縄タイムス論説委員）は三氏を紹介しながら語った。

英文学の米須興文氏は、一九三一年、中城村生まれ。ミシガン州立大学院博士課程修了。英文学専攻。琉球大学教授、沖縄国際大学特任教授などを歴任。琉球大学名誉教授。著書に『ピロメラのうた』など。作家の大城立裕氏は高校時代の恩師。

心理学の東江平之氏は、一九三〇年、名護市生まれ。エール大学大学院博士課程修了。社会心理学専攻。琉球大学教授、名桜大学学長などを歴任。琉球大学名誉教授。著書に『沖縄人の意識構造』など。

社会人類学の比嘉政夫氏は、一九三六年、那覇市生まれ。東京都立大学大学院博士課程単位取得。社会人類学専攻。琉球大学教授。国立歴史民俗博物館教授などを歴任。現在、沖縄大学特任教授と沖縄大学地域研究所所長を兼ねる。著書に『沖縄からアジアが見える』など。

会場の受付では、琉大の学生らが案内を手伝っていた。アメリカ研究センターが、近々、予定している「アメリカにおける言語政策、ハワイ語とハワイ文化継承の実践と問題等について」の講演案内も行っていた。ハワイ語と米国語としての英語の関係は、一瞬、琉球方言と日本の共通語との関係に似ているのかもしれない、と想像した。グローバリズムとアイデンティティーの関連を考えようというのは、そんなことを解明していくことと類似しているかもしれない、と思った。また、会場には作家の大城立裕氏や大学教授の米盛裕二氏ら著名な方々の姿も見られた。先述の通り、熟年男性を中心に、沖縄の今日的な課題と過去の歴史や民俗的な行事や沖縄の心を捉えなおしてみよう、という雰囲気がみなぎったフォーラムであった。

3、沖縄を考える

比嘉政夫氏は、自己のテーマ「琉球弧の文化をどう継続するか、社会人類学の視点から」に基づいて、語り出した。いくつかのポイントを記してみたい。

「私は、一九五五年、琉球大学に入学した。東江先生と米須先生は、私の先生である。現在、沖縄文化を研究する学問を『沖縄学』と言っているが、この呼称は検討が必要である。今のままでは、奄美、宮古、八重山の島嶼文化の集合を何と呼べばよいのか。それらを含めて、『沖縄学』

として括るのは後ろめたさがある。奄美をどう位置づけるか、検討課題である。海をどう見るか。今日、生活の場としてのイノー、サンゴ礁の海域が見えなくなってきた。海の汚染、陸の開発などによって、一層この傾向が進んでいる。サンゴ礁の海域を擁する太平洋地域などへの研究を広げ、あるいはそれを取り組んでいくための連帯が必要であろう。『山林開発』という事例で、琉球王府が行った森林政策からも学ぶものがある。中国雲南省の調査研究から明らかになった『退耕還林』の政策なども参考になる。沖縄の文化は、本来、中国伝来の文化を消化し、『土着化』してきたものである。将来も、このような過去史から学ぶことがあるのではないか。本土化という文化現象をどう考えればよいか。本土化ではなく、『本土文化の沖縄化』という見方もある。たとえば、年越しそば、七・五・三、八十八（米寿の祝い）などは本土文化であり、これが沖縄文化にもなり、定着しつつある。『本土化』が進んでいる例もある。家元、流派、檀家などがそうだ。その功罪はどうなのだろうか。社会史、家族史、女性史などの問題について、奄美から八重山まで総合的な比較研究をしていく必要がある。文化を過去からどう受け継いで、未来にどう伝えるのか、このことは重要だと思う」

　東江平之氏は、沖縄の文化の中で、大きく変わったのはものの考え方と枠組みの変化ではないだろうかと指摘し、語り出した。とくに、考え方の「枠組み」という発想に注目させられた。

「一六〇九年の島津の琉球入りから、沖縄の人は自分で決定できない状況があった。沖縄は、復帰後、著しく変化した。衣食住、情報、出生、家族、食料生産などの面で大きな変化が見られる。出生については病院での出産、家族問題についてはどの程度相互依存的であるか、食料生産についてはどの程度自給自足ができるのか、などの点があげられる。食料の自給率は、今日、沖縄では二〇％程度だといわれている。変化とは近代化を意味するし、その程度や評価は、基準の設定の仕方にもよるであろうから画一的には言えない。しかし、基準は、社会規範に照らし、多様性に対する尊敬の念や公平さなども重視されるから客観性が要求される。何と言っても、大きく変わったのは、沖縄の人のものの考え方と枠組みについてではないだろうか。枠組みの共有部分は、グローバリゼーション、情報技術革新、ライフスタイルの変化などによって伝統的な文化や多文化主義を幅広く受け入れることによって強く意識する部分である。価値の多様化により、共通部分は縮小の傾向をみせる。枠組みの固有部分には、たとえば沖県出身の人々の論理、負の遺産―沖縄だけの基地の負担、信頼と裏切りなどがある。沖縄文化の変化は、枠組みの固有部分の変化として、あるいはグローバリゼーションの中の変化として起こっている。社会の流れはグローバル化の傾向にある。いろいろ考えてみる必要がある」

4、沖縄文化とグローバル化

米須興文氏は、沖縄文化について『グローバル化』『多文化主義』『自己像』の三つのテーマを関連づけながら、次のように語った。

「グローバリズムとは、国際化のことであり、地域主義に置き換わって普遍化を目指す概念である。マルチカルチュアリズムは、個別化を意味する。従って、これは、グローバル化と矛盾する。

現在起こっている変化は、閉鎖的な世界を解放してグローバル化を目指す傾向にある。ということは、マルチカルチュアリズムに矛盾する。グローバリズムが、西洋文化のテクノロジーで進行しつつある。これが進行すれば、平等化するという発想である。しかし、後で、がっかりすることが多い。マルチカルチュアリズムは、西洋文化に吸収されてしまう危険性がある。多文化主義は幻想に終わることが多い。沖縄文化について一言ふれたい。文化とは、本来、閉鎖性にこもるものである。これを未来に広げるというのは危険だ。しかし、沖縄の芸能が世界で活躍している例もあるから、一概には言えないところもある。沖縄文化の良さは、普遍性が出てこないこと。しかし、二十一世紀の未来像はまだはっきりしない。沖縄文化というとき、過去のものか、現在のものかによっても違う。私は、流動的だと考える。変化する、と思う。文化の可逆性、すなわち、元に戻ることはあり得ない。常に、現地点から出発するしかない」

話題提供者三氏の提言はここで終わる。その後、フロアからの意見や質疑が出され、質疑に対する応答や意見交換などが行われた。

米盛裕二氏（大学教授）は、米須氏の主張を受けて、次のような意見を混じえた発言をし、質問をした。前日、高橋哲哉東京大学院教授の講演と「教育の危機を考えるシンポジウム」が隣村の北中城で開催されたが、その呼びかけ人の一人でもあった米盛氏は、そのことにもふれた。

「昨日、教育シンポジウムに参加したが、講師の先生は、現代人は忙しいと指摘していた。忙しくて、少々遅れて参加した。教育問題も危機に直面している。さて、米須氏に質問したい。文化のグローバル化というのは多文化主義に矛盾する、相容れない、というのはその通りだと思う。

文化のグローバル化とは、一体何を意味するのか、これがどんな偏見をもたらすのか。文化は、閉鎖的だ、排他的だ。グローバル化は文化の終焉を意味するともいわれている」

質問に対し、米須氏は慎重に答えた。

「分からない。危機意識を指摘しただけである。現在、あまり認識されていない。私は、専門家ではないから、軽々しくは答えられない」

大城立裕氏（作家）は、自身の文化論にふれ、沖縄の文化をめぐっての体験談を語った。

「沖縄のアイデンティティーは基地経済と関わっている。沖縄問題は文化の問題である。それを考える視点の一つが軍用地料による文化の変質である。私は大正十四年生まれである。十四歳の頃に体験した話をしたい。その頃、波の上宮で『波の上祭』が行われていた。神道に基づいた儀式があり、御神輿の行列が行われた。御神輿に乗っているのは子どもたちであるが、それがヤマト商人・氏子・寄留人の子どもたちであった。植民者が主人公で沖縄住民はお客さんという有様で、倒錯していた。戦争が終わったら『波の上祭』はなくなった。沖縄のアイデンティティーはどの程度頼りになるのか疑問である。伊波普猷は、帝国主義がなくならない限り沖縄のアイデンティティーは確立されないと言った」

5、沖縄文化をめぐる疑問など

フロアから、いろいろな声が上がった。沖縄のアイデンティティーに対する根強いこだわりやその内容に言及する提言があった。かと思うと、他方で、グローバル化の流れの中で、これを見直していくべきではないか、という意見もあった。問題提議者や司会の発言なども含め、これらの内容を記しておこう。

「沖縄のアイデンティティーとは、平和、自立、共生、共感、沖縄の地域文化などではないか」

「沖縄のアイデンティティーとして、平和、自立、自己決定、他者との共感などの視点から考えていける。地球のアイデンティティーとか、必要ではないか」

「本来の『沖縄人らしく』というアイデンティティーは、相対的で、反射的なアイデンティティーの主張である。沖縄人であることによってバカにされたときなどに、反射的に存在の主張をする手段である」

「一九八〇年代に、沖縄の近現代の中で『人類館事件で沖縄のアイデンティティーを語るのは有効か、沖縄のアイデンティティーとして語るのは終わりにしよう』と語られたことがある。その後、沖水が二年連続甲子園で準優勝した時もそうであった。今後も、沖縄のアイデンティティーを語るのは有効か」

「一九八〇年代までは、沖縄に対する差別や攻撃に対する反撃に用いられた。しかし、現在はその主張の意味が違う。沖縄像を求めていく努力は、必要ではないか」

「社会が変化しないときは、独自のものを残すと得をすることもある。変化が激しいと、捨てなければ新しいのが取り入れられないことがある」

「なぜ沖縄像を求めるのか。その価値があるのか。もともと、グローバル化の中で、その価値は抹殺されるのではないか」

「グローバル化は、アメリカへの従属化の中で進められているのではないか」

「欲求不満がなくなったら、アイデンティティーの主張はなくなるものか」

「アイデンティティーを強く意識すると、ナショナリズムへ進み、さらに戦争へ突き進む。右翼は無意識のアイデンティティーであり、ここでは、欲求不満とアイデンティティーは無縁である」

「一九六〇年代生まれのある女性が、西洋文化を好み、沖縄の伝統行事にはあまり参加してない、ただし理解するための努力はしている、という心情を打ち明けられたことがある。これが間違っているとか、危なっかしい、とは言えない。文化の違いである」

「世界のウチナーンチュ大会について、本土出身で現在沖縄県民である人の発言として、こんな話を聞いた。ウチナーンチュとは誰を指すのか、昔沖縄県民であった人たちの世界交流大会に、私のような他県出身者も一緒になって出した税金を使って予算化しているのは疑問だ」

社会人類学研究者である比嘉氏は「土着の価値が世界に通用する。イノーは沖縄のアイデンティティーである。私自身、漁師の子ども、糸満で育ってきたのでよくわかる」と、発言した。

私は、沖縄文化の土着性に潜む価値を共通認識し、これを基礎にした沖縄のアイデンティティーの主張は重要なことだと思った。

6、沖縄を通して考える

フォーラム「二十一世紀の沖縄像を求めて」は、和気あいあいのムードの中で、白熱した議論も展開しながら、終局を迎えた。とても、有意義な企画であった。ところで、終わってみて、主催者側が当初描いていた目標は達成されたのだろうか、ふと気になった。

企画の実務を担当していた我部政明氏は、憲法や教育基本法の改正問題と関連づけて、「時代は変わる。世代によっては、職場や共同体への信頼や忠誠心は、表面的にも存在しない。こうした変化を『乱れ』と捉えて戦後民主主義教育にその原因を求め、教育の仕組みを変えれば、元の状態に戻ると考えている人々がいる。『元』の形を支える環境が、今や、ないことを自覚できていないようだ。時代の不可逆性を無視している」「憲法に愛国心を記載しても、国への愛着が増大するとは思えない。愛着の対象が多様化しているからだ。ますます、これらの現象の原因や結果が理解できないために世代を問わず、人々の苛立ちは募るばかりだ」と、事前に問題提議を兼ねた指摘をしていた。

また、主催者代表の一人である宮里政玄氏は、世界情勢の中で激しく揺れ動く今日の沖縄の状況を憂い、「沖縄は外部の影響を受けやすい、いわば『浸透体系』だといわれてきた。日本本土からの人口流入や様々な本土との一体化は、沖縄のアイデンティティーにどう影響を与えているのか。米軍事戦略の見直しや小泉政権の対米外交による日米同盟関係の質的変化などがある。このような沖縄の状況下で、県民の政治的無関心は許されるものではない」と指摘し、警鐘を鳴らしていた。

残念ながら、フォーラムにおける討議の高まりは、我部氏や宮里氏が目指していた域にまでは到達しなかった。話題の領域が広がったために、焦点を絞って深めていく上で難点があったのかもしれない。司会の長元氏は、「討議の結果を、あえて、まとめるというようなことはしません」と断った上で、各自がそれぞれに関心をもって、今後、自ら深めていくよう勧めた。このような部分については、参加者たちは胸のうちに留め置くことになった。

7、沖縄戦・皇民化教育・アイデンティティー

戦後六〇年経っても、沖縄県民の戦争への恐怖とそのトラウマは消えない。今も、基地の島・沖縄には言い尽くせないほどの訴えがある。それを解決し得ない政治に怒りは募る。

一九九四年夏、沖縄を訪れた宝珠山昇防衛施設庁長官（当時）は、「沖縄は、世界戦略というとちょっと言い過ぎかもしれないが、アジアの世界の中で戦略的にきわめて重要な位置にある。基地を提供するという非常に優れた位置にあるということでもあるので、これをプラスに転じ、基地を受け入れることによって基地と共生、共存する方向へ変化してほしい」と発言した。この問題発言が引き金となり、宝珠山氏は、米軍に軍用地を提供する最高責任者としての責任を問われ、辞任に追い込まれた。大田昌秀氏は、沖縄県知事であった当時、「沖縄の基地問題が、告発する沖縄側と告発される本土側という図式に集約されるのを私は望まない。沖縄の基地問題を個人の

尊厳や地域の自立、この国の将来のありようなどといった、もっと広い文脈の中で考えたい」と述べた。

このような認識の仕方は、私情を挟まない沖縄県民のほぼ共通のものだと思われる。そうであるだけに、沖縄の基地問題は、日本国民全体の問題として深刻に受け止め、対処していくべき課題だと思う。

「来るべき二十一世紀に向けて沖縄はどうあるべきか」――大田昌秀氏は、一九九〇年頃まで、新聞・雑誌・著書などを通して、数多くの論考、主張、提言などを行っていた。そして、やがて同年十一月の県知事選に出馬し当選する。彼が県知事選に立候補したのは、沖縄戦の生き残りとして基地沖縄のありようについて考えてきたことを、自らの言論に責任を持って実行せよと言われたのが唯一の理由であった、と自ら語っている。

沖縄戦が始まった頃、彼は沖縄師範学校の学生であり、米軍が沖縄本島に上陸する四月一日の前日、守備軍司令官の命により動員され、鉄血勤皇隊に配属された。所属した千早隊は軍司令部の直属で、情報宣伝を任務とした。戦時中は想像を絶するような体験をし、やっとの思いで生還した。同期の学徒隊一二五人のうち、生き延びたのはたったの三七人であった。このような悲惨な戦争体験を経て、再び戦争を起こしてはならないという人生哲学が彼の中に生き続けていたと思う。彼は、沖縄戦との関連で忘れることができないのは皇民化教育についてである、と述べている。沖縄戦で、とりわけ鉄血勤王隊やひめゆり隊員などの学徒隊が一三〇〇名ほどの犠牲を出したのは皇民化教育に起因すると分析している。

明治の「琉球処分」以後、近代化の進展に伴い、沖縄県民は、未来への展望より耐え難い苦渋をより多く体験させられてきた。日本政府が繰り返し強化していく中央集権のための施策は、沖縄にとっては、一つひとつが沖縄アイデンティティーを失っていく過程でもあった。戦前、政府が忠君愛国を強要しながら推進した富国強兵策や皇民化教育ゆえに沖縄が被った犠牲は大きい。そして、戦後も、屈辱的なことが起こる。

昭和天皇が戦後の沖縄の分離に絡んで米国側にメッセージを伝えていたことが、一九八〇年、明るみに出た。一九八九年、入江侍従長は、間接的な表現ながら、この事実を認めた。宮内庁御用掛の寺崎英成が、一九四七年九月、連合国軍総司令部の政治顧問シーボルトを訪ね、沖縄の将来に関する天皇の考えを伝えた。これが、「天皇メッセージ」である。その概容は、天皇は「アメリカが沖縄をはじめ琉球の他の諸島を軍事占領し続けることを希望し、その占領はアメリカの利益になるし日本を守ることになる、沖縄の軍事占領は日本に主権を残した形で長期の貸与をするという擬制の上になされるべきである」というものであった。作家の中野重治氏は、このことにふれ、「天皇を含む日本政府が、どれほど露骨に、どれほど言葉のないところまで卑しくアメリカ政治上層部または軍部に、国と国民を差し出すばかりにしていたか」と著書に記した。沖縄県民にとっては、後で知ったことではあるが、そのショックは大きかった。

「米軍は、沖縄戦の前に台湾に上陸する予定であった。それが、急遽、沖縄に変わった。もし、米軍が台湾に上陸していたなら沖縄戦はなかったかもしれない。そして、沖縄は日本の一部として残ったであろう」と、宮里政玄氏は著書の中で事実の経緯を説明している。沖縄が台湾に置き換えられていたら、あるいは、実際の沖縄戦よりはるかに小規模の戦闘で済んだかもしれない。たとえそうなったとしても、沖縄が差別を受けることなく他県と同様の処遇を受けられるようになっていたかは疑問である。

薩摩による侵攻、廃藩置県に伴う「琉球処分」、本土防衛のための「捨て石作戦」として利用された沖縄戦と背後にあって戦争の惨劇を倍加させた「皇民化教育」、沖縄県民の要求を受け入れなかった「沖縄返還」や後で発覚した「天皇メッセージ」など、歴史の節目において沖縄のアイデンティティーは大きく崩れ、奪われ、失われてきた。沖縄のアイデンティティーを守る、大事にする、生かすためには一体どうすればいいのか、あるいは論ずることが無用なことなのか、大きな関心事である。

8、沖縄のアイデンティティー

米国務省では、沖縄の戦後処理の選択肢として、「一つ目は日本に返還、二つ目は信託統治などの国際管理、三つ目は中国に委譲」を検討していた。しかし、主導権をとった米軍部は、結果は、沖縄から日本を切り離す方向へと進む。沖縄が名実かつ法的に分離されるのは、一九五二年に締結された講和条約第三条によってである。

戦後まもなく、沖縄は「分割された領土」となり、屈辱の米軍統治下に入る。そして、県民は二十七年間に及ぶ異民族支配下で植民地的な生活を余儀なくされ、祖国復帰以後は在日米軍基地の七五％の過重負担を押しつけられ、依然として戦時体制に近い状況下で暮らしている。

それ以後、安保条約や日米地位協定などにより、沖縄県民は羽交い締め同然の半世紀以上の歳月を送ってきた。明治から戦前までは、日本という国家の「国体の護持」のために利用され、琉球の独自文化は軽視されてきた。戦後は新たに日本という国家の安全のためにという大義の下に、日米安保条約を楯に、沖縄県全土が要塞化してきた現実があった。

こういう状況の中にあって、沖縄のアイデンティティーって一体何だろうか、という自嘲的な自問すら出ることもある。しかし、それは重要なことであり、もう少し考えてみたい。

終戦後、住民は避難民生活を経て元の居住地に戻ったものの、衣・食・住に事欠く。戦後二十七年間、沖縄は米軍統治下に入り、あちこちに広大な米軍施設が建設されていく。軍作業と呼ばれる米軍関連の仕事にありつける人々もいたが、多くの人々は行き場を失った。その頃、出てきた救済策が移民政策であった。その代表的な事例が、ボリビアへの移民であった。ボリビアの移住地コロニア・オキナワでは、二〇〇四年、入植五〇周年記念祭典が開催された。移民初期の頃の犠牲者やその苦難の歴史の中で生きてきた人々に敬意を抱かずにはいられない。入植記念祭が、八月十五日に行われ、沖縄・ボリビア歴史資料館落成式、入植記念パレードなどももたれ、沖縄からは稲嶺県知事らが出席した。またその頃、アルゼンチンでは、第八回「ワールド・ウチナーンチュ・ビジネス・アソシエーション」世界大会も開催されていた。ちょうど、米軍ヘリ機が沖縄国際大学に墜落事故を起こし、沖縄中が大騒ぎになっていた頃である。

「終戦後の沖縄は世界でも一番最低な島、（中略）そんなところでいつまでもぐずぐずしている自分が情けなかった。（中略）。外国ならどこでも良かった。どうしたらこの島から出ることが叶えられるのか、ひたすらその出口を探していた」と語ったのは、『沖縄移住地　ボリビアの大地とともに』の著者・具志堅興貞氏である。

琉球政府が計画した集団移民は、一九五四年、第一次、第二次を合わせて四〇〇人がブラジルのサントス経由で移住地に入った。異境の地に夢を抱いて入植した移住地での生活は昼夜を分かたず手作業の開墾が主であった。しかし、突然、正体不明の熱病が発生し、一四七人が感染し十五人が命を奪われるという悲劇が発生した。病名は、「うるま病」と命名された。コロニアを離れる者が多数出た。移民は、入植する人々にとっては、名実ともに命懸けの事業であった。その後に第二、第三のコロニアができ、現在は「コロニア・オキナワ」として領域は拡大し、牧畜や小麦・大豆などの栽培などの農業生産も増え、南米全域から見た物流のパイプライン地域として注目されるようになったという。

9、沖縄での思いを地球の裏側で

苦難の中でボリビア移民を体験した具志堅氏は、「もう一つの沖縄」を築きあげたことで役割を終えた、と著書の「あとがき」に記した。同氏のボリビア移民についての話を要約すると次のようになる。

具志堅氏は、一九三二年、沖縄県久志村字汀間（現在名護市汀間）の生まれで、三男六女の九人きょうだいの九番目であった。彼の祖父の代に、廃藩置県による世替わりで那覇市泊から久志村底仁屋に移り住み、父親はそこで青年期を過ごす。さらに、山奥に入り、開墾などで十数年間を送り、古い村落である汀間へ下る機会を待つ。当時は、廃藩置県によって、首里などから下級武士たちが食い扶持の確保のために都落ちし、山原にはヤードゥイがあちこちにあったという。そこに住む人たちのことを「寄留民」と称し、古い村落の人たちは彼らを敬遠する傾向があった、といわれている。だから、後に汀間に住むようになっても違和感が残っていたと思われる。具志堅氏は、末っ子として可愛がられ、久志小学校一年から高等科二年、北部農林高校卒業まで、学校での勉強を終えている。家族十二人が移民として南米へ旅立ったのは、一九五七年の第四次移民団としてであり、約五〇家族、総勢二一三人の人々と一緒であった。沖縄からボリビアまで行くには、ブラジルのサントスまでの五〇日間の船旅と、南米大陸上陸後に、最終地のサンタクルス県まで約一週間の「移民列車」の旅が必要であった。終戦から十二年も経っていたが、その時点でさえ、沖縄の経済事情は厳しく、貧困な家庭は多かった。ボリビア移民は、後に十九次まで約三〇〇〇人を送り出すことになる。

彼の南米移民前の体験談の中に、私は二つの特異なものを発見した。一つは、「我が家の軍隊教育」と称し、小学校入学前から繰り返されていた体験についてである。毎朝、坂道を上り終わった広場で、兄から「東向け東」の号令がかかり、海から昇る太陽に向かって最敬礼をさせられた。それは絶対服従であったという。学校では宮城遙拝があり、天皇陛下に最敬礼し、汀間から皇居に向かって敬礼していた。そして、一九四五年十月十日の登校前、「十・十空襲」で大浦湾に爆弾一個が投下され、誰もが友軍機だと思い込み「兵隊さん万歳！」と、空に向かって万歳三唱をしたという。もう一つは、いろいろな職業を体験したということである。米軍ドライバースクールを卒業した後、米軍車両運転試験に合格し、やがてライカム配属の軍人専用運転手になった。当時としては、他から見れば、羨まれる職種であった。ある日、バックする際に電柱に接触事故を起こした。幸い事故はたいしたことはなかった。しかし、その日の米兵の態度は気に入らなかった。米兵の戦勝者気取りがいつでもどこでも出てくるので面白くない日が続いていた。もうアメリカさんに使われるのはイヤだったので、二度と軍勤務に戻らなかった、という。

具志堅氏にとって、沖縄戦とは何だったのか、天皇の赤子として何らの疑う余地すら与えられなかった皇民化教育の結末は何だったのか、廃藩置県後の沖縄で生きることが困難になった原因は何だったのか。日本男児として生まれ、沖縄の風土に思いを寄せつつも、ままならなかった人生体験の持ち主であったのだ。しかし、日本の歴史に翻弄された後に夢を馳せた新天地ボリビアに渡り、初老期を迎えたその男は、今、地球の裏側でかくしゃくと暮らしている。彼は、後にコロニア・オキナワにおける指導的役割を果たすようになり、農牧総合協同組合長や日系人組織のオキナワ日本ボリビア協会長などを務めた。

伊波普猷は、一九一四年（大正三年）、「奴隷根性を取り去るのでなければ、沖縄人は近き将来に於いて今一度悲しむ運命―奴隷的生活―に陥るであろう而してこれに次ぐものは社会の滅亡である。世に社会の滅亡ほど悲しむべきものはない」と主張した。この言葉は、比屋根照夫氏（琉大教授）によって紹介されたもので、私は新聞紙上で知った。伊波普猷の主張や具志堅興貞氏の辿った生き方の中に、沖縄のアイデンティティーとは何か、そのヒントがあるような気がする。

二、地方自治のこれからの方向性

1、地方自治の方向性を探る

沖縄が抱える社会的・経済的な課題解決の糸口を見いだすための公開シンポジウム「地方自治のこれからの方向性」が、二〇〇四年七月三十一日、沖縄国際大学で開催された。沖縄経済学会が主催するもので、これまで連続シンポジウムを開催してきたが、今回は、「自治現場、行政学、行政法、経済学の水平的連携へどう取り組むか」というサブテーマを設定し、社会を総合的に把握することを目指した、という。後援は、沖縄県市長会・沖縄県町村会・沖縄県市議会議長会・沖縄県町村議長会などであった。この企画を新聞紹介を通して知り、早速出席することにした。

国・地方自治財政の三位一体改革の話題が頻繁にマスコミに登場するようになってから、日常会話の中でも、経済・財政・地方自治の問題が論じられるようになってきた。国から地方への財源委譲やその前提となる補助金の削減、あるいは消費税率アップの問題などは、一般の人々にも関心がある。さらに、身近なところで市町村合併の問題が盛んに論じられている状況もある。これまで、国からの地方交付税と補助金にどっぷり漬かっていた沖縄県や県内自治体の将来はどうなるのか、地方自治の自立への展望に対する関心があった。教養のための経済学を学んでみたいと考えた。会場には、沖国大の学生や大学教授、地方行政の実務者、一般市民など約一二〇名の参加があり、パネリストらの主張から学習し、自らの持論を訴えたりしていた。

パネリストとして照屋義正氏（具志川市・石川市・勝連町・与那城町合併協議会―政策参与・事務局長）、諸見里道浩氏（沖縄タイムス論説委員長）、島袋純氏（琉大助教授・行政学）、前津栄健氏（沖国大教授・行政法）、宮平栄治氏（名桜大教授・経済学）が参加し、コーディネーターは大城保氏（沖国大教授・地域経済学）が務めた。

司会進行を兼ねたコーディネーターの大城氏は、「沖縄経済学会は会員一〇〇名余の組織であるが、目標の一つとして、その活性化を目指している。新沖縄社会経済プロジェクト委員会では、第二回連続シンポジウムを開催することになりました。沖縄の経済問題や行財政について皆さんとともに考えていきたい。どうぞ、今日は遠慮なく、ご自分の意見も述べて下さい」と、開会のあいさつを述べて会場の雰囲気を和らげた。

照屋氏は、四つの自治体が合併し新しい街づくりを進めている現状について、行政上の担当者としての実務や基本的な考え方、悩みなどについて報告した。

「平成九年三月、具志川市・勝連町・与那城町が三市町の合併推進を表明した。平成十五年七月、石川市が加入し、平成十六年五月、新市名を『うるま市』に決定した。そして、八月十六日、合併協定書に調印を済ませた上、平成十七年四月、新市『うるま市』の誕生が予定されている。その間、単に行政レベルだけでの合併交渉とはせず、地域の人々の合併への関心を引き出しながら地域の要望などを集約していったことが良かった。具志川市では青年会が主催したフォーラム、具志川市・与勝町ではライオンズクラブが主催したサミット、具志川市・勝連町・与那城町が沖縄市と共催した三市町合併講演会の開催などによって、合併構想を具体化していく上でコンセンサスを得る業務がスムーズに行えた。合併後の運営については、『サービスは高く、負担は低く』が理想であるが、それでは財政が破綻する。税金の使い方も、市民がともに考えることが必要である。市民も『自立と自律』を理念に協同、参加などが求められる。そのためには、市民への十分な情報開示が必要になる」

2、地方自治の危機と発想の転換

諸見里氏は、沖縄県下市町村の財政危機と合併問題について述べ、その問題点の克服や打開への展望などについて提言した。

「沖縄県は、これまで、沖縄振興開発特別措置法によって高率補助を受けてきた。『三位一体』改革が打ち出され、税源委譲、国庫補助金の廃止・縮減、地方交付税の見直しが現実問題になってきた。地方交付税は、二〇〇四年度予算では一二%カットされ一兆円の補助金削減となった。その一方で、二〇〇五年度と二〇〇六年度までに三兆円の財源委譲が明示されている。義務教育費国庫負担金の削減も焦点になっている。バブル後の景気対策のつけが県内でも現れている。予算が組めない市も出てきた。これまでの行政感覚のマヒを治し、人件費・日当・退職時昇級・予算消化・議員定数などを見直すなど、身近な改革から始めねばならない。県内では、七ブロックで市町村合併の動きがある。全国では、すでに新しく四一市町が成立し、三一〇〇市町村のうち六一％の一八九一市町村で法定協が結成されている。自治体の生き残りを賭けているところもある。新たな街づくり、新たな自治体づくりへの住民参加が必要であり、その意見を反映させていくことが重要である。県内での合併論議は、財政問題に視点が偏りすぎている。本来のテーマである『自治づくり』の論議が深まっていない。その点、具志川市青年会が集会を開き意見表明したりなどする動きは評価できる。それらの議論をどう幅広く展開させていくか、これはメディアの役割であろう」

島袋氏は、自らが関わってきた自治研究会のこれまでの活動を紹介し、自治再生のための「水平的連携」の事例などについて、創造的なイメージを駆使しながら論述した。「水平的連携」という言葉は初めて聞いたが、「水平的方向」という用語は、同僚や先進的自治体や研究者、市民などの情報の中に問題解決の方法やキーワードがある、という意味のように私は受け止めた。

「今日までの市町村行政の中では、我が国ではややもすると、上位下達の前例踏襲主義がまかり通ってきた。法規・法令・条例の解釈や予算案の作成・執行、新規事業プロジェクトの作成などに至るまで、事例・実績、上司の判断・決裁などというのは絶対的な存在としての重みを発揮してきた。しかし、新自治法が施行され、補助金が年々削減され、従来型事業が大幅に見直しを迫られているとき、今まで通りのやり方では対応できなくなってきた。中央官僚、上級官庁、上司の権限が制限され、補助事業や補助金は削減または消滅していく中では、誰もが前代未聞で未体験の事態に遭遇せざるを得ない。上級官庁からの指示を受け、前例踏襲といった自治体体質では、行財政改革によって到来する答えの見えない時代に対応できない。自治体の質と意識改革の大転換が必要であり、職員と市民の連携を図るには自治基本条例の制定が必要である」

3、地方分権と地域間連携

前津氏は、「地方分権と自治体の行政課題」について報告した。

「沖縄では、過去に大田県政の頃、地方分権について論じられたことがあったが、今日のように差し迫った状況で議論されたことはこれまでなかった。行政体制の整備については、地方分権推進法第七条との関連がある。その中で、地方公共団体は、行財政の改革・住民参加の充実・行政体制の整備を図らねばならないと謳われている。また、県内自治体の条例づくりに協力してきた体験から、地方分権に対応するには情報公開条例、個人情報保護条例、行政手続き条例の三条例の制定が必要である。県内の現状は、条例制定率が低く、業者への作成委託も多くそのため類似の文面が目立つ。新聞報道の資料によると、沖縄県の条例制定率は全国最低で、十一市はすべてで制定されているが、町で四七・一％と半数以下、村で五四・二％と低く、特に離島村で遅れが目立つ。法務担当の専任職員を配置しているのは那覇市だけであり、一般的に自治体の条例作成能力が弱く、条例を審議する議員のチェック機能や議会事務局体制が弱い。自立を目指して、法政執務担当者の人材育成や研修の強化、議会の改革などが必要である」

宮平氏は、「地域間連携の必要」について訴えた。同氏は、「豊かな社会とは」という定義をし、今日の社会における「地域・自治体」を経済の視点でふれ、「地域間の連携」の必要性へと論理を連結していった。初めて聞いた話であったが、面白く理解しやすい内容であった。

「豊かな社会とは、経済的・物質的に必要な財が行き渡り、治安や教育・文化・愛情・ぬくもりなどが享受できる社会であると定義した。現在進められている三位一体の財政改革については、次のように述べている。交付金の削減によって地方自治体の財源が悪化し、地域に必要な財源を確保するための地域間の知恵競争が展開される。その中で、具体的に、地域間における富裕層獲得、産業誘致・育成連携競争が始まる。このような競争が全国で展開されると、全国に類似の施設や制度が備えられ地域特性が失われていく。だから、同一県内・圏内においては、豊かな社会を形成する上での地域間の補完関係が必要である。合併論議に欠けているのは、自治体の連携の視点である。あらゆる施設や制度を自前でそろえると無駄も多くなる。自治体で補完し合うことも必要である。あらゆる学問が協力して、分析、提言をしていく必要がある」

大城氏は、新聞報道で発表された内容で、国土交通省の国土審議会が検討している「自立広域圏連帯型国土」の構想について紹介し、説明した。

「日本が目指すべき新しい国土の姿として、地域ブロックが自立し、相互に交流・連帯しながら、世界の各国と競争することを目指す、という構想である。新聞記事によると、現在の東京一極集中を見直し、地域の自然や文化を生かした自立的な地域づくりを目指したもので、これから国土審議会調査改革部会の報告『国土の総合的点検』に盛り込む予定である。国土計画『二十一世紀の国土のデザイン』では『多軸型国土構造』を打ち出していて、道州制を見据えた考え方としても注目される」

資料では、世界の経済力は、二〇〇〇年度の名目GNPで米国、日本、英国、フランス、イタリアなどが上位にある。日本の地域ブロックは関東・近畿・中部・九州・東北・中国・北海道・四国・北陸・沖縄などの順に格付けされ、その多くは欧州の中規模国に匹敵する経済規模があり国際競争ができる潜在能力があると説明されている。ただし、全国下位の沖縄の経済力は直近上位のアイルランドの名目GNPの約二分の一であり、ルクセンブルグの上位にある。

4、地方自治に自治権は与えられるか

参加者の中から、多くの質疑や意見が出された。これに対し、報告者からの回答があったり、コーディネーターが解説したり、会場の者が共々に考える場が提供された。

参加者の発言

①沖縄というまとまりの中で、「自治」という考え方があるのではないか。（沖縄の特殊化、ブランド化など、の視点もある）

②地方自治には、自治権が与えられているのか。沖縄では、基地を抜きにして地方自治は考えられない。自治権の獲得はどうすればよいか。

③市町村合併は新しい自治・まちづくりである。何が可能か。（サービスの向上・多様化、行財

政の効率化、地方分権化でワークショップを通し国への提言が可能）

④公共事業をやっている者には、沖縄内閣府・総合事務局と県・市町村の関係は、国と地方という上下関係にとれる。地方分権化で、どうなるか。

⑤沖縄は生きていく力はどの程度あるのか。ただ動物同然に食べて生きるという生き方もあるが。本土の援助なしにやっていけるという線はどの辺りか。その線は見えているのか。

⑥道州制の中では、国の建設業関係の仕事と県内企業の関係はどうなるのか。（公共事業について、どこまで必要か、公共性の均等化、などが問われる。住民参加のもとで、それを検討する仕組みづくり、国の施策との仲介などが可能）

⑦複数の市民間で利害が絡む水平的連携には問題が発生するのではないか。

⑧合併論議は財政問題（財政危機、差別、失われた十年＝景気の低迷、など）に端を発している。財政事情が良くなったらどうするか。

⑨地方自治の再編をめぐって様々な意見や考え方があるが、これを住民にどう知らせるのか。

⑩地域の意志をどう反映し、地域間の連携はどう行うのか。地域間格差、情報格差がある中での連携はどうすればよいか。

⑪沖縄基地の返還は県民の課題である。しかし現実には、沖縄経済は基地収入に依存している。「三位一体」改革による財源委譲、補助金削減が行われたとき、沖縄経済はどうなるのか。

⑫基地経済からの脱却は、自ら答えを見いだすより他ないと思う。（西欧などを回り、実際に自分の目で確かめてきたことであるが、小国のリーダーシップやポテンシャルを生かして成功して

いる例は多い）

⑬具志川市で今困っていることで、現行単年度予算を複年度にしなければならないこと、施設整備に縦割り行政の矛盾が出ていること、などがある。（具志川市の私有地に国の施設があり、国は市に対し、これを買い取るよう迫っている。買い取らなければ、金を費やして壊す予定だという）

⑭行政実務の専門家は、那覇市でも一人いるだけだという。小さな市町村では、財政的な事情から、こういう専門家は育てられない。今後、どうすればよいか。

地方の時代といわれる中、「地方自治の自立と自律」をベースに、参加者から多くの意見などが出され会場は盛り上がった。しかし、さらに一歩踏み込んだ合併論議や行政・職員意識の改革などへの具体策などへの論及には至らなかった。

5、沖縄独立論と道州制への展望

沖縄独立論の背景

「薩摩藩は、一六〇九年、琉球王国に侵攻した。そのとき、国王尚寧と家臣たちを連れ去り、駿府で家康に謁見させた後、薩摩に連れ帰った。そして、薩摩への忠誠を誓う起請文に署名させ、二年後に国王等を琉球に帰省させた。その時に、署名を拒んだ謝名親方を処刑した」（先述の『「沖縄独立」の系譜』より要約）。一八七九年（明治十二年）、明治政府によって、琉球国最後の国王尚泰は強制的に首里城から退去させられ「沖縄県」が設置された。これは、沖縄県の誕生とも言えるが、琉球王国の滅亡を意味していた。

太平洋戦争の後、サンフランシスコ講和条約で沖縄・奄美は米施政権下に組み込まれ、翌一九五二年四月二八日、対日平和条約の発効とともに、沖縄は日本から分離され、米軍占領下の植民地的な支配を受けるようになる。沖縄は、一九七二年、日米政府の「沖縄返還協定」に基づき、祖国復帰が実現した。しかし、この時にすら沖縄県民の要求は日米政府に受け入れられず、沖縄県民は屈辱的な沖縄返還だとして喜ばず、怒りの声を上げた。このような大きな歴史の流れの中で、要所・節目に沖縄の人々は言い尽くすことができない屈辱と忍従を強いられてきた。これを、沖縄の解放のためにたたかってきた先人たちは、琉球・沖縄の歴史の中で「琉球処分」「沖縄処分」と叫んできた。

戦後、米軍占領支配下で、沖縄の独立を主張する人々は後を絶たなかった。沖縄の祖国復帰運動に対抗するもう一つの選択肢であった。また、「信託統治下では、米国の一州になることを目指した方がよい」と考え、祖国日本への復帰を嫌がる人々もいた。大戦後、沖縄県民は、戦禍ですべてを失ったときハワイ移民をした県人たちが手を差し延べて助けられたが、彼らの中には沖縄独立や米国の一州になることを強く望む声もあった。

復帰前、一九七一年十一月、沖縄の屋良朝苗主席は「復帰措置に関する建議書」を携えて上京した。しかしその日、国会は、沖縄県民の要求が盛られた建議書を汲み入れることなく「沖縄返還協定」を強行採決した。それは、県民福祉を最優先することを基本原則に、「①地方自治権の確立②反戦平和の理念を貫く③基本的人権の確立④県民本位の経済開発」などを骨子として新生沖縄像を描いた建議書であった。幻の建議書に終わったのは、実に残念なことであった。

道州制への動き

日本の道州制の議論が始まった。今のところ、政府の考える道州制は、都道府県の広域化による効率性、経済的な自立が先行し、国と地方の権限のあり方は不透明である。日本の道州制の構想は、小泉純一郎首相が打ち出した構造改革と表裏一体のものとして、二〇〇〇年四月に「地方分権一括法」が施行された頃から話題に上がってきた。小泉純一郎首相が進めている「三位一体改革」は地方分権と地方の行財政改革を図るために、①補助金削減②地方交付税の見直し国税から地方交付税への税源委譲を行う、というものであった。地方分権一括法では、国の移管事務を廃止したものの、地方自治体からすれば、自治体を縛っている補助金の改革や税源確保などは不明で不安な要素が多く、地方の行革や予算編成で大揺れに揺れ、混迷の域にある。ましてや、その背後に課題として残されている道州制については十分な議論は及んでない状況だ。首相の諮問機関である地方制度調査会は、二〇〇四年度までにはこの構想を具体化したいとしていたが思惑通りには進んでいない。

政府に「モデル指定」された北海道では、具体的な検討に入り東北三県でも取り組みが始まった。シンポジウムが開かれた七月から四か月後、十一月二〇日と二十一日の二日間、日本自治学会の第四回総会・研究会が沖縄県宜野湾市の沖縄国際大学で開催された。この研究会で、北海道の高橋はるみ知事は、北海道の開発局など国の出先機関との統合を進める計画を示し、国に吸収合併されることがないよう臨む、と決意を述べた。沖縄県でも全庁体制で「道州制等研究会」をつくり、論議がスタートした。九州各県との合併か、沖縄単独なのか、これは重要な課題である。先述の、日本自治学会に出席した地方制度調査会会長の諸井虔氏は、研究会が始まる前日「沖縄単独での道州制移行の方が望ましい」との認識を示し、さらに研究会で「中央政府も時代に合わなくなっており、地方分権は着実に進んでいく。自立するには、沖縄の人たちが力を結集して大同団結して立ち向かうしかない」と、沖縄側の主体性を発揮するよう注文を付けたという。

ぜひ、沖縄のアイデンティティーを生かし経済的な自立と自律を目指していけるような視点での、沖縄州あるいは九州を構想してほしいものである。「モグラ叩き」のように、歴史上、何度も否定されてきた沖縄ではあるが、「沖縄の存在」を主張していく必要がある。沖縄についての理解を国や他の都道府県に求めつつ、新たな琉球処分にならぬよう最後のチャンスを生かしていきたいものだ。米国の連邦制におけるハワイ州、カナダ憲法下のケベック州など参考になる例はいくつもある。

日本政府が沖縄をトカゲの尻尾のように考えて許された時代はもう終わった。国際社会の中でも、マイノリティーを無視したり封殺した地域で紛争が起こっている。明治維新の廃藩置県で、琉球国の独立・存続を主張した人々がいて、彼らを「頑固党」と称した。かっての宗主国である清国に救いを求める人々もいて、これを「脱清人」と呼んだ。今日、北朝鮮における金正日の独裁体制下から逃れてくる「脱北人」のイメージと全く同じである。東ティモール、アイルランド、カシミール、クルド人、チェチェンなどの少数民族の問題と類似するところもある。

沖縄の幸せはいかにすれば実現するのか、沖縄の将来像はどうあるべきなのか、今また歴史の大きな転換期を迎えたような気がする。

第七章　米軍ヘリ墜落事故と混乱

一、米軍ヘリの墜落、炎上

1、事故の概況

二〇〇四年八月十三日午後二時十五分ごろ、宜野湾市にある沖縄国際大学の構内に米軍大型ヘリが墜落し、炎上した。米軍人の乗組員三人のうち一人が重傷、二人が軽傷を負った。マスコミ報道によると、墜落直前、沖縄国際大学グラウンドの上空をバランスを崩したヘリが機首を降下させながら大学本館に斜め方向に衝突し、尾翼が落ち、機体は墜落した。そのとき、大きな炎とともに激しい黒煙が上がり、辺りはガソリンやゴムを焼いたような臭いが漂った。現場には、宜野湾消防署が救急車三台とポンプ車五台など計十一台、二七人を繰り出し、米軍の消防隊も加わって午後三時過ぎに消火した。消火活動後、事故現場の指揮・調査権は米軍が握り規制が行われた。大学職員・学生や一般市民の人身事故はなかったものの、市街地で起こった極めて危険なヘリ墜落事故であった。

一九五九年六月、石川市の宮森小学校に米軍ジェット機が墜落し死者十七名・負傷者一二一名を出したあの忌まわしい大惨事を彷彿させるものであった。沖縄県民が最も恐れ警戒し続けていた米軍基地が絡んだ事故であり、当時、世論を湧かせている普天間飛行場所属のヘリコプターが民間住宅地で起こした重大な事故であった。その詳細については、事故から一週間経っても米軍から明らかにされなかった。

事故現場となった沖縄国際大学は、普天間飛行場に隣接した宜野湾市の住宅街にある。米海兵隊普天間基地所属の大型輸送ヘリコプターCH53Dは大学正門に近い本館（一号館）の三階に接触し、墜落した。黒く焦げた建物の壁面には、ヘリの機体が擦過後に三、四本の大きな傷跡をくっきりと刻んだ。本館と正門前道路の間には植樹された小高い木々がある。ヘリの残骸は炎上しながらこれらの植え込みをも黒く焦がした。周辺の樹木は後に米軍によって一部は伐採された。

構内への立ち入りが米軍によって規制され、内部の状況が県警でさえ掌握できない日が何日も続いた。沖国大の事故模様が大学側の許可でマスコミに公開されたのは八月十七日であった。機体が持ち出された後に県警の立ち入り調査が許されるのは、約一週間後の十九日のことである。その間、事故現場に押し寄せた住民たちは、大学の道路向かいにある高台に観察可能な位置を発見し、そこから最小限の確認をしていた。沖縄県警は現場検証を要請したが、米軍は、日米地位協定などを楯にこれを拒否した。

事故当日、いち早く情報を得た県内マスコミは大事件としてとらえ、ラジオやテレビは臨時ニュースを流し、新聞は号外を発行するなど緊急の報道を行った。人々の耳に事故の重大さや米軍の横暴さが伝わるや、地元住民をはじめ、沖縄県民の怒りや反発は強まった。

県警は、八月十九日、米軍が残骸などを撤去した後、午後二時頃からやっと墜落現場の検証を始めることが可能になった。その日、県警は初めて事故現場の検証に入った。しかし、肝心な米軍ヘリそのものについては何の調査もできず、周辺調査に甘んじなければならない有様であった。県警の調査では、大学本館の焼けこげた壁や土壌汚染の有無を調べるための土砂の採取をしたほか、建物十七カ所、車両三三台（ミニバイク一台含む）、光ケーブル切断一か所、防風ネットの破損一か所などを確認した。住宅や車両の窓ガラス、商店の施設や売上、事故直後から恐怖や不安に震えるような園児たちが現れたという保育園の

事故機撤去後の米軍ヘリ墜落現場

実態などは、後の調査を待たねばならなかった。

事故現場一帯は、広域にわたってロープが張り巡らされていた。これが撤去されて立ち入り規制が解除されるのは、それから数日後のことであった。

2、事故直後の沖国大構内

私は、八月十三日、宜野湾市にある佐喜眞美術館を訪ねていた。折から、開催中の石川真生・本田孝義─両氏の写真展「沖縄ソウル」を鑑賞するためであった。基地問題や人間模様を撮り続けている写真家とドキュメンタリー映像を通して人間の姿を写し続けている映画監督が織りなす写真展だけに、それを見た後も興奮はやまなかった。ついでに今度、これまで何度か見てきた同美術館に常設展示されている画家の丸木位里・俊夫妻の「沖縄戦の図」をまたあらためて鑑賞し、作品の重みに圧倒された。こんな素晴らしい芸術作品を鑑賞し、往路帰路とも沖縄国際大学前を通過したが、その時の自家用車の中で、普天間基地やイラク戦争のことを頭に浮かべながら夫婦で基地問題を論じ合っていた。沖縄国際大学に米軍ヘリが墜落したのは、佐喜眞美術館を後にして同大学前を通過した約半時間後のことであった。帰路に就くのがもう少し遅かったら事故に遭遇していたかもしれないと後で考え、ぞっとした。しかし、帰宅後、私は再度外出したので事故が発生したことを知ったのは晩のテレビニュースを通してであった。

事故があった日の翌日、朝七時半に那覇から宜野湾市の沖縄国際大学へ向かった。どうしても事故現場を自分の目で確かめたい衝動に駆られていた。八時を過ぎた頃、大謝名経由で普天間飛行場第二ゲートがある佐真下公園を通過した。シェル給油所を過ぎて緩やかなカーブを曲がって長田交差点をめざす直進道路に差しかかった時、道路事情がどうも普通とは違うな、と感じた。事実、天下の大通りは黄色のロープが長く張られ、上下線とも通行止めになっていた。大きな道路なのに、左右の歩道も通れない。道路の延長線上を見渡したら、ざっと十名以上の沖縄の警官たちが要所要所に立っていた。給油所から沖縄国際大学まではわずか二〇〇メートルぐらいの距離だが、車でも歩いても行けない。こんな道路規制が昨日から始まっていたのだ。仕方がないから、警備に当たっている沖縄県警の誘導に従うことにした。長田に向かう車両や歩行者は右側の上り坂約五〇〇メートルを迂回しなければならない。途中にある市立宜野湾保育所前を通り、ぐるっと回るようにして坂道を上った後に下ると、沖縄国際大学の第一駐車場前に出る。道路は幅員が狭く恐ろしいほど混雑していた。そこを抜けて、やっと沖縄国際大学に辿り着いた。

沖縄国際大学構内の校舎配置は、最近三度も訪問する機会があったのでおよそを知っていた。駐車場から図書館と体育館に挟まれた通路を抜け、もう少し奥の七号館裏から左へ折れて本館へ回った。そこで、私の思惑に誤算があることを知った。裏から回れば、間違いなく本館に行けると思っていたが、そうはいかなかった。すでに、本館を包むようにして幾重にもロープが張り巡らされ、所々に沖縄県警の警察官が立っている。ああ、残念、と思った。そのとき、大学正門の辺りから威勢の良い集団の叫び声が聞こえてきた。「米軍は帰れ！」「軍事基地を撤去せよ！」などと叫んでいるではないか。二号館の横へ進んで行った。怒りをシュプレヒコールにして発し続けていたのは沖縄国際大学学生会と琉球大学学生会の学生たちであった。朝の早い時間だから人数は多くはない。「ご苦労さん」と声をかけたら、「自分の大学に自由に出入りができないなんて恐ろしいことですよ」と、学生の一人が応えた。

そのとき、瞬時に私の脳裏をかすめたのは、日本国民の基本的人権を守るのは一体誰であろうかということであった。飛行機やヘリが墜落したら命が危ない。沖国大は私有財産だ、大学教授や学生たちが大学構内本館に入れない。落下物の主は米軍だとしても、墜落した場所と被害を受けた建物や樹木の主は大学側だ。なぜ、米軍が指揮権のすべてを握り、本来県民の生命や財産を守るべき立場の県警はガードマンのレベルに権限を制限され、屈辱的な対応を迫られるのだ。県知事は南米へ出張中だというが、県首脳はもっと働きようがあるのではないのか。日頃弁舌を誇っている小泉首相は国民が死の瀬戸際に立ったとき、口を閉ざし、見捨てた態度を取っているのはなぜだ。次から次へと、疑問が湧いた。と同時に、何ら有効な手も打たず、ムザムザと時を過ごしていた日本政府の小泉政権及び稲嶺沖縄県政の政治姿勢と対応の弱さに怒りを覚えた。

3、事故現場の管理権は誰に

沖縄の現実を象徴している米軍基地の存在、これから派生して人々を悩まし、苦しめている基地公害や軍人・軍属らによる事件や事故は、もう沖縄では絶対に許してはならない。今回、私はぜひ事故現場をカメラにおさめ、これを自分なりの資料にしたいと考えた。

二号館の階段を昇った踊り場から、ヘリ機体や本館横に残った墜落時の擦過跡などを撮影しようとした。しかし、方角が合わずどうも無理だ。ならばと、一階に降り、思い切ってロープを越えて黒焦げの木の近くに歩み寄ろうとした。今度は警察官に止められた。腹も立つがしょうがない。ロープ沿いを正門玄関に出てみた。そのとき、さすがに若い連中は活力があると思った。大学の顔にも相当する大学の正門で、取り急ぎカメラにおさめた事故現場のスナップ展をやっているではないか。五〇枚ほどの写真の一つひとつに短い注釈が添えられていた。一番身近な存在の沖国大学生会だからリアルで貴重な写真が撮れたに違いないとも思ったが、彼らが事の重大さに真摯に向っている姿に心を打たれた。正門からロープを越えてぐっと近づかないと樹木に隠れた落下機体は撮影はできない。もう一度ロープを越えようとした。今度は大通りの中央にいた警察官が駆け寄ってきて来て、止められた。完全にギブアップの体である。いっそのこと、大通り沿いの歩道から本館西側の駐車場に回ろうかと思ったが、そこはさらに警備が堅く難しかった。

思案にふけっていたときである、米軍のポリス・カー二台とピックアップ一台が私の足下までやってきて止まった。一瞬びっくりしたが、どうということはなかった。ポリス・カーのドアには「MILITALY POLICE MCB BUTLER」と記されていた。ポリス・カーの運転手二人だけを残し、残りの者は車両から降り、通用門をくぐって構内で横一列に並んでいた県警の警察官らに近寄って行った。「門を開けろ」と要求しているようだった。注意深く聞いていると、「これから、ヘリ機体の回収作業に入る」という主旨の、通訳の言葉が漏れてきた。やがて、要求通り門扉は開けられ、ピックアップに乗ってきた米兵らが構内に入って行き、門扉は再び閉ざされた。その間、一人の米兵は、学生らが展示したスナップを念入りにチェックしていた。ポリス・カーは一台が残り、他の一台は方向転換し大学正門から去って行った。その後、私は駐車場に戻り、今朝通り抜けてきた道を、乗用車で道路の反対側に移動した。そして、大学構内が見下ろせる小高い丘を見つけ、ヘリ機体が見える位置まで徒歩で接近した。

後で分かったことであるが、事故当日、事故現場の消火活動は宜野湾消防署が指揮し、薬剤を使って消火したという。先遣隊がすでに放水していたが、爆発や延焼を避けるためこれを薬剤消火に切り替え、遅れてきた米軍消防隊にも呼びかけ、彼らはこれに従ったという。

米軍が、事故現場の管理権を握り現場検証の権限を主張したのは、宜野湾消防署を中心に展開された消火活動が終了し、鎮火が確認された後であった。本来ならば、ここから、宜野湾消防署や県警の調査が始まるところであるが、その権限は米軍に取りあげられた形だ。現実は、この時点で米軍が事故機周辺の立ち入りを規制し始めた。それは、事故当日の八月十三日の午後三時過ぎであった。

4、機体撤去と現場検証

沖縄国際大学の第一駐車場を去った後は、道路の反対側にある丘から大学構内の様子と落下機体を観察した。この丘は、後に、牧野副知事が視察で訪れた場所でもあるようだ。ここからは、二〇～三〇メートル先のヘリ墜落現場が眼下に見下ろせる。しかし、樹木や電柱・電線・金網などが視界を遮り、撮影はうまくいかない。それでも、被写体を捉えたい一心から必死であった。そこで、約二時間、事故現場の撮影を試みたり、米兵らがヘリ機体撤去作業について協議や段取りをしている状況などを観察した。

大学職員用駐車場に米軍約十名が自動車で乗り付けてきた。トラック二台はその広場に残り、トレーラー一台は大通りに出て、ヘリの墜落地点に一番近い位置に接近した。金網の塀を倒して歩道越しに、そこからヘリ尾翼などの残骸を積み込もうとしているようであった。すぐにでも、落下機体の回収作業が始まりそうだった。しかし、なかなか行動を開始しない。駐車場入口では、先程の米軍兵士たちが長い間、立ったままで何やら協議を続けていた。何人かは、ヘリ機体の周辺に行ったり来たりを繰り返してもいた。行動の意味については、皆目不明であった。こんなことがあって、とうとうしびれを切らし、その日は帰ることにした。事故の背後には、一般市民には分からない何かが起こっていたのである。米軍は、事故現場の管理権と現場検証の権限を内外に主張し、その手はずを整えていたのである。実際に事故現場において機体撤去が行われたのはもっと後のことであった。マスコミ情報から、その概略がつかめた。

米軍は十六日、沖縄国際大学の事故現場で墜落ヘリの残骸や樹木などの撤去を始めた。沖縄県警は、再三、現場検証の要求をしたにもかかわらず米軍からの回答はなく、「見ているだけ」であった。米軍による作業は、機体の周囲の樹木の伐採からはじまった。わずかに原形を留めていた尾翼、燃料タンク、残骸などを大型クレーン車を横付けして、二台のトラックに積み込んだ。

一台のトラックは、その日、県警の監視や報道陣のカメラが構える中、構外へ搬送された。午前八時過ぎに始まった片づけ作業は六時過ぎまで続いた。

翌十七日、米軍による機体の残骸の搬出作業は続いた。その日、台風十五号の接近で風雨が強く作業はたびたび中断したが午後一時頃に終了した。午後四時頃、数人の米兵が残骸の上に迷彩色のシートをかけた。それは台風対策と衆目を遮断することを兼ねていた、と思われる。機体撤去作業に際し、周囲のアカギやクロキが伐採された。現場一帯は消火剤などで汚染されているとして、土壌も入れ替えられるという。米軍から樹木伐採の説明はあったものの、「可能であれば移植を」と要望していた大学側への返答はなく、所有者の同意を得ないまま伐採は行われた。また、我如古公民館近くに落下した尾翼ローターも正午前、米軍トレーラーに積まれ撤去された。

十八日、台風十五号の影響で、作業は午後三時過ぎから始められた。米軍は、残る機体や燃えかすまで回収し搬送した。機体は、トラック三台に積まれて搬出された。県警は、作業が終了するまで現場を見守ったが、ただ単に見守るだけであった。県警は、航空危険行為処罰法違反などの容疑で操縦士ら関係者の書類送検を目指したが、この時点では不可能になった。実際に、操縦士からの事情聴取や機体の検証は、米側に委嘱する形になりそうであった。

米軍は、県警の現場検証の要求に対しこれを拒否し、台風接近などの気象条件以外は何らの障害もなく意のままに事故機体を搬出し、現場検証に必要な証拠物件を事故現場から取り去った。

5、責任は米軍と日本政府に

一九七七年、神奈川県の厚木基地で米軍ファントム機が横浜市の住宅街に墜落し、住民三人が死亡する惨事があった。そのとき、自衛隊がパイロットの米兵を救助し、そのまま飛び立った。大やけどをした被害者を助けることをせず、そのまま残して。そして、事故機のエンジンは、米軍が密かに国外へ持ち出した、という。

沖縄国際大学における米軍ヘリ墜落事故は、最後は上記の事故と同様に推移し無罪放免となるのではないか、と危惧する。なぜなら、米軍に対する捜査権や刑事裁判権、独立国家としての主権が確立していない日本の現実があり、と同時に、国民は日本政府のあまりにも情けない対米従属姿勢に何度も裏切られてきた体験があるからである。

宜野湾市の伊波洋一市長は、八月十八日に上京して内閣府を訪れ、事故に対する抗議を行い、米軍普天間飛行場の閉鎖・全面返還の実現を要請した。また、宜野湾市議会は、全議員三〇人が県内で米国総領事館などへ抗議行動を展開し、SACO合意の見直しや名護市辺野古沖移設計画の再考などを求めた。宜野湾市の行政責任者や議員たちは、直接、宜野湾市民と向かい合っている。それだけに、市民生活の中からの訴えを集約した要求内容は、現実的で合理性があり、多くの人々の共感を呼ぶものとなっていた。ヘリ墜落以後、沖縄県内の自治体・議会や民主団体などで同様の決議が行われている。その内容は、おおむね、米軍基地の存続を追及しその全面返還を要求するものである。二十一日には、普天間飛行場第二ゲートで、沖縄平和センターなどが主催した県民集会が開催され、約二二〇〇人が参加した。大会場から事故現場の大学までデモ行進も行われたが、大会宣言や参加者たちの怒りのシュプレヒコールは、ヘリ墜落に抗議し米軍基地の撤去を訴えるものが主であった。私も、同大会に参加し、怒りをぶちまけた。怒りの渦が広がりつつあることを、肌で感じた。

ところが現実は、沖縄県民の切実な要求は、米軍と日本政府の冷酷な対応によって葬り去られようとしていた。

沖縄国際大学でのヘリ墜落事故がまだ原因も究明されず、事故から約一週間しか経っていない時点で、米軍は事故を起こしたヘリ機の同型機CH53D大型ヘリを飛行させた。こともあろうに、県民大会が開催された翌日、県民感情を全く無視したような暴挙に出たのだ。当然、宜野湾市長や民主団体などが飛行再開に抗議し、すべての航空機の飛行停止を求めた。県民要求に押されて、稲嶺知事も同様の行動を展開した。それに対し、米軍は、最終的にはこれらの要請を拒否するに及んだ。

二〇日午後、米軍普天間飛行場のヘリ十九機が同飛行場を飛び立ち、その多くは、ホワイトビーチ沖合に停泊していた米海軍佐世保基地所属の強襲揚陸艦エセックスの甲板に着陸した。別機種二機は嘉手納基地に移動し、五機は整備にとどまり飛行しなかった。その時点ですでに一〇機以上がイラクへ飛び立っており、合わせて約四〇機がイラクへ向かったことになる。

6、ヘリ墜落解明なしで同型機飛行再開

時の焦点となっていた、沖縄国際大学に墜落した米海兵隊のCH53D大型輸送機の同型機六機は、二十二日、普天間飛行場からイラク派兵のための飛行を強行した。ヘリ墜落事故の問題は、依然として、真相が究明されないままで棚上げされた格好であった。それにもかかわらず、米軍は、墜落ヘリ同型機を飛行させるなど、イラク戦争の前線補給基地としての役割を担って活発な行動を再開し始めた。

外務省の沼田貞昭沖縄大使は、二十三日の牧野副知事との話し合いで、墜落したヘリの同型機の再飛行について「日米地位協定に違反するものではない」「反対の立場が受け入れられなかったのは残念だ」と発言した。外務省は日米地位協定に基づく「基地の自由使用」を容認し、従来と変わらない対応姿勢を繰り返しているだけであった。普天間基地そのものが日米地位協定に基づいて米軍に提供された施設であるからヘリの飛来やヘリ墜落事故などに絡んだ県民の要請などは些細なことに過ぎない、という説明に等しかった。

後の話であるが、沼田貞昭沖縄大使は一年十か月の任務を終えて離任することになった。同氏は、十二月一日、離任の記者会見に臨んで次のように述べた。「最後の機会なので、沖縄県民へのお願いとして述べたいことは、米軍に常に抗議するのではなく、双方向の対話を通してほしい」というものであった。ここで重要なことは、沖縄県民が抗議をしている対象、抗議の原因になっている沖縄基地の過重負担についての認識があまりにも弱い、ということであった。これとは対

称的に、米軍への姿勢は丁重であり思いやりが感じられる。「在日米軍の軍人は、日米安保条約のもとで日本やアジアの平和と安全を守る使命を持ち、自らの生命を危険にさらす覚悟をしている」と説明をした。沖縄大使は、橋本政権時代の一九九七年、米兵による少女への暴行事件の後に設置されたものだ。沖縄県内で、これまで、許せないような米軍人軍属による事件や事故・犯罪などが起こった。しかし、日米地位協定の見直しに対し目をつぶってきた。日本国内に日本政府の大使を置くというのも不思議な話であるが、沖縄県民が要求する沖縄問題の解決を図るというより、日米安保体制を堅持していくために沖縄県民を説得していくことが主たる任務である、と思われる。日本政府の対米従属姿勢のもとで働く政府官僚たちのあまりにも情けない姿である。米軍ヘリ墜落事故の責任・真相をただすには、米軍と日本政府の両方に目を向けなければならないことを示す事例でもあった。

市街地におけるヘリ墜落事故が県民に与えた影響は大きい。一九六八年、嘉手納飛行場で起こったB52墜落事故も恐ろしい大量殺戮機の爆発事故であったが、それは米軍基地の中で起こった。今回のヘリ墜落事故は、普天間飛行場の外の市街地で起こった。両者は、米軍基地の中と外で発生したが、その意味は重大である。沖縄は、基地が多いことから、「基地の島」とよくいわれる。「基地の中に沖縄がある」ともいわれる。これらの言葉は、沖縄県民が軍事基地と隣り合わせに生活し、常に戦争状態の中で暮らしていることを物語っている。

これまで、基地被害や公害、基地絡みの事故が発生するたびに、日常的に危険と隣り合わせの生活を強いられてきた沖縄の現状が問題視され、論じられてきた。そして、沖縄県民の生命や財産を危険から守るためには、強大な米軍基地の存在そのものが問われてきた。日本の国家としての主権が侵害され、国民としての基本的人権が脅かされているからである。宜野湾市の市街地にある沖縄国際大学のど真ん中にヘリコプターが墜落するなどというのは、戦争状態にあるイラクと何ら変わらない。いや、現実に、在沖米軍基地からイラクへの兵員や物資などをひんぱんに輸送している。だからこそ、返還合意に達している施設の返還を遅らせたり、名護市辺野古沖のように新規の基地が建設されようとしているのだ。

事故があった頃、稲嶺恵一沖縄県知事はボリビア入植五〇年記念行事のため南米に出張中であった。県政の留守役を務めていた牧野浩隆副知事は、事故直後、「普天間は市街地の中心にあって極めて危険であるということで、返還を進めてきた。今回の事故で、危険があらためて実証された。早期返還も検討していかざるを得ない」と述べた。辺野古沖への移設方針について「危険性を排除するという意味で、あらゆることを検討せざるを得ない」と述べた。墜落事故によって普天間基地の危険を放置してきた日米政府の対応があらためて問われているだけに、県民世論の動向を受けて当然の判断だと思った。

二、沖縄県民の生命・財産をどう守るのか

1、国と県への大きな疑問

稲嶺県知事が提唱している使用期限十五年という条件付きの辺野古代替施設案は米政府が否定的であり、実質破綻しているに等しい。牧野県副知事の発言は、名護市辺野古移設案の再検討もありうることを示唆したものだと思えた。県がＳＡＣＯ合意を見直すというならば、これは県民世論の反映であり大賛成である。しかし、そこでまた、大逆転が起こった。

南米の出張から帰任した稲嶺知事は、十八日、東京で記者会見し、ＳＡＣＯ最終合意に基づく政府方針の見直しや基地閉鎖を求めない、との考えを示した。危険な状態を一日も早く除去することが重要だとして、当面飛行停止や在沖米軍の兵力削減・分散、訓練の県外・国外への移転などを求めていく、という考えである。

稲嶺知事が沖縄に戻ったのは二〇日であり、沖縄国際大学のヘリ墜落現場を実際に視察したのは、事故発生から八日目の二十一日のことであった。沖縄に戻った日、稲嶺知事は、在沖米軍トップであるロバート・ブラックマン四軍調整官の訪問を受け、南米帰任後、同中将と初めての面談をした。そのとき、知事は、ヘリ事故に対し抗議を行い、ヘリ飛行再開に対し安全確認されるまでの全機種飛行停止などを訴えた。

ボリビアで語ったとされる「日米両政府に対し、普天間飛行場の早期返還を求めていきたい」

「ベストな選択に近いものを求め続けるという立場は変わらないが、代替案がないものを要求するわけにはいかない」との主張を、東京での会見でも繰り返した。沖縄に帰任後の記者会見の内容もほぼ同じであった。事件直後、激高する県民世論の前で牧野副知事が表明したＳＡＣＯ合意見直しのムードは、ここで完全にひっくり返った。全く色褪せた、危機感を伴わないトーンダウンした発言内容であった。

東京における稲嶺知事は、事故から約一週間も経っているというのに、夏期休暇中だとして面会に応ずることもコメントを発表することもしない小泉首相への対応があまりにも弱かった。ここで怒らず、一体いつどこで、沖縄県民の怒りや叫びを届けるのか、という印象を強くもった。沖縄県民にとって、生命と財産がかかっている緊急かつ重大な事態である。この時点で、県民の怒りが、沖縄県知事の直訴を経て小泉首相まで届かなかったのは何とも無念でならない。稲嶺知事は、内閣府の要人たちと会った。しかし、肝心の、頂点に立つ小泉首相とは会っていない。いや、会うことができなかった。小泉首相は、沖縄のヘリ墜落事故や米軍基地問題への対応については、「腫れ物に触ったら一大事」とでも考えていたのだろうか。米軍ヘリ墜落事故への対応は、あまりにも素っ気なく感じられた。

小泉首相の対米従属の政治姿勢と先見性を提示し得ない軟弱な沖縄県行政の実態を見せ付けられた思いであった。このような日本政府や沖縄県政のやり方で、本当に、沖縄県民を守れるのだろうか、大きな疑問を抱かざるを得なかった。

2、日米地位協定の改定は急務

米軍は、今回のヘリ墜落捜査に当たって、すべての権限を主張し、実際にその通り実行したが、根拠は、日米地位協定と刑特法によるものだとされた。刑特法では、日米安保体制を支え、日米地位協定を補強するために、日本側の権限を自己制御するよう規定している。

刑特法十三条は「合衆国軍隊の財産についての捜索、差押えまたは検証は、合衆国軍隊の権限ある者の同意を得て行う」と定めている。つまり、日本の財産（土地）の上に落ちたとしても、米軍の財産（ヘリコプター）を日本側が捜査するには、米軍の同意が必要だというのだ。

ヘリ墜落事故の直後、日本政府は外務省の海老原紳北米局長が米国のマハラック駐日臨時大使らに電話で遺憾の意を伝え、外務省は政務官を沖縄に派遣し小手先の対処に留まった。インド訪問中の川口順子外相は「まかり間違えば大惨事。原因の徹底究明、再発防止策を求めていく」とコメントしたに過ぎない。本来ならば、川口順子外相や石破茂防衛庁長官からラムズフェルド米国務長官などへ、ハイレベルの強い抗議を行うべき事故である。一方、十一日から夏休みに入っている首相は、ホテルで静養中であった。事故発生の十三日、東京・六本木で映画「ディープ・ブルー」を鑑賞し、六本木ヒルズを散策している。オリンピック金メダリストらに祝福の電話をかけたり、歌舞伎鑑賞などして私的な時間を過ごしたという。「夏休み中」を理由に、沖縄県知事や宜野湾市長との面会を拒んだ。小泉首相は、二十四日に稲嶺沖縄県知事の要請を受けて面談するまで、ヘリ墜落事故については一言もコメントしていない。

日米間に締結された条約に絡む紛争・事件・事故などが発生したとき、その解決のための第一当事者は首相であり、その側近の補佐役が外相や内閣府、防衛庁などのスタッフであろう。緊急事態にもかかわらず、日本政府最上層部の緩慢な行動や一部にひんしゅくをかうような行為に終始した態度はまったく容認できない。

小泉首相は、六月二十三日、沖縄戦没者追悼式に参列した際のあいさつで、次のように述べた。「日米安全保障体制の下、沖縄に全国の米軍施設・区域の約七五%が集中し、県民の皆様に様々な負担をかけている。沖縄の米軍施設・区域の整理・統合・縮小については、普天間飛行場の移設・返還を含め、沖縄に関するＳＡＣＯ最終報告の着実な実施に全力で取り組み、皆様の負担を軽減する努力をする」と。しかし、今度の普天間基地所属のヘリ墜落事故に対する小泉純一郎首相ら日本政府の対応の弱さは一体どういうことか。

日米安保というが、安保とは国民の安全を守るということ、ではないのか。国民の生命や財産はどのようにして守るのだろうか。米軍基地の七割以上も基地がある沖縄県民の生命や財産については他県とは別だ、とでも言うのか。いやそれとも、日本を守るために沖縄の犠牲はやむなしと判断しているのだろうか。

沖縄県にある米軍基地に絡む現実的な事件・事故の解決や防止のためには日米地位協定の改定がどうしても不可欠だといえる。その改定への要求は、日本政府が強力に推し進めない限り、実現しないことである。日本政府が対米従属の軟弱な政治姿勢を改め、対米交渉の中で、国民生活の底辺から練り上げられてきた要請を誠実に反映させることである。

3、首相・知事会談に幻滅

稲嶺恵一沖縄県知事は、八月二十五日の午後約十五分間の予定で、やっと、小泉純一郎首相との会談が実現した。沖縄国際大学でのヘリ墜落事故から、十二日目のことであった。

稲嶺知事は、首相官邸における会談の中で、事故原因の徹底究明と再発防止策が確認されるまで全機種の飛行停止や普天間飛行場の兵力削減、訓練の移転などによる危険除去を求めた。これに対し、小泉首相は「できるだけ早く関係省庁と相談しながら、あらゆる方策を検討する」と述べ、危険除去や早期返還に向けた具体策は示さなかった。政府は、日米合同委員会の下部組織・事故分科委員会を開き、事故原因の究明、再発防止を図っていく方針であることを示した。地位協定については、改定ではなく、事故後の現場検証や捜査に関して日本側捜査当局が関与できるような運用改善を米側に提議すべく検討中であることを明らかにした。延長して三〇分間に及んだ会談であったというが、沖縄県民が関心を寄せながら期待していた普天間基地問題への踏み込んだ形での対応などは示さず、幻滅を抱かせる内容に終わった。自民党の橋本龍太郎元首相は、二十七日、委員長を務める同党沖縄振興委員会で、沖縄国際大学での米軍ヘリ墜落事故について政府の対応についてふれ、「事故発生から今日まで、政府からぬくもりを感じさせてもらうことがなかったことを寂しく思う」と語り、批判したという。この会談の前に、稲嶺知事は、都内で在日米軍司令官とも会談し抗議・要請を行ったが、ワスコー司令官は飛行停止の要請に返答せず、事実上拒否したという。なお、二十六日に開催された日米合同委員会・事故分化委員会の第一回会合で、米側は事故原因について「後部ローターの小さな固定器具がはずれ、コントロールができなくなったため」と、これまで公表されていた内容を説明し、日本側からその原因が整備上の問題なのかどうかという質問が出されたが答えなかったという。今後、年末頃に第二回会合が開催されるという。いかにものんびり、沖縄県民の期待に沿わない内容と動きになっている。

また、米軍ヘリ事故後に沖縄の地元新聞社が行った全国知事アンケートで、今回の事故と政府や米軍の対応について、田中康夫長野県知事は「愛民心や愛郷心のかけらすらない首相を抱く日本なる社会の不幸をあらためて痛感した」と、語ったという。愛民心や愛郷心という言葉は、民主主義を意識して、きっと愛国心に対置した概念だと思われる。小泉首相は、かねがね愛国心を強調してきた。日本国民は、今日、日本を主権在民を掲げた民主国家として認識している。首相が描いている愛国心の対象は、国体護持というときの国家を意味しているのであろうか。国家を形成している単位としての国民の生命・人権・財産などを尊び愛し守るという概念こそ、真の愛国心ではなかろうかと考え、長野知事の考えに共鳴した。

稲嶺知事は、二十五日、川口順子外相、石破茂防衛庁長官とも会談した。その中で、川口外相は首相と同様の発言を一部繰り返し、石破長官は「被害者への補償を急ぐよう指示した」と、発言した。いずれも、沖縄県民の感激を呼ぶような発言ではなかった。

前日二十四日、沖縄県議会の代表団も上京し、要請決議を携えての行動を展開していた。防衛庁や防衛施設庁、外務省、駐日米大使館などを訪れ、航空機の安全管理と事故再発防止、兵士への綱紀粛正の徹底などを求めた。抗議に対し「遺憾に思う」、要請に対し「配慮したい」という回答がオウム返しに返ってきたようであるが、怒りというよりも、空しさが先に出てくる。

4、最初の構想はベストを描くことが重要

稲嶺知事は、二十九日、テレビ朝日の「サンデープロジェクト」で、司会の田原総一郎氏の質問に答える形で、在日米軍基地が集中する沖縄の現状を日本全体の問題としてとらえるよう訴え、事故原因が確定するまで普天間飛行場の全機種の飛行停止を求めていく姿勢を示した。日米地位協定については、その改定ではなく、運用改善を図っていくという従来の姿勢を繰り返した。しかし、稲嶺知事の訴えは、事件からかなりの日数が経っていたことと、これまで何年もの間、事故が起こっても何ら改善を行ってこなかった米軍や日本政府に対する切り込みが弱過ぎ、ブラウン管から見ていても迫力に欠け、東京発・生番組の全国放映としては物足りなさを感じた。その訴えからは、今日までの米軍基地や軍人・軍属らによる事件・事故などの抜本的な解決を模索し、その解決の最前線で頑張ろうとする気概は感じ取れなかった。ただ、現実的な対応姿勢として、再度浮上してきた普天間飛行場の嘉手納基地統合案を否定し、「地域住民は今でも大変な負担を負っている。さらにプラスアルファというのは、絶対に容認できる状態ではない」と訴えたのは、現職の沖縄県知事の発言として評価できた。その日、稲嶺知事はフジテレビ「報道2001」にも出演し、普天間飛行場やヘリ飛行などで意見を述べたという。

この期に及んで何とも残念なことは、沖縄県の稲嶺知事や県議会議員たちが普天間飛行場の辺

野古沖移設という基本方針の見直しになぜ踏み込めないのかということである。二十七日、自民党の久間章生幹事長代理は、普天間代替施設を辺野古沖に建設することについて「使用期限問題や軍民共用で規模が大きくなったことで環境問題が起き、難しくなっている。それを取り下げて原点に戻った方がいい」と、マスコミの取材に答えたという。その内容は、無論、稲嶺知事が県内移設の受け入れ条件として掲げている代替施設の十五年使用期限や軍民共用空港に否定的な考え方を示したものである。自民党沖縄県連の具志孝助幹事長も、久間氏の指摘に対し、「県連内にもある議論だ。軍民共用が本当に必要なのかという疑問はある」と述べたという。また、米軍ヘリ墜落に対する抗議で「SACO合意見直し」の文言を盛り込むかどうかで激論が交わされた名護市議会では賛否同数という状況が起こった。結果は、副議長採決によって、SACO合意を容認する内容の抗議決議にはなったものの、名護市辺野古に絡んだ様々な状況に照らし、市会議員たちの考え方が大きく揺れ動いている実態がある。

SACO最終報告が発表されてから、二〇〇四年十二月二日で八年目が過ぎた。この間、国際情勢や県内情勢は大きく変わっている。県知事や県議会の姿勢は、今や、沖縄県民の現状認識や基地・平和・経済などに対する考え方と乖離しているように見える。沖縄県民の声を反映していない。稲嶺知事や県会議員たちは、なぜ普天間飛行場の閉鎖・即時撤去を訴えないのか不思議でならない。

稲嶺知事は、沖縄県民の真に迫った要求に対して誠実に耳と心を傾けて受け止め、これを小泉首相に訴え、国政に反映させ、もっと実効性のある具体的な施策を引き出すべきである。稲嶺知事は、常々、「基地のない平和な沖縄が理想だが、行政の立場ではベストというものはない」とする「ベターな選択論」を主張してきた。しかし、沖縄基地の問題に関し、常にその時点時点におけるベストな選択を模索しない限り、結果はワーストに堕してしまう危険性がある。沖縄県行政の最高責任者が発する言葉としては不穏当だと思う。常にベストな県行政を願っている沖縄県民にとっては、知事発言が当事者のそれとしてではなく、責任逃れの評論風の響きをもつ言葉として聞こえる。SACO返還合意に至った十一施設のうち、現在までに返還されているのは、安波訓練場とキャンプ桑江北側の二施設のみである。合意された「七年以内の返還」は実現せず、普天間飛行場やその他の基地はどうなるのか。辺野古の海はどうなるのか。SACO最終合意の諸条件を再点検し、辺野古沖移設の方針を見直し、普天間飛行場問題を解決する方針の再構築を図るべきだ。辺野古沖移設や嘉手納飛行場への統合あるいは下地島パイロット訓練場への移設などは本末転倒だと思う。

5、普天間基地は閉鎖・無条件返還が妥当

今、普天間飛行場を閉鎖・無条件返還するには、情勢は絶好機を迎えている。沖縄国際大学におけるヘリ墜落事故の問題は、単に「危険の除去」の問題として矮小化して捉えるべきではない。普天間基地の閉鎖・無条件返還の観点で捉え直す必要がある。しかも、この課題が現実的に解決可能な情勢にある。たとえ、従来の日米安保体制を踏襲するとしても、在外米軍基地及び兵力の

配置が大きな転期を迎えつつあるからだ。沖縄の米軍基地の整理・縮小・撤去を考えるには、どうしてもこの好機を逃さず、最大限に生かしていくことが重要だと思われる。その絶好の機会とは、どういうことか。現実的な視点で捉えた好機の条件として三つが考えられる。

まず第一に、米国の国内情勢の変化がある。米国の世界戦略構想が大きく揺れ、今日までのようには行かなくなってきた。冷戦構造は終焉したが、その後も湾岸戦争、アフガン戦争、イラク戦争などによって、世界中の各地に戦争や紛争は絶えなかった。しかし、米英主導による軍事的な解決を目指した「紛争解決」は、今日の国際情勢の中では不可能になってきた。やはり国際紛争の解決手段は平和外交が基本である。その後ろ盾になるのが国連だといえる。

二〇〇一年の九・一一以後、米国では、ブッシュ大統領の「テロとの戦い」が高い支持を受けた時期があった。しかし、三年が経過した今日、情勢は変化した。米国社会の中にあっても、景気の低迷や失業者の増大、長期化するイラク戦争における後を絶たない米兵の戦死や膨大な国家予算の損耗など、深刻な問題が議論を呼んでいる。そして何よりも、イラク戦争の開戦理由になっていたフセイン元大統領に対する大量破壊兵器隠しの疑惑は検証されず、「戦争の大義」が崩れてしまったことである。ブッシュ政権の戦争政策に対する米国民の不支持は増大した。しかし、ブッシュ氏は米大統領に再選された。今後、ブッシュ大統領は、従来の一国主義の強行策は持続できないであろうし、どうしても、欧州や国連を意識した政局運営を迫られると思う。

第二に、米軍再編計画が具体的に動き出したことが上げられる。八月十六日、ブッシュ米大統領は、アジアと欧州に展開している米軍計二〇万人のうち約三分の一に当たる約六万―七万人を撤退させる方針を表明した。これと関連して、在日米軍約四万人の再編がどうなるかが注目されている。また、米政府が作成した沖縄の海兵隊再配置計画で、二〇〇八年までに、砲兵・歩兵両部隊など二六〇〇人を本土へ移転させることも明らかになっている。沖縄には、現在、約一万七〇〇〇人の海兵隊が配置されていて、そのうち数千人はイラクへ派遣されている。大枠で、これらの在沖米軍は削減の方向にあり、在沖米軍基地の見直しが現実に可能な状況になってきた。

第三に、日本側の国内事情として内的要因であるが、「行財政改革」の政治課題との関連があげられる。今、小泉内閣の大号令の下で多くの全国末端地域の市町村合併が検討されるなど、大改革が断行されようとしている。地方自治への財源委譲に伴う地方交付金や義務教育費の撤廃など、地方財政の見直しや生き残り策はシビアになっている。今年実施された参議院選挙の最大の争点も、イラクへの自衛隊派遣問題と並んで、年金問題であった。不景気や失業などで苦しい国民生活の中で、国民は、過度の税負担に対し敏感になってきた。年金問題への不満は、政府官僚や国会議員らの年金負担金未納発覚問題に端を発したものの、その内実は、国民から徴収される税金をめぐっての議論を呼び、今後の日本の国や地方自治体の財政問題を考えるきっかけにもなった。そこで、当然、在日米軍基地に対する、日本政府の「思いやり予算」に着目する必要がある。在日米軍基地の維持が、日本国民の税金によって支えられている。これは、どうもおかしい。

あとは、このような状況を踏まえ、日本の憲法や自衛隊、日米地位協定を視野に入れながら、沖縄の過酷な状況と切実な要請に対しいかに良識ある回答をしていくかである。日本政府と沖縄県政がどう動くかに重大な責務がかかってきている。

三、本土メディアによる沖縄報道の弱さと「人災」

1、事故の「ニュースバリュー」

沖縄国際大学のヘリ墜落事故が起こったとき、沖縄県内メディアは、これを最大のニュースとして取り扱った。しかし、本土他県や諸外国ではそうではなかった。その原因は、三つほど考えられる。

一つ目は、オリンピック開催期間の事故であったことによる。五輪発祥の地でのオリンピック・アテネ大会は、八月十三日（日本時間十四日未明）に開幕し、二十九日に閉幕した。金メダルはこれまで最多だった一九六四年東京五輪のときと並ぶ十六個、メダル総数で史上最多の三七個を獲得し、日本スポーツ史に残る躍進ぶりだとして、日本国中が陶酔したような雰囲気に浸り、連日深夜に及んで報道された。国民期待の種目や選手が多く、四年後はアジアの隣国中国での開催だという話題なども重なり、国民の関心事であった。開会式が行われていた時間帯は、沖縄でのヘリ墜落事故から十時間少々経過した頃であり、沖縄国際大学には落下機体が散乱し、辺りは黒い煙幕に包まれていた頃である。その日から沖縄県内は騒然となる。米軍ヘリ墜落に関して、難問は先送りした形での小康状態を迎えていた頃、沖縄県知事が上京して民放二社のテレビに出演し、あらためて沖縄の米軍基地やヘリ事故の話題が全国民に訴えられた。その日、オリンピックは開幕から十七日目で、閉会式の日であった。オリンピック開催期間は、沖縄のヘリ墜落事故とほぼ重なっていたのだ。従って、残念であったのは、全国ネットを有するメディアによる報道があまりにもオリンピック報道に偏り、「沖縄」が軽く扱われていたことだ。沖縄の米軍基地で発生した事故のニュースバリューは、全国レベルではこの程度のものか、と怒りをおぼえた。

二つ目は、イラク報道の影に隠れていたことによる。イラク駐留米軍は、八月十二日（日本時間十三日）イラク中部ナジャフでイスラム教シーア派の対米強行指導者サドル師の民兵組織「マハディ軍」掃討のための大規模な作戦を開始した。その日が、沖縄でヘリ墜落事故があった日である。十一日から始まった戦闘では、イラク全土で一七二人が死亡し、六四三人が負傷したと伝えられた。八月五日に始まった戦闘は重要な局面を迎えていた。二十六日、シーア派の最高権威シスタニ氏を仲介に、サドル師は、米軍との停戦に合意した。暫定政府が樹立されてから三か月が経過したが、イラクの治安は回復されていなかった。このイラクを目指して、これまで沖縄の米軍基地からヘリや戦闘機が飛んでいた。イラクの戦況は、直通で沖縄に影響をもたらすだけに、沖縄県民にとってはこれまた最大の関心事である。しかし、沖縄のヘリ事故は、イラクの戦局に比べ、些細な出来事なのであろうか、県外メディアはあまりにも軽視していた。少し腰を入れて報道するようになったのは、事故発生からある程度日時が経過してからである。沖縄のヘリ墜落事故の重大さは、本土メディアの初動体制の弱さから県外への報道は遅れ、初めのうちはイラク戦争とブッシュ再選をめぐる米大統領選挙の話題に埋もれていた。

三つ目は、沖縄にある米軍基地に関して、本土の人々は、日本政府も国民も、もう以前ほど関心を抱かなくなったということである。一九九五年の沖縄駐留米兵による暴行事件後、政府は沖縄の米軍基地縮小に取り組み、改善の方向に向かった。しかし、二〇〇〇年の沖縄での主要国首脳会議（サミット）後、政府の「沖縄熱」は一気に冷めていった。沖縄問題は、もう大枠で終わったんだという認識に立っているのではなかろうか。

メディアは、戦場さながらの沖縄の現状を見逃すようなことがあってはならない。常に、マクロ的な視点から、日米同盟体制下の沖縄を追い続ける努力が要求される。

2、沖縄と本土の温度差

本来、国防や国土・領土に絡む問題は政府の課題である。地方自治レベルでは、どうしようもない。沖縄は、日本の国土面積の〇・六%にしか過ぎない。しかし、日本国内にある米軍施設の七五%は沖縄に集中している。日本政府、日本国民は、沖縄の米軍施設についてどう見ているのだろうか。米軍基地の危険な実態に、沖縄県民は復帰前もその後も悩まされ続けてきた。そして、今後も悩まされ続けていくのか、今、問われている。

沖縄県知事は、とりわけ、米軍基地への対応で悩むことが多い。稲嶺沖縄県知事は、先日、政府への要請やテレビ出演で沖縄の基地問題を訴えたが、関連づけて「沖縄の基地問題を、国民全体の悩みとして分かち合うことはできないか」と提言した。この問い掛けに、どれぐらいの人々がまじめに耳を傾けることができるであろうか。

沖縄は、去る大戦では日本本土防衛のための「捨て石」として利用され、戦後は米ソ冷戦構造の中で米戦略上「東洋の要石」として重視された。そして、復帰後は、日本国民となった沖縄県民の土地を米軍基地として永久使用するための土地強制使用法を立法化して基地の固定化を図り、現在は日米安保体制下で「テロとの戦い」を標榜するブッシュ米政権と軍事同盟を強化しつつ、沖縄基地は機能強化が行われている。沖縄県民の意識の中には、今日まで一度たりとも沖縄が日本国家の中で並みの一県としての扱いを受けてこなかったことに対し、言葉に言い尽くせない不満や恨みが鬱積している。日米地位協定の運用においてすら、沖縄は、本土における事故とは差別処遇がなされている。ヘリ墜落事故で米軍が拒否した沖縄県警との合同検証に関連して、一九六八年福岡市の九州大学や一九七七年横浜市での米軍偵察機の墜落事故の際には、日米の合同検証が認められたという。

沖縄はごくごく最近まで最貧県であり続けてきたし、沖縄県民の人権は決して並みの日本国民として扱われてはこなかった。だから、復帰前、沖縄県民の念願の発露として「人権が尊重され、平和が守られる平和憲法のもとへの祖国復帰」が求められた。祖国復帰運動については様々な見方や評価の仕方があるが、少なくとも米施政権下から脱し、日本国憲法のもとで日本国民としての生存や教育を受けられるよう強く望んだ。しかし、復帰後も沖縄の苦しい状況は続いた。そして、その根元が、どうやら広大な米軍基地の存在に起因しているという認識が共通のものになってきた。だから、沖縄県民の米軍基地に対する姿勢は決して表層的なものではなく、沖縄の歴史と生活の中で培われた心の叫びだと思う。軍事基地建設で利益を手中に収める利権屋や群がる人々がいたとしても、それは時の経緯の中で発想そのものが淘汰されるに違いない。「死の商人」

と言われる人々は、歴史上の古今東西、今日でも世界中のあちこちにいる。しかし、沖縄県民の生命や財産を今や金銭勘定で計る時代ではない。日本国民共通の同じレベルの目線で、沖縄を見つめ、沖縄を考え、その自立と自律を求める姿勢に共鳴が得られるならば沖縄県民の本望とするところである。

沖縄の米軍基地を考える上で、参考までに、前述の全国知事アンケートの結果を引用させてもらう。全国の知事は、約半数が「日米安保の負担を沖縄が過剰に背負っている」と認識しているようだ（回答のあった都道府県四六のうち二四）。米軍基地の再編の一環として「沖縄の米軍兵力の一部を日本本土への移転も検討されている」が、仮に「政府から自分の都道府県への受け入れを打診された」場合、「受け入れに応ずる」と答えた知事は一人もいなかった。自分の自治体のことを考えるだけで精一杯であり、余所のことを考える余裕などはないのかもしれない。このような考え方が、日本国民の平均的な考え方かもしれない。このことは、とがめられない。しかし、ある県知事が、「別の意味で厳しい経済環境にある自治体から見て、その負担の分、様々な優遇を受けられていることをうらやましく感じる思いがないとはいえない」と、発言したという。

身売りされた者や売春婦、マフィアなどの収入が他人より多く懐に入るようなことがあっても、これを羨む心はさもしい。こんな収入は見かけは多いように見えても、中間で抜き取られ実際に手にするときはわずかなものである。それよりも、こんな奇怪な状況の存在にこそ目を注ぐべきであり、組織や仕組みの排除に意を払わなければならない。このような発想の差異が沖縄と本土一般の人々との間にあるとすれば、この温度差はあまりにも大きく除去しなければならない。

3、沖縄県民の怒り

沖縄国際大学における米海兵隊の墜落事故について、立場が変われば、こうも恐ろしい見方や考え方があるものかと驚いた。在日米軍司令官トーマス・ワスコー中将は、八月二十六日、都内の日本記者クラブの講演で「乗務員は飛行不能になった機体を、精いっぱい人のいないところに（操縦して）行き、被害を最小限に食い止めた。素晴らしい功績があった」と述べ、操縦士を賞賛したという。この司令官の言葉を聞いて怒らない沖縄県民は、まずいないであろう。また、米大使館では「大学ビルをちょっと傷つけた、中の人を避難させた」という発言があったという。

これまで、十三日の事故当時の状況については、「①操縦士、副操縦士、専任飛行要員の三人が搭乗、墜落一分前の同午後二時十七分に管制塔に発信し、一分後に緊急着陸した②事故機は訓練飛行中で、積荷はなく、劣化ウラン弾や武器の搭載はなかった③事故原因については、事故機に特有のもので、部品が欠けていた」などが伝えられている。しかし、沖縄県警の捜査・検証が許されず、米軍側が一方的に行った発表を「真実で信頼できる調査報告」とは信じ難い。

八月二十三日、在沖米海兵隊のジェームス・フロック司令官は、ヘリ墜落事故調査のために沖縄に訪れていた社民党の福島瑞穂党首との面談で、「専門官が墜落の瞬間を見て、事故機からは い出した乗務員を救助した」と述べたという。また、事故当日、消火活動のために出動した宜野湾市消防隊員らも、到着前にすでに十数人の米兵等が現場にいたことを確認している。米軍は、事故機が墜落する前に、墜落を予測できる通信を操縦士らから受信し、知っていた。にもかかわらず、この緊急かつ重大なニュースを沖縄国際大学にも宜野湾消防署や市役所にも通報していない。事故直後、米海兵隊員一〇〇人以上が即座に対応し、高さ約二・四メートルと約四・六メートルの二重のフェンスをよじ登って普天間基地から沖縄国際大学側の事故現場に向かったことが、八月二十八日発行の米軍の準機関紙「星条旗」で報じられたという。

宜野湾市消防隊がヘリ墜落の第一報を受けたのは、通行人からの通報であった。それでいて、宜野湾市消防隊の先遣隊が午後二時二十七分に着くと、その時点で米軍はすでに事故機の管理主導権を握り、救急車の到着とともにけが人を渡したという。そして、実際の事故に伴う消火活動は宜野湾市消防隊が先陣を切って行い、皮肉にも、米軍消防隊は数分も遅れて現場に到着した。あまりにも沖縄県民を馬鹿にした話の連続である。復帰以前は、このようなことが日常茶飯事のように起こっていた。しかし、今や、信託統治下でも植民地でもない。日本国民として主権を回復したはずの沖縄県民である。米軍も、日本政府も、本土の人々も考えてもらわねばならない。

米軍ヘリ落下事故があった八月十三日は、在日米軍が、金武町キャンプ・ハンセン内「レンジ4」での都市型戦闘訓練施設の建設計画が準備段階から建設段階に移ったことを初めて明らかにした日でもあった。その日の午前、計画の概要が明らかになった。同施設は、「テロとの戦い」を想定し、戦闘に対処するための射撃用建物や扉・鍵を破壊し強行突入する突破訓練施設、五十メートルの屋外射撃場、ロープによる昇降下訓練を行う高さ十メートルの訓練棟などが建設される計画だという。現地では、伊芸区住民の反対運動が九月二日で一〇〇日目を迎えた。

次いで今度は、那覇防衛施設局が九月三日辺野古地区住民に説明会を開いた後、六日にも辺野古沖のボーリング調査を開始しようとした。沖縄国際大学でのヘリ落下事故の後、SACO最終合意見直しや普天間飛行場の閉鎖・撤去が強く叫ばれている状況があるにもかかわらず、どうして代替施設の建設を急ぐのだろうか。沖縄の現状は、戦時下にあるイラク情勢と大差はない。「こんな沖縄に誰がした」――この心の叫びを日本全国民に訴えたい気持ちである。

4、「届かぬ声」に苛立つ大学・宜野湾市

沖縄国際大学は、事故直後、渡久地朝明学長名で次のような抗議声明を発表した。

「米軍は事故直後から墜落現場を一方的に封鎖し、本学関係者の要請する緊急かつ必要最小限度の立ち入りはもとより、沖縄県警の現場検証さえ拒否するなど、国家主権が侵害されている異常な事態が続いています。われわれはこれまでも何回か地域の住民と連携し、普天間基地に飛来する航空機の市街地上空の飛行停止を要請してきました。しかしながら我々の要請を無視し、今般このような惨事が起こったことは誠に遺憾であります。今日に至るまで米軍及び日本政府関係者から本学に何らの謝罪もないことに、限りない憤りを覚えます」

基地を抱える宜野湾市の住宅密集地の中の沖縄国際大学である。米軍の軍事優先的な横暴さもさることながら、日本政府の基地周辺住民に対する思いやりの無さや要請無視の態度に怒りの声を発している。渡久地学長は、八月三〇日、マスコミのインタビューに答えて、「大学の自治が侵害された」「大学としては即時飛行停止と返還が基本」「沖縄を代表する私大としてこれまで以

上に沖国大の魅力をアピールする」「一日も早く教育機能を回復させるのが私の使命。沖国大には、自治法や国際法などのあらゆる専門家がいる。大学当局とは別に、各教員が長期的な研究で基地撤去に貢献できると思う」などと語った。また、沖縄県内八大学の学長らが、大学の自治への侵害を重視し、異例の抗議の共同声明を発表した。

在沖米海兵隊基地のジェームス・フロック司令官は、八月十六日午前、伊波洋一宜野湾市長を訪ね、ヘリ墜落事故について形式的な謝罪をした。しかし、同氏は、その後その場で、事故機については調査中であるとした上で、「他のヘリは、安全調査を行い、きょうの午前十一時をもって再開したい」と表明したのである。事故発生から三日目のことであった。こんなに沖縄県民を馬鹿にした屈辱的な話があるだろうか。伊波宜野湾市長が、米軍ヘリ機墜落と事故同型ヘリ六機の飛行再開に即応して抗議したのは当然のことであった。そのとき、伊波市長が司令官に求めたことは、「普天間基地の閉鎖と全面返還、米軍機の住宅地上空での飛行停止とヘリ基地としての運用の即時中止、沖国大の運営と周辺地域の生活機能の早期回復」などであった。その日の午後、同市長は、那覇防衛施設局や在沖米軍総領事館を訪れて抗議し、県に対しては早期返還に向けた協力を要請した。

伊波宜野湾市長は、八月二十三日に北中城村瑞慶覧の米海兵隊を訪れ、外交政策部のハーマン・クラーディ部長に抗議し、同時に「普天間飛行場の飛行全面停止、飛び立ったヘリは二度と普天間に戻さない、ヘリ基地としての運用中止」などを要求した。その前日、東京では在日米軍指令官ワスコー中将の発言から、「同型機六機をイラクへ派遣せよ」との命令がラムズフェルド長官から出ていたことが分かっていた。それを受けて、同型機を強襲揚陸艦エセックスから同艦に着艦させるようにとの命令があり飛行を決定した、という経緯が明らかになった。また、同司令官は沖国大の渡久地学長を訪ねて謝罪をしたというが、学長の「一切訓練しないでほしい」との要請に対し、無言のまま立ち去ったという。

八月十七日、宜野湾市議会は、臨時議会を開き、SACO合意の見直しと普天間飛行場の名護市辺野古沖移設計画の再考を求める抗議決議と意見書を全会一致で可決、承認した。また、沖縄県議会は、臨時本会議を開き、与野党の意見が一致を見ず多数決により、飛行訓練の県外分散移転などを盛り込んだ稲嶺県政の方針に沿った案が採決された。この後、県内自治体では、米軍ヘリ機墜落に対する抗議決議が相次いだ。九月五日までに、二十三市町村議会で「普天間の閉鎖」「辺野古沖移設の再考」「移設前返還」など、SACO合意より踏み込んだ決議をしている。宜野湾市など十五議会は合意見直しを強く求めている。しかし、このような要求が現実味をもって効果を発揮しているかと言えば、必ずしもそうではない。

5、放射能など環境汚染への不安

沖縄国際大学での米軍ヘリ墜落事故は、美浜原発事故の四日後に発生した。二つの事故を結びつける共通の視点は、「放射能漏れ」はなかったか、「人災」ではなかったか、ということを意識させられた点である。

関西電力の美浜原発（福井県美浜町）で、八月九日、事故が起こった。タービン建屋二階の二次冷却系配管が破裂して高温の蒸気が噴出した。定期検査の準備作業をしていた会社の社員十一人が蒸気や熱水でやけどを負い、五人が死亡、六人が重傷を負うという事故であった。何ともやりきれない、不幸な出来事であった。

事故原因となった二次系配管は二十八年間一度も検査されていなかった。水流によって肉厚が薄くなる「減肉」が進んで配管が破裂したとみられている。肝心なことは、一九九六年まで、配管検査を請け負っていたプラントメーカーが、他の原発で、計量を計る「オリフィス」の取り付け部分で減肉の進行具合が早くなることに気付き、注意を促していたという。それにも関わらず、関西電力は十分な対応をしてこなかった。徹底した事故原因の究明と責任を明確にし、被害者・遺族に謝罪と補償を適正に行い、再びこのような人災が起こらないようにしたいものである。

この事故が起こったとき、まず最初に私の脳裏をよぎったのは、放射能漏れはなかったか、という疑いであった。しかし、九月現在、それは検証されてない。関西電力のプルサーマル計画や一九九五年のナトリウム漏れ事故以来停止中の高速炉「もんじゅ」の運転再開問題とも関連してきそうである。関西電力は、プルサーマルを前提とした海外の燃料加工会社とウラン・プルトニウムなどの契約を結ぶ予定だったという。国内最多の十五基の原発がある福井県でもし核燃料サイクルの放射能漏れが起こったとしたら救い難い一大事であった。放射能が人類に及ぼす恐怖は、目に見える範囲や短い期間での問題ではない。一地域の事故が世界的な規模で何年もの間、子々孫々へと負の因子を伝えていく。

放射能や科学薬品による環境汚染への懸念から、沖国大と米海兵隊環境保全課、県文化環境部、民間会社の四社で合同調査を行うことになった。その調査を行うための事前会議が、九月二日、沖縄国際大学でもたれた。その会議の場で米軍は、米軍ヘリ墜落事故による環境汚染についての沖縄国際大学側の追及に、放射性物質の存在があったことを認めた。翌日、在日米国大使館が、その放射性物質はストロンチウム九〇だと発表した。同物質を含むのは回転翼安全装置六個と氷結探知機一個であり、そのうち安全装置一個が回収できてない、という。

事故発生から二日後の八月十五日、「黄色い防護服に防毒マスク」姿の米兵二人が墜落機の捜査に入ったことは確認されていた。米軍の規定では、この姿は、放射性物質などに対処する最悪の事態を想定したものとなっている。強かった「放射能疑惑」が現実味を帯びていた。放射能漏れや規定量を超えた流出があれば、住民の健康が危惧される。琉球大学の矢ヶ崎克馬教授（物理学）は、この物質の微粒子を吸い込めば内部被ばくの恐れがあり、体内に入れば発ガンの危険性も高い、と指摘した。米軍は、自らの責任で、地域、大学、施設訪問者らに対し、徹底した健康診断や治療などの対策を講ずる責務がある。

八月十三日のヘリ墜落から十八日頃まで、黒煙が残って悪臭が漂い、現場に駆けつけた人々は鼻を塞いでいる者もいた。化学物質敏感症のようにすぐに出てこない被害の訴えも、今後予想される。また、ＰＴＳＤ（心的外傷後ストレス障害）のような見えない被害も出始めている。美浜原発事故も沖縄国際大学でのヘリ墜落事故も、その危険性が警告され続けてきたにも関わらず、事故を引き起こした責任当事者たちが十分な対応をしてこなかたことを踏まえるならば、二つの事故は「人災」であったと言えるのではなかろうか。

6、宜野湾市長の普天間基地返還への決意

伊波宜野湾市長は、普天間基地返還のための具体的で、主体的な行動を展開した。「普天間飛行場返還プログラム」の行動計画に基づいて、同市長は、七月十一日から二十一日間に及ぶ訪米を決意し、普天間飛行場の早期返還や航空機騒音の軽減などを訴えることにした。米国防省、米国務省、連邦議会関係、海外基地見直し委員会、太平洋軍総司令部、シンクタンク、平和団体などを回り、要請した。具体的な要請の内容は、現在進められている米軍の世界的な再編計画の中で、二〇〇八年までに普天間飛行場の閉鎖・全面返還の道筋がつくれるように、というものであった。普天間飛行場の航空機騒音が最も激しいとされる上大謝名自治会長らと共に五名で組織した要請団による直訴行動であった。財政的にも苦しい沖縄の小さな自治体の市長の取り組みは、米軍基地関係者や要人らに単刀直入に沖縄問題を提議し、考えさせ、地味ながら特殊な効果があったようだ。沖縄の地元新聞は、その間の取材情報を詳細に伝えていた。

なお、二〇〇三年四月就任後、伊波洋一宜野湾市長は「普天間」の早期返還を日米両政府に訴えるため、過去七年分の騒音記録を月ごとにデータ化し、二〇〇四年二月には、普天間所属機の飛行ルートなどを把握するため、市内外の一二三人で「基地監視ボランティア」を発足させた。上大謝名区の例では、二〇〇三年度の騒音の発生回数は三万八八五八回で一日平均一〇六回にの

ぼるほど飛行訓練は多かった。上大謝名区の津波古良一自治会長は、市長に同行し訪米行動にも加わったが、「沖縄は、いつまで日米両政府に虐げられるのか」と語っている。

伊波宜野湾市長は、これまでも、「現在進められている辺野古沖への代替施設計画では順調に進んでも十六年後の返還になる」「県民世論調査で約六〇％が県内移設を希望していない」「県内移設では県民の負担軽減にはならない」「戦後六〇年にわたり沖縄は国土面積の〇・六％に在日米軍施設の七五％が存在し負担を強いられてきた」などと普天間飛行場の閉鎖・全面返還に向けて並々ならぬ決意を込めて訴え続けてきた。やはり訪米直訴では、日夜、基地公害を肌身に感じながら米軍基地の隣で暮らしている人々の訴えを、直接に、印象づけるように届けることができる。それだけに、沖縄から遠隔の地である米本国の要人たちは、宜野湾市長らからの普天間基地関連の実態報告には惹きつけられるものがあったに違いない。

奇しくも、米軍ヘリが沖縄国際大学に墜落した八月十三日は、午後二時頃から、宜野湾市では基地対策協議会が開催されていた。伊波洋一宜野湾市長らは米国から普天間飛行場返還の要請を終えて戻り、市民にその報告をし、早期返還の方策が検討されようとしていた。まさにその時、米軍ヘリ墜落事故は起こった。この時から、伊波市長の苦悩は一層深まり、行動は、さらに精力的に多面的に、展開されていった。

伊波宜野湾市長は、いち早く、事故の実態掌握に努め、事故後の問題解決のための取り組みを開始した。「謝罪」に訪れた米海兵隊基地司令官に抗議し、那覇防衛施設局や在沖総領事館などにも抗議し、県への早期返還に向けた協力要請も怠らなかった。この後、おびただしい頻度で、日本政府や日米政府の関連機関および沖縄県知事らに普天間基地の代替施設を伴わない早期の返還を訴えている。無論、基地返還後の跡地利用なども展望しながら将来への諸準備も進めている。戦前から戦後の今日に至るまで、沖縄の戦争にまつわる幾多の問題は今や基地問題に内包された形で問題点をさらけ出してきている感じがする。普天間基地の早期返還、辺野古沖への代替施設建設を即時中止するよう願ってやまない。再度、伊波宜野湾市長が米軍ヘリ墜落事故の直後に抗議集会の場で述べた言葉を記し、この稿を閉じたい。

「事故を経験した市民は、ヘリを恐怖なしに見ることはできない。二度と頭上をヘリが飛び交うことがあってはならぬ」

第八章　米軍ヘリ墜落事故への怒り

一、三万人が結集した抗議集会

1、沖縄県民の怒り――ヘリ墜落事故糾弾へ

沖縄国際大学への米軍ヘリ墜落事故に抗議する宜野湾市民大会が、二〇〇四年九月十二日午後二時十五分から、同大学のグラウンドで開催された。当初、九月五日に予定されていたが、風速四六・六メートルの台風十八号が本島北部を通過し、その余波のため延期になっていた。復帰前、「四・二八」県民集会が那覇市与儀公園で催されたが、不思議なことによく雨に見舞われた。そのとき、復帰協会長の喜屋武真栄氏が、沖縄県民の切なる祖国復帰の要請に対し「天も心して涙を流している」と発言し聴衆の喝采を浴びたことがあった。今流に言うと、沖縄米軍基地の実態や約束もありながら返還されない米軍基地に対し、「天は見守るばかりでは済まされず、心から

怒っている」ということになるのだろうか。司会が「事故当日は、この時間に、あの忌まわしい事故が起こりました」と声を発すると、約二〇〇羽の『平和の鳩』が放たれ、鳴り響くサイレンの音とともに開会が宣言された。会場には約三万人の市民や県民が集った。市民大会は、伊波洋一宜野湾市長を実行委員長に地元代表たちによって組織され、また意見発表も彼らを中心にして行われた。八月十三日のヘリ墜落事故以来、遅々として進展しない事故原因の真相解明・普天間基地返還、辺野古沖への代替施設などに怒りを募らせてきた人々が県内各地から結集した。集会規模としては、一九九五年に宜野湾市海浜公園で開催された「米兵による少女暴行事件に対する抗議県民大会」の八万五〇〇〇人以来のものであった。

米軍ヘリ墜落事故に抗議する宜野湾市民集会
(2004年9月12日、沖縄国際大学)

私は、正午過ぎに那覇を発ち、開会一時間前に会場に到着した。その頃、会場となった沖縄国際大学のグラウンドは、宜野湾市民をはじめ、県内各地からやってきた一般住民や職場単位のグループ、自治会や学生・児童生徒などでごった返していた。中央演壇と向き合う反対側のスタンドや体育館の軒下まで老若男女の姿で溢れていた。広場のあちこちに、基地返還やヘリ事故への抗議・

要求が書き込まれた幟やプラカード、大きな風船などが上がり鮮やかな光景を演出していた。また前日は第四九回全島エイサーまつりが沖縄市コザ運動公園で催されたが、これに出場した幾組かの若者たちがエイサー衣装で幟を掲げ行進してくる姿も見られた。会場入口となった体育館前の約百メートルの通路は、沖国大学生会や辺野古代替施設建設反対・金武町伊芸区都市型訓練施設建設反対の活動家などが忙しく動いていた。混雑の中で、署名やビラ配布、カンパの呼びかけなど人々の活発な動きが幾重にも展開され、錯綜していた。

大会は、名実ともに、市民大会の様相を呈していた。最も被害を受けた同大学や市内全自治会、保育園長会など七十一団体のほか、県内各地から多くの参加者が集まり、事故を厳しく糾弾した。最初にあいさつに立ったのは伊波洋一宜野湾市長、ついで、伊佐敏男宜野湾市議会議長、渡久地朝明沖縄国際大学学長ら大会実行委員会の代表者たちであった。さらに、沖縄国際大学商経学部長、宜野湾区自治会長、真志喜小六年生、嘉数中三年生、中部商業二年生、沖国大三年生、宜野湾ＰＴＡ連合会会長、宜野湾市自治会長会会長、宜野湾市婦人連合会会長、宜野湾市老人クラブ連合会会長、、宜野湾市青年会連合会などの組織代表たちであった。それぞれに、宜野湾市の各階層を網羅する形で怒りや抗議の表明を行った。さすが地元宜野湾市民だと思えたのは、誰もが、軍事基地の存在が市民生活を日常的に脅かしているんだという具体的な事例を挙げながら告発をしている点であった。八・一三という現実の事故に遭遇し、日頃懸念していたことに恐怖をもって向かいあい、曖昧さを払拭する形でこれを排除していくべきだと主張していた。

2、市民の叫び——普天間基地の早期返還要求

大会では、普天間飛行場の早期返還や名護市辺野古沖への移設の再考、被害者への完全補償などを日米政府に求める市民決議を採択し、危険からの解放を強く訴えた。

主催者のあいさつで、実行委員長の伊波洋一宜野湾市長は「墜落事故の責任は、普天間返還を遅らせてきた日米両政府にある」と糾弾した。「もう二度と、私たちの住宅地上空を米軍ヘリの訓練場にしてはいけない」と呼びかけ、市民の声を日米両政府に届ける決意を示した。沖縄国際大学の渡久地朝明学長は「沖国大が築いてきた業績を無にする恐れのある事故だ。さらに米軍によって大学の自治が侵された」と米軍を厳しく批判し、普天間飛行場の即時撤去を求めた。

意見表明では、ヘリ事故が墜落事故現場になった沖縄国際大学の職員・学生、日々基地被害を受けている女性・高齢者・児童生徒などの市民が登壇した。その中から、事故当日現場にいた沖国大生の新膳裕治君と、同じく事故当日事故現場近くにいた中部商業高校の比嘉由梨恵さんの二人の発言には臨場感が感じられた。偶然にも、私は、事故当日のしかも事故の約半時間前に事故現場近くを通過するという経験をしていただけに、ピーンと伝わるものがあった。彼ら二人の若い青年の目で見て感じたという報告内容を記しておきたい。

新膳裕治君の話（沖縄国際大学二年）——

米軍ヘリが墜落したとき、私は大学構内にいた。構内では、ヘリ機の騒音で授業を中断するこ

とが多く、常識化していた。事故当日、米兵が現場を包囲し、統制した。現場は、まるで戦場であるかのように思えた。機体から炎と黒煙が上がり、軍服姿の米兵たちが炎上するヘリを囲んでいた。米兵らは、息苦しい黒煙の中で声を荒げていた。米軍ヘリが墜落し、日常生活がいとも簡単に踏みにじられたことに対し、怒りがこみ上げてくる。私たちは、事故の後も、事故の真相については何も知らされなかった。現状を放置してきた日本政府の責任が問われる。嫌なものはいや、できないものはできない、とはっきり言うべきである。日米政府に、事故原因の究明と真実の公表を願いたい。

比嘉由梨恵さんの話（中部商業高校二年）――

ヘリ墜落の瞬間、たまたま事故現場近くの書店にいた。そこからの帰路で、何かが起こっていることを知った。私たちの日常生活は、青い空のもとで営まれている。しかし、ヘリや飛行機などの飛行が多く、騒音で授業を中断することが多い。いつかは事故が起きるかもしれないと恐れていたが、遂にヘリ墜落が起こってしまった。部活動仲間の友人から聞いた話であるが、隣の民家に部品が落下しみんな恐怖に陥った、という。今回のヘリ事故は、一歩間違えば多くの学生や市民が犠牲になっていたかもしれないという出来事だけに、ぞっとした。墜落直後の現場を目の当たりにしたとき、身震いし、頭が真っ白になった。事故現場の様子をしばらく見ていたが、米兵等のあまりにも冷静さにびっくりした。米軍にいかなる理由があったにせよ、人々を恐怖に陥れたこの事故は決して許せない。戦後六〇年間も沖縄は基地を抱え重い負担を強いられている。

普天間基地を早く返してほしい。安全対策をとるといっても、一体、安全対策があるのか疑問である。辺野古に替わりの飛行場をつくることには反対である。それでは、基地のたらい回しになる。沖縄県民の一人として訴えたい、日本政府は、もっと沖縄の人の立場に立ち、沖縄だけではなく、日本全体の問題として深く考えてほしい。

3、SACO合意・地位協定見直しの要求へ

宜野湾市民大会で、最も注目された人物は伊波洋一宜野湾市長であった。そして、彼の発言の中で、大会参加者の心を最も強くとらえ、どよめくような大きな拍手を受けた場面は次の発言があったときである。

「最後に、稲嶺知事に言いたい。宜野湾市民の声をしっかり受け止めてほしい。過去の経緯にとらわれ、辺野古沖移設を前提にして普天間を見るのではなく、危険な普天間の現状を直視する勇気を持ってほしい」と、伊波洋一宜野湾市長は話を結んだ。

大会決議は、六項目を市民決議として採択した。そして、それは後日、米国大統領、在日米国大使、在日米軍司令官、在沖米四軍調整官、在沖米総領事、内閣総理大臣、外務大臣、防衛庁長官、防衛施設庁長官、外務省特名全権大使、那覇防衛施設局長、沖縄県知事らに届けられることになった。今日まで、この種の大会決議の宛先を詳細に見ることはなかったが、今回は注意深く点検してみた。やはり関係省庁などの多さにびっくりした。と同時に、沖縄の米軍基地返還につ

いては、沖縄県知事や日本政府・内閣総理大臣の存在や彼らの政治姿勢が問われていると思われた。不動とされてきた沖縄の米軍基地は、動かそうと思えば動かせる状況になってきた。しかし、沖縄県知事や日本の内閣総理大臣が動かそうと思えば動かせるであろうし、逆に素知らぬ振りをしたりあまり消極的であっては動かないであろう、という気持ちにもなった。ともあれ、大会決議の内容は次の通りであったが、その実現が望まれる。

【大会決議六項目】

①被害の徹底調査と事故原因を明らかにし、すべての被害に対する謝罪と完全補償を早急に実施すること。

②すべての米軍機の民間地上空での飛行を直ちに中止すること。

③ヘリ基地としての運用を中止すること。

④危険極まりない普天間飛行場を早期返還すること。

⑤ＳＡＣＯ合意を見直し、辺野古沖への移設を再考すること。

⑥日米地位協定を抜本的に見直しすること。

大会決議の前文から、印象に残った部分を抜き書きしておきたい。

「八月二十二日の静かな日曜日に次々とＣＨ53Ｄヘリを飛行させたことは、わたしたち宜野湾市民はもとより、沖縄県民に対する侮辱であり、挑戦と受け止めざるを得ない」「返還期限の七年がすでに経過し、今回のヘリ墜落事故は、その原点があらためて問われるものであり、日米両政府には今こそヘリ基地としての運用を直ちに中止させ、普天間飛行場の早期返還を実現するよう求める」「すでに普天間基地所属機五〇機のうち四〇機が同基地を離れていることが発表されており、残る十数機を早急にハワイ等に撤退するよう併せて強く求める」「八万八〇〇〇余の宜野湾市民は、尊い命と平穏なくらしを守るために、今回の米軍ヘリ事故とその後の対応に対し、怒りを持って抗議する」などが強調された。

大会はガンバロー三唱で締めることになり、普天間飛行場の早期返還の実現に向けた決意を誓い合った。その日、会場入口では、大会の模様を伝える沖縄タイムス、琉球新報のニュース速報も配布された。沖縄国際大学における米軍ヘリ事故の重大性を県民が共通に認識し、普天間基地返還の早期実現の必要性を肌で感じ合った一日であった。

二、普天間基地ゲートで宜野湾市民大会

1、今、命を守るために叫ぶとき

「米軍ヘリ墜落事故に抗議する県民集会」が、二〇〇四年八月二十一日午後六時半から、普天間飛行場第二ゲートで開催された。同集会は、実質上「普天間基地の即時閉鎖・無条件全面返還を

求める」もので、八月十三日の米軍ヘリ墜落事故から八日後に、沖縄平和運動センターと沖縄県内各地区労によって共催された緊急の抗議県民集会であった。土曜日の夕方の時間帯とはいえ、気温は三〇度を超える猛暑の中、労働者や一般市民、マスコミの取材班など大勢の人々が会場に駆けつけた。私は、沖縄国際大学の校門前校舎の焼け跡がいつまでも脳裏に焼きつき、抗議集会を早めに開催して沖縄県民は怒りを内外に表明すべきだと考えていた。私は、事故当日、事故直前にたまたま現場近くを通ったという経験をした。そして、翌日早朝、現場の状況を見て受けた衝撃は大きかった。だから、抗議集会が企画されたとき、何はさておいても会場に行こうと決めていた。この集会は、事故発生後、最初に持たれた抗議集会であった。

普天間飛行場第二ゲートは、バス路線「宜野湾・西原線」の真栄原交差点から約一キロ入った突き当たりにある。当日、「MCAS　FUTENMA　GATE　2」の看板を頭に掲げたゲートボックスの中には人影はなく、左右の金網の門戸は閉ざされ、基地内への出入りは遮断されていた。ただし、基地内には、約十名の米兵や警備員らが腰に拳銃を装着した姿でパトロールしていた。ゲートの左手前には佐真下公園があり、緑の木々や赤瓦屋根の展望台があり、その周辺には、夕涼みにやってきたと思われる近隣の老人たちが何組もいた。ゲート前から、右側に直角に折れて約一キロ進めば、そこはもう沖縄国際大学の米軍ヘリ墜落事故の現場である。普天間基地第二ゲートは、住宅密集地にある。大学構内への米軍ヘリ墜落事故に抗議し、飛行の全面禁止と基地の早期返還を訴える場所として最もふさわしい場所であった。集会への参加者は、一二一〇〇名と発表された。

広大な普天間基地の第二ゲートを封鎖し、米軍基地のフェンスを背にして陣取った大型ワゴン車の屋根がそのまま演壇に仕立てられた。スピーカーからは、順次に登壇する代表たちの訴えが、周りに響き渡った。主催者側の崎山嗣幸氏（平和センター議長）は「米国に追随し、県民が受けた惨劇を深刻に受け止めない日本政府に憤りを感じる」と述べた。主催者側のもう一人の代表として、松田寛氏（中部地区労議長）は、普天間基地の辺野古移設を推進しようとする稲嶺県知事に対し「世論は即時閉鎖にある。県民の命と暮らしを守る立場の人とは思えない」と批判した。印象に残ったのは、基地の県内移設に反対する県民会議共同代表の山内徳信氏（元沖縄県出納長・元読谷村長）のあいさつであった。山内氏は、「私たちは、那覇市の与儀公園、北中城の石平などでヤンキーゴーホームと叫んだ世代である。石川市宮森小学校での飛行機墜落事故、嘉手納町屋良でのB52墜落事故、読谷村でのパラシュート落下事故や『象のオリ』の契約切れ不法占拠など、許してはならないことが幾つもあった。しかし許している現実がある。ここは沖縄、沖縄の現実を許しているのは誰か。今は、命を守るために、怒り、叫ぶときだ」と述べた。その後、照屋寛徳氏（衆議院議員）、東門美津子氏（衆議院議員）、糸数慶子氏（参議院議員）らが連帯のあいさつに立った。なお、沖縄県選出の国会議員らが呼びかけ人となり、八月二十六日、国会内で集会をもつ計画があることが紹介され拍手を受けた。

2、基地全面撤去の訴え

伊波洋一宜野湾市長は「事故の直後、現場を見た。沖縄で起こった事故の中でも、住宅地で起こったという点では、最悪の事故だ。事故を経験した市民は、ヘリを恐怖なしに見ることはできない。二度と頭上をヘリが飛び交うことがあってはならぬ」と、語気を強めて訴えた。

大型バスをチャーターして一〇〇名以上が駆けつけたという金武町伊芸区の住民たちは、都市型訓練施設建設に反対する立場から、米軍ヘリ落下事故を金武町で危惧していることと同根の問題だとし、重視していた。池原政文氏（伊芸区実行委員）は「抗議行動は三か月も続いている。しかし、すでにヘリパッドはできている。住宅地から二五〇メートルの距離に訓練施設が建設された。とても危険な状況である。観光への悪いイメージにもつながっている」と危機感をつのらせ、連帯のあいさつをした。また、普天間基地の辺野古沖移設に反対し座り込み行動をすでに一二五日も続けてきた辺野古住民も集会に駆けつけ、辺野古の現状に対する怒りをあらわにしていた。安次富浩氏（ヘリ基地反対協代表）は「辺野古基地の建設には私たちの税金が使われる。稲嶺県知事は、この辺野古基地建設を容認している。基地被害の補償も日本政府が行う。なぜ、米軍基地の建設や被害の補償を日本がやるのか。日本政府や稲嶺知事の姿勢はまったく許せない」と主張し、連帯のあいさつを述べた。島田善次氏（普天間基地爆音訴訟団共同代表）は「差別に対し、もの言う民にならねばならない」と語った。さらに、桃原功氏（宜野湾市議）は「沖縄県民は基地拡大を望まぬ」と訴えた。漆谷克秀氏（沖国大教育労働組合委員長）は「一歩間違えば大惨事になりかねない事故であったという発言がある。このような事故の矮小化は許せない。ヘリ落下事故はまさに大惨事であった」と、事故現場となった大学構内の内部から告発した。

宜野湾市の女性グループ「かまどぅー小の会」の久場たつの氏に替わって、娘の久場あるいさん（嘉数中学校三年生）は「沖縄戦で死んだ人たちが『基地が危ない』と教えているような気がする」「みんなが声を上げれば基地はなくせる。私は基地のない沖縄を想像することができます」と、意見を述べた。また、特別ゲストとして登壇した海勢頭豊氏は「戦争はいかなる理由があっても許すことができない人殺しである」と最も厳しく糾弾した。海勢頭氏は、フォークソング歌手として広く知られている。米軍の実弾演習が何年も続けられていた金武町のブート岳や恩納村喜瀬武原を歌った『喜瀬武原』が披露された。また、当日、未発表の新曲『対馬丸哀歌』が初めてギター伴奏で歌われた。対馬丸遭難から六〇年の節目に当たる今年、遭難者を追悼し作曲された作品であった。対馬丸事故が起こったのは八月二十二日。集会の翌日、南風原文化センターで行われる「対馬丸追悼・平和憲法を愛するコンサート」で正式発表の予定であった。

県民集会は、午後九時頃閉会した。参加者たちは、プラカード、ゼッケン、旗、幟などを準備していた。群衆は、やがて、第二ゲートから沖縄国際大学の東側駐車場に至るまでの約一キロの道のりをデモ行進し、シュプレヒコールなどで気勢を上げた。私も、行動を最後まで一緒にした。伊波宜野湾市長が推進している普天間基地の閉鎖・全面返還への取り組みは沖縄県民を勇気づけるものであった。沖縄県知事や日本政府は事態の打開を講じてほしいものである。

三、那覇市でも抗議集会

1、県都那覇市で抗議集会

「普天間基地の即時閉鎖・辺野古移設反対県民大集会」が、二〇〇四年十月二日午後六時過ぎから、那覇市の与儀公園で行われた。米軍ヘリ墜落事故を起こした普天間飛行場の即時閉鎖と名護市辺野古沖への移設に怒りを表明し、事態の打開と進展を図ろうと「基地の県内移設に反対する県民会議」が主催し、その訴えに呼応した約三〇〇〇人の那覇市民や県民が参加した。

伊波洋一宜野湾市長は「稲嶺恵一知事は辺野古沖移設ではなく、いかに多くの基地をなくしていくかを主張すべきだ」「目指すのは新たな日米協議の中で米海兵隊の撤退、SACO合意を超える新たな合意だ」と訴え、聴衆の中から大きな拍手が湧いた。

主催者のあいさつに立った山内徳信共同代表は「リップサービスのつもりなのか、小泉純一郎首相がものを言い始めた。基地負担を軽減すると言うが、その中身は何か。知事や名護市長は首相に提言して訴えてほしい」と、声高に発言した。山内氏の発言には伏線がある。一つには前日、小泉純一郎首相が沖縄の米軍基地の本土移転について言及したからであり、二つ目には、米軍ヘリ事故直後に稲嶺沖縄県知事が上京した折、夏休みを理由に知事の面談要請を断り、長い間、事故について黙して語らなかった、といういきさつがあったからだ。米軍ヘリ墜落直後の非常時でありながら、われ関せずの体でアテネ・オリンピックのテレビ観戦や応援をし、映画・歌舞伎の鑑賞を続けるなど夏休みを満喫し一言の発言さえしなかった小泉首相に対し、沖縄県民はその冷淡な態度に怒っていたのだ。

集会の前日、小泉純一郎首相は東京での講演で、在日米軍の再編に絡み、沖縄の米軍基地の本土移転へ向けた候補地の調整を進めることを言明した。その中で、「沖縄県以外の都道府県のどこに持っていくか。政府は自治体に事前に相談し、その自治体がオーケーした場合には、米国と交渉できる」と語った。これより先、九月二十二日、日米首脳会談後のアメリカでの記者会見で、首相は「沖縄の米軍負担の軽減は、私の内閣の最大の課題だ」と述べていた。その後、第二次小泉内閣で入閣した町村信孝外相は、在日米軍再編問題について「ラムズフェルド米国防長官のイニシアチブで始まったという性格から、同長官の任期中の年内が一つの節目だ」「沖縄の過重負担の軽減も必要だ」と述べている。稲嶺恵一沖縄県知事は、首相発言に対し「沖縄だけの問題ではなく国全体の問題だと強く主張したことを受けた発言だと思う」として胸を張った、と報道された。果たして、小泉首相の発言がいかほどの重みを持つものなのか、期待しない訳ではないが前後の経緯から信頼がおけない。

このような小泉首相の発言の背景について、我部政明琉球大学教授（国際政治学）は「首脳会談でブッシュ米大統領に米軍の再編への協力を求められたはずだ。司令部移転や自衛隊との連携強化など、米側が求める再編を受け入れるために、沖縄の負担軽減とセットで国民を説得するのではないか」と指摘したという。江上能義早稲田大学院教授は「政治的には、普天間飛行場の名護市辺野古沖への移設で共同歩調を取る稲嶺知事に助け船を出す必要に迫られていた。県民の八一％が反対する辺野古沖移設を進める稲嶺県政と民意の相反が進んでいる。夏休みを理由に会わなかった小泉首相には、世論や自民党内からもプレッシャーがあった。ほとんどの県民は、基地や兵力の本土移転は望まず、米本土など国外への移転を希望している」と指摘したという。

2、米軍ヘリ墜落事故糾弾・基地撤去の訴え

第二次小泉内閣で、小池百合子氏が環境相・沖縄担当省に就任した。小池氏は、就任間もない時点での記者会見で、沖縄の米軍基地や普天間基地の辺野古沖移設に関連してＳＡＣＯ合意を着実に進めていくことは私に課された課題だ」「日米地位協定については、改定ではなく運用改善で機敏に対応していく」と述べた。

在日米軍基地の再編が、単に日米間においてだけではなく、米世界戦略構想の中で検討されていることが世界情勢の動きから読みとれる。しかし、沖縄の米軍基地は、沖縄県民が希望している形で整理縮小の方向に向かっているという実感はない。普天間飛行場を即時閉鎖し、完全撤去するのであれば、沖縄の基地は縮小されたことになる。しかし、その代替施設と称し、新たな米軍基地を建設するとなれば、それは米国主導の米軍再編に日本政府が全面協力を誓い、基地の再編を通し沖縄の基地を強化することにしかならない。名護市辺野古の海はジュゴンの生息地であり、基地建設が進めば取り返しのつかない環境破壊は目に見えており、生態系をも狂わせてしまう。そもそも、環境相とは、日本の国家全体の環境保護を至上命題にして職務を遂行しなければ

ならない。しかし皮肉なことには、その環境相が、いびつな対米従属関係の中で沖縄の米軍基地の永久固定化に手を貸し、環境破壊を続けながら戦争のための米軍事基地建設を推進する沖縄担当省を兼務するということになれば、この奇妙な構図は許し難いことであり、一大事である。

集会では、米軍ヘリ墜落事故を糾弾し、「稲嶺県政と日本政府は、これ以上沖縄を基地の島にさせないため、大胆な政策転換を行うべきだ」という主張が基調になった。発言者たちは、「基地の恐怖を肌で感じた」「これ以上の基地の押しつけは許されない」「県民の怒りは限界だ」などと語った。また会場内でも「沖縄は今でも植民地同然だ」「小泉首相の顔はブッシュに向いている、沖縄県民など念頭にはない」「地位協定を改定しない限り、沖縄の米軍基地での事故はなくならない」などの声が聞こえた。

ヘリ基地反対協や伊芸区の都市型戦闘訓練施設建設に反対する実行委員会の代表らが演壇に立ち、闘いの現場からの報告が行われると、聴衆の反応は怒りの声となり、連帯を表明する叫び声があちこちから聞こえた。会場周辺では、ヘリ事故への抗議と辺野古沖でのボーリング調査を阻止する運動に協力を求める署名やカンパなどの取り組みも行われていた。名護市辺野古、金武町伊芸区、沖縄国際大学、那覇市民、沖縄県民など各層の人々が演壇から訴え、聴衆の中からは怒りの声が上がった。安全な市民生活と平和を願う沖縄県民の意志が相次ぐ米軍事故や沖縄の米軍基地の実態を糾弾した。

集会決議として、①普天間基地の無条件全面返還や移設に向けたボーリング調査の即時中止②米軍ヘリ墜落事故原因究明③金武町のキャンプ・ハンセン演習場で進められている都市型戦闘訓練施設建設の即時中止など、五項目が採択された。なお、基地の県内移設に反対する県民会議の山内徳信氏、佐久川政一氏、中村文子氏ら共同代表は、後日、那覇防衛施設局を訪れて決議文を手交した。

抗議集会の閉会は七時半過ぎになったが、参加者は全員でガンバロー三唱し、気勢の衰えを見せなかった。その後、デモが行われた。会場となった与儀公園は決して広くはないが、三〇〇〇人余の人々が集い、しかも、その人々の多くは県庁前まで約三キロ余の道のりをデモ行進した。怒りのシュプレヒコールが、観光客で賑わう沖縄一の繁華街・国際通りの夜空に響いた。

四、大学関係者や市民が緊急シンポ

1、沖国大で大学人や市民が一堂に

沖縄国際大学への米軍ヘリ墜落事故について論議を深めようと、大学関係者と市民が連携した緊急シンポジウムが、二〇〇四年九月二〇日の公休日（敬老の日）、同大で開催された。沖縄国際大学・琉球大学・沖縄大学・沖縄キリスト教学院大学の教官や市民ら三〇〇人余が参加した。進行は、あいさつや事故経過説明、基調報告、意見発表、アピール文の採択などの順に行われた。会場は熱気と緊迫感が漂い、参加者たちの怒りに満ちた表情が重くるしい雰囲気をつくっていた。

大学自治と基本的人権の侵害に抗議し、日米地位協定の不平等性や国内法との矛盾などについて学習し、普天間飛行場の県内移設なき全面返還を要求するアピールを採択するなど、特殊な形態の緊急シンポジウムが企画・展開された。

同企画の主催は、「沖縄の大学関係者・市民による緊急シンポ実行委員会」と称し、急ごしらえの、可能な限りの連携を取り合ったという県内大学の教官たちが中心になった組織によるもので、代表・波平恒男氏（琉球大学）、実行委員長・照屋寛之氏（沖縄国際大学）が世話役を務めた。総合司会を島袋純氏（琉球大学）、基調報告者は①「大学自治」・西原森茂氏（沖縄国際大学）、②「地位協定」・高作正博氏（琉球大学）、③「米軍基地再編」・伊波洋一氏（宜野湾市長）が担当した。また、シンポジウムの司会を新城郁夫氏（琉球大学）、屋嘉比収氏（沖縄大学）が担当し、大学人や一般の人々約十名が意見発表を行った。

実行委員会は、シンポジウムへの参加呼びかけ文の中に、次のように記している。①米海兵隊CH53Dヘリコプターが沖縄国際大学に墜落し、事故から約一月が経過した。②事故発生当初に見たものは、大学本館の黒こげや外壁や一瞬に燃え尽くされた樹木、周辺へ落下した金属片による住宅や車両、建造物への広範囲に及ぶ被害であった。③事故現場は、戦場と見間違うほどの惨状であった。④この一ヶ月の間に、大学や市街地の上空を再び米軍ヘリが飛来するようになった。⑤こうした米軍の傍若無人な姿勢に対し強い怒りを覚える。⑥この沖縄の地に新たな惨状を招来させないためにも、危険極まりない普天間飛行場を長年放置してきた日米両政府に対し強い抗議を行う。⑦そのために、様々な観点から検証し、議論するために広く市民に開かれたシンポジウムを行う。

私は、新聞紙上でこの企画があることを知り、会場へ足を運んだが、そこで初めて「呼びかけ」を読み、心強く思った。大学内部で起こった事故に対し、沖縄国際大学だけではなく、真理を探求する「学術の府」としての大学の先生方が共通の課題として「米軍ヘリ墜落事故」に向かい合おうとしている姿に共感を覚えた。定刻前から人々が大勢集まり、集会の盛り上がりを予測させた。入口では、大学生やボランティアの協力で受付や会場案内が行われ、会場内ではいち早くやってきたメディアの人々が機器を移動させながら取材直前の慌ただしい動きを見せていた。

2、自治・人権侵害に抗議

主催者を代表して、波平恒男氏は、「大学関係者として何らかの対応をしたいと考えていた」「少子化による私大間の競争激化、国立大の独立行政法人化で、大学は批判精神という良き伝統を失い、社会への発言力が弱くなっている」「辺野古沖移設は論理的に破綻している。十六年かけて建設し、その間、普天間飛行場のヘリを県外に移設するという。それが可能ならば、なにも、十六年後に辺野古に戻ってくることはない」「普天間基地の即時運用停止、廃止の声をあげていくことが大事だ」とあいさつした。

経過報告の中で、照屋寛之氏は、次のように語った。

「私は、三〇数年前、B52墜落直後に現場に駆けつけた経験がある。冬の午前五時頃であったが、機体が赤々と燃え、嘉手納飛行場一帯はまるで真昼のようであった。当時、私は高校生であったが、あのときの衝撃が今でも忘れられない」「今回の米軍ヘリ墜落があった八月十三日、私は学内の研究室にいた。墜落した時刻は午後二時十八分であった。物凄い衝撃音にびっくりし、すぐ現場に駆けつけた。しかし、そのとき、そこにはすでに米兵たちが来ていた。米兵たちは事故発生を事前に予測し、塀を乗り越えて大学構内に侵入し、事故現場を包囲した。大学側に電話一本も寄越してない。こんな行為を許せるはずはない」「ヘリ墜落事故は、大学の自治の面からも許せない問題である」「事故の直後、事故対策本部が設置され、調査などが行われた」「事故現場に、墜落した事故機体がある間に訪れた政党はただ一党だけであった。事故直後に、現場に来てほしかった。時間が経ってからの現場調査は、それほど効果はなかったと思われる」「憲法改正の議論が盛んになってきた。しかし、現実に米軍基地に絡んだ事件や事故が発生している。日米地位協定の改定を切り離して、検討してほしい」などであった。そのあと、同氏は、ヘリ墜落事故の詳細について述べ、稲嶺県知事や日米両政府の姿勢などに言及し、厳しい口調の経過報告を行った。

基調報告は、三氏がそれぞれの立場から論を展開した。

西原森茂氏は、「大学の自治」のテーマに沿って、「市街地に隣接した普天間飛行場では日常的に住宅地上空を軍用機やヘリが飛んでいる。事故は、当然危惧されていた。基地の危険性に慣らされてきたこともあるが、その恐ろしさを再認識させられた。米軍ヘリの機体整備は、民間機の整備に比べ大ざっぱであり、戦争のための演習が日常的に行われている。これまで、米軍基地に対する直接的な提議や問いかけが弱かったことを反省させられた」「大学の役割は、自然や社会に対する問いかけや働きかけを行うところ、ということがある。大学の自治とは、自ら治めることである。これを考えるとき、何が、誰に対し、何を治めるか、が問われてくる。その仕組みを組織的に組み立て、大学内部および外部に対し、社会的な提案が長期的なスパンで展開されるようにすべきだ」と述べた。そして「大学人も基地に馴れすぎ、無関心だった。今回、事故を分析し、思想化、理論化して社会に提言することは大学人の使命だ」と訴えた。

3、日米地位協定と基地・米軍の関連に質疑集中

高作正博氏は、「日米地位協定上の諸問題」のテーマで、論を展開した。

まず最初に、同氏は、県警排除の根拠となった地位協定十七条十項、二十三条、地位協定に関する合意事項、日米合同委員会合意「刑事裁判管轄権に関する事項」などについて、紹介した。「違法性はあったのか」については、「緊急措置としての現場立ち入りまでは適法、それ以外は違法」としつつも、「日米地位協定の考え方・増補版」に記された観点から、抜け道があることが示された。すなわち、「施設・区域外の警察権は、米軍人らの逮捕等を含めてすべて日本人が行うのが当然である」としつつも、「この規定は、施設・区域外であっても米軍人の規律および維持のためには米軍人警察を用いた方が実際的である点を考慮しつつ…」とある。フィルムの押収行為についいては合意の枠すら超えて違法であるとした。また、地位協定二十三条では、日米間の

「協力」が謳われているが、内容面で外務省による問題のすり替えがあることを指摘した。

「検証不同意」については、その根拠が「航空危険行為処罰法」「地位協定十七条六項」「日米合同委員会合意・刑事裁判管轄権に関する事項」「刑事特別法」などが紹介された。この問題が「違法性はあったのか」については、地位協定違反だとした。「米軍の同意が必要か」については、地位協定上は不要であるが、国内法である「刑特法」で自己規制をかけているからその点で必要、とした。また、裁判で、基地司令官などの個人を直接訴えることも、民事訴訟法上は不可能である、と説明された。

その他、「飛行再開」と「日米地位協定三条三項の（施設の管理）」との関連、地位協定第六条など興味や関心のある問題点を抽出・指摘し、見解を述べた。今回の沖縄国際大学へのヘリ墜落事故に対する自治体の対応については①対応が積極的かつ迅速であった②地位協定に関する問題点を明かにした③両政府の対応を引き出した、と評価した。

私のような法律音痴の市民一般にも理解しやすいようなアプローチの仕方で日米地位協定をひもといてくれた。

伊波洋一宜野湾市長は、「米軍基地再編」のテーマで、普天間基地返還を実現していく命題に迫っていった。同氏は、まず最初に、去る九月十二日に開催された「米軍ヘリ墜落事故に抗議し糾弾する市民集会」に約三万余の人々が参集し成功を収めたことに対し、感謝の気持ちを述べた。そして、翌日上京し、関係省庁に積極的な対応を迫っていく予定であることを明らかにした。

伊波市長は、昨年四月に「五年以内の普天間基地返還」の実現を訴えて市長に当選し、就任以来一貫して、普天間飛行場の即時完全返還を求めて活動してきた内容を中心に語った。そのなかで、米政府の中に米軍基地再編計画が具体化しつつある状況を捉え、これに、自らが推進しつつある「米軍基地返還プログラム」を反映させるために、具体的に取り組んでいる内容や基地行政に対する基本的なスタンスなどについて述べた。特に、一九九五年の米兵による少女暴行事件後に締結されたSACO合意から七年経過しても返還されない普天間基地の実態に苛立ちを表明した。そして、当時の国際社会の情勢に比べ現在は大きく変化し、世界の米軍基地引き上げ・再編が進行しつつあるなかで、沖縄のみ軍事基地を新設するというのは考えられない、その声を沖縄から発し続けなければならない、と述べた。

4、意見表明に怒りが噴出

あらかじめ意見発表が予定されていた者や後で司会から指名された者は約十名いた。その発言内容をワンポイント描写してみたい。概略は、次の通りであった。

A氏（沖縄国際大学・男性）「日本政府は、我々の財産を守ってくれない。大学本館が事故で使えず支障をきたしている。事務室を駐車場に建設し、駐車場は基地の中に作ってほしい」

B氏（琉球大学・男性）「おかしいことはおかしいと言うことが大事だ。琉大職員会として、おかしいことはおかしいと米軍に抗議し、学長にも要請した。学問に携わるものとして訴えた」

C氏（沖縄大学・女性）「沖国大における米軍ヘリ墜落事故は、沖縄県民の基本的人権が問われる大きな問題だ。大学関係者としての対応が必要だと思っていた」

D氏（沖縄キリスト教学院大学・男性）「なぜ沖縄に米軍基地があるのか、米軍基地の実態が今度の事故で明らかになった。しかし、補助金のために基地容認の考えがある。沖縄は癒しの島とも言われる。補助金を欲しがるイヤシイ島になってはいないか」

E氏（辺野古基地建設反対運動者・女性）「一九九五年の暴行事件から九年間、活動を続けてきた。現在、辺野古海上沖に小舟を出したり、陸上・護岸で基地建設反対を訴え、抗議行動を行っている。ぜひ辺野古まで足を延ばしてほしい。本気を出して奮い立とう」

F氏（津田塾大学・女性）「社会問題に対し、沈黙と冷笑が支配している大学界に風穴を開ける取り組みをしたい。インターネットなどを利用して、日・韓・米の広範囲にわたって、九月二〇日現在、大学関係者など二一〇人の賛同を得て、連帯のあいさつを送ることにした。本日、私が、代表としてこの場に参加した」、と語り、連帯文を紹介した。

G氏（かまどぅー小の会・女性）「事故当日現場に行った。その事故の悲惨さに憤りを覚えた。その日のテレビは六時のニュースでこの事故を報道したが、軍事アナリスト・小川和久氏の『普天間基地が返還されてないのは沖縄の怠慢のせいだ』という発言を聞いて愕然とした。沖縄に基地の新設は認められない。かといって、沖縄に置いてはいけない軍事基地を他県に持っていって！とは言えないですよね」

H氏（沖縄大学・男性）「ジュゴン観察委員会として、辺野古の海で観察を続けている。絶対に、辺野古に基地を移設させてはならない。ジュゴン保護の観点から、米国で裁判闘争に入っている。辺野古の座り込み闘争に対し支援組織を立ち上げたい。皆さんの協力をお願いします」

I氏（建築家・男性）「辺野古沖への『移設』だとか『代替』という言葉の使い方は間違いだ。『設置』が正しい。なぜならば、一九九五年以前、米兵による少女暴行事件以前、SACO合意によって普天間の返還が決まる以前に、すでに辺野古への基地設置計画案が色々と練られていたからだ。沖縄に米軍基地の新設計画が進んでいたのだ。だまされてはいけない」

J氏（沖縄国際大学・男性）「沖国大のヘリ墜落で黒く焼け残った大学本館は保存すべきだ。とりあえず、現在の駐車場に本館と図書館を建て、駐車場は基地の中に『代替駐車場』を作るべきだ」

意見発表者たちの発言は、それぞれにユニークさがあり、訴えるものがあった。会場のすべての人々が、発言者一人一人の声に耳を澄ませて聞き入っている光景が長い時間続いた。

5、事故現場保存の訴え

フロアからも数多くの意見や質疑などが出された。日頃考えていることや思い、あるいは市民運動の実践の中からの訴えや不満、将来への展望など様々な内容が提議された。いずれの発言も聴衆をひきつけ、ともに考えていくための話題となって、討論を盛り上げた。

K氏（県会議員・男性）「トランスフォーメーションが伝えられている。日本の民族感情・国民意識を日米交渉に反映すべきだ。対米追従で、日本側の主張がない」

L氏（一般市民・男性）「沖縄は、今、植民地状態である。体を張って生きていかなければならない」

M氏（一般市民・男性）「沖縄の人のことをどの程度考えているのか。安保、地位協定の上に憲法はある。憲法で謳っている基本的人権、皆、なぜこれを主張しないのか。」

N氏（一般市民・男性）「ドイツの東ベルリンを見て後に、西ベルリンを見てきた。雄大で整然とした東に比べ、西はプレハブの感じがした。しかし、五〇〇年の歴史を誇る史跡などに価値を見いだした。歴史的な史跡として、沖国大の焼け跡はぜひ残してほしい。大学当局が、それが無理だという場合は、他で考えていく必要があるのではないか」

O氏（琉球大学・男性）「理路整然と話し合われていて心強く思う。事故現場の施設を残す場合、『トラウマの記憶』『共通の記憶』として残すことを考え、辺野古に移設して保存することを考えてはどうか」

P氏（建築家・男性）「沖国大の焼け跡は残しましょう。たとえ壊すとしても、普天間基地が撤去された後にしよう。立法員議会棟は、『米の負の遺産』は残さないという観点から壊された」

Q氏（琉球大学・男性）「沖縄の問題を発信し続けてほしい。いろんな観点から多くの人々が発信することが大事だと思う。ちなみに、私は、研究会の代表として『自治は住民を救えるか』というテーマでシンポジウムの開催を考えている」

R氏（一般市民・男性）「沖国大前でレストランを経営している。本土出身で琉大の卒業生、二十二年間大学前で暮らしている。いつかは事故が起こるに違いないと危機感をもっていたが、ついに、今回米軍ヘリが墜落した。アメリカの新聞、ニューヨーク・タイムズの広告紙面を買い取り、ホワイトハウスやニューヨークで沖国大での事故や沖縄の現状を訴えたい」

S氏（一般市民・男性）「大学人のこのような取り組みに感動した。事故発生に対する怒りや取り組みを一過性のものにせず、継続してほしい。基調報告で表明された『論理的に提議していく』という主張に心強く思った」

T氏（一般市民・男性）「今回の事故には歯がゆい思いをした。厚い壁があることも知った。無気力に陥らないで活躍している伊波宜野湾市長の存在がとても大きく見えた。大学人の取り組みも評価したい。しかし、若い学生の姿が少ないのは残念だ。若いのは聞いては育たない。先生方の行動を見て育つ」

U氏（沖縄国際大学・男性）「事故当日、大学構内の事務室にいた。シュレッダーに紙をかけていた。『灰色の金属』と『赤い炎』が目の前に現れ、誰かが『消防署に電話しろ』といった瞬間、大爆発が起こった。本当に大惨事であった。ご苦労なさっている伊波宜野湾市長にエールを送ります。明日、上京されるというが、米軍や日本政府のやり方は問題がある。ぜひ、日本政府に要請してほしい」

6、基地依存の発想—見直しどき

フロアからの意見はまだ続く。質疑も出る。これまでの意見とやや主旨を異にする内容の意見も出てきた。司会の話も加えて、これらの内容を記しておこう。

V氏（琉球大学・男性）「基地がなくなることへの恐怖感がある。基地があるから殺されるという恐怖より、基地がなくなることによって生活が成り立たなくなるのでは、という不安が強い。基地がなくても生きていけるビジョンを提示する必要があるのではないか」

W氏（一般市民・男性）「この場にも、意見や立場が違う人達が参加している。主張や立場の違いを超えて、普天間基地の撤去・辺野古沖移設反対の運動をどう構築していくのか」

X氏（一般市民・男性）「大学人は、なぜすべての基地を無くそうと言えないのか。日本の軍隊、日米安保を認めるのか。天皇制の存在を認めるのか」

Y氏（沖縄国際大学・男性）「基地の辺野古沖建設に反対である。辺野古沖に移設したら、今回のような事故発生はどうなるのか、シミュレーションを提示してほしい」

発言内容の範囲は次第に広がりを見せた。これに対し、司会は「普天間基地返還に伴う辺野古沖への基地建設は押しつけられたものであり、代替施設について、どうして沖縄県民が準備しなければならないのか」「普天間基地の撤去しかない、辺野古なしで基地を造らさない、今後絶えず声を上げることが重要だ」と、まとめに近い話をした。「フロアからの発言」には、特に印象に残るある二人の話があった。これを記しておこう。本土から訪れたある音楽家（男性）は、「音楽活動で沖縄に来た。読谷を訪ね、佐喜眞美術館、沖国大の事故現場、辺野古などを回った。特に、辺野古の海は美しいと感じた。これから、『海』を訴え続けていきたい」と述べた。また、平和運動に関わってきたある活動家は「基地や平和の問題が起こるとすぐに大学の先生の発言が新聞に出る。しかし、大学人は運動の現場に顔を出すことが少ない」と、大衆運動に対する大学人の関わり方の弱さを指摘する一幕もあった。

質疑応答は、日米地位協定や普天間基地返還と辺野古沖への基地建設に関する内容が多かった。特に伊波宜野湾市長へは激励を込めた熱いメッセージが送られ、今後の展望と取り組みに関心が向けられた。その中から、「基地に依存しないで沖縄はやっていけるのか」、という問いに対する伊波宜野湾市長の回答を記しておこう。伊波宜野湾市長は、概略、次のように述べた。

「沖縄県民の基地依存度はどんどん低下してきた。復帰の頃、基地労働者は約四万五〇〇〇人もいたが、現在は七〇〇〇～八〇〇〇人である。軍用地返還が決まった地主に対し、これまでの努力によって、返還後の土地代補償が一年間であったのを三年間に延長できた。基地内労働者は徐々に減ったが、基地の外での雇用は増えた。長寿県沖縄を見越した健康、観光に関連した産業が期待できる。基地に依存しなければやっていけないという発想は、今、見直すべき時期に来ている」

実際に調べてみると、復帰前一九六七年のピーク時で、基地労働者は最高約五万六〇〇〇人であったが、現在、七〇〇〇～八〇〇〇人の線で推移している。一九七二年までに七五〇〇人が解雇され、本土復帰に伴って約二万人が日本政府を雇用主とする間接雇用に移行した。一九七六年にかけて毎年三〇〇〇人近くの解雇が続き、七〇〇〇人代まで激減した。また、北谷町美浜、那覇市小禄金城町や同市新都心などは基地開放によって生まれた街であるが、幾つもの新しい企業が参入し、若者の起業家や新しい職業も登場している。基地だけに依存し、軍用地料にたよる基地経済の体質は不健全でありもう過去のものとみなければならない。

7、米軍ヘリ・シンポから日米首脳会談まで

シンポジウムはいよいよ終幕を迎えた。最後の仕事として、「沖国大米軍ヘリ墜落事故・緊急シンポジウムアピール」の採択が残っていた。高良鉄美氏（琉球大学）が、その主旨内容を説明し、満場一致で採択された。その後、西泉氏（沖縄大学）が閉会宣言を行った。一時半に開会した集会は、予定していた終了時刻を二度も延長した。緊張と興奮は延々と五時間以上も続いたが、ようやくピリオドがうたれ閉会したのは七時過ぎであった。とても有意義な、学びながら考えるシンポジウムであった。なお、採択されたアピールは、九月二十四日、実行委員会代表・波平恒男氏らによって県と県議会に提出された。アピールで付随して決議された要請事項をメモしておこう。

【要請事項】

①普天間基地の閉鎖と全面返還②軍用機や軍用ヘリの住宅街上空飛行の即時中止③ＳＡＣＯ合意の見直しと県内移設なき普天間基地の全面返還④地位協定の運用改善ではなく、地位協定の抜本的な見直し⑤事故原因の早期解明とその結果の速やかな公表⑥被害者や沖縄国際大学への日米両政府による謝罪および誠意ある賠償

九月十二日に開催された「米軍ヘリ墜落事故に抗議し糾弾する市民集会」には、約三万余の人々が参集した。その前後に集められた「普天間飛行場の早期返還、日米特別行動委員会合意による同飛行場の辺野古沖への移設反対」を表明する署名六万六三四二人分を携え、伊波洋一宜野湾市長は、シンポジウムの翌日、予定通り上京した。今回の行動は、宜野湾市民大会決議の手交を通し、関係省庁に積極的な対応を迫っていくことを目指していた。

それは、日本の国連安保理の常任理事国入りについて国連演説のため米国入りしている小泉純一郎首相の日程に合わせて、九月二十二日に行われる日米首脳会談で「普天間」が議題に上ることをねらった要請行動であった。伊波市長らは、内閣府と外務省、防衛庁および在日米軍司令部を訪ね要請した。伊波市長には、伊佐敏夫市議会議長、富川盛武沖縄国際大学産業情報学部長、富浜正子女性団体連絡協議会監事、仲村清宜野湾区自治会長らが同行した。しかし、行動にはハプニングが起こっていた。在日米軍司令部は市民大会決議を受け取らないと表明していたのだ。宜野湾市は在日米大使館を通し「要請行動を受けるよう」要請し、結果は、これが認められた形になった。全く許し難い出来事であった。この先の、日米首脳会談はどうなるのか。

結果を先に言うと、ニューヨークで、小泉純一郎首相は「沖縄をはじめとする地元負担の軽減を考慮すべきだ。沖縄県民が、ヘリコプター墜落事故もあり、不安に感じていることに留意しなければいけない」と発言し、ブッシュ米大統領も「より効率的な抑止力を達成し、地元負担の軽減に努力していきたい」と同意した、と報じられた。報道された内容に対し、伊波市長は「ヘリ事故と普天間は同義語。真っ先に基地負担軽減が必要なのは普天間だ。市が求めてきた米軍再編の中で普天間が解決に向け、きちんとテーブルにのった」と評価した。

沖縄県民は、在沖米軍基地の危険性とその負担過重について、日常的に訴え続けている。日米首脳会談で、「米軍の再編に絡み沖縄の負担軽減に努力することで合意した」との報道は、本来ならば朗報だと言える。しかし、諸手をあげて喜べない事情があった。

8、ニューヨークの小泉首相

米側には、米本国の陸軍第一軍団司令部をキャンプ座間（神奈川県）に移し、海軍の第七艦隊、空軍の横田、沖縄の海兵隊とあわせ在日米軍の司令部機能を充実させる構想が噂に上がっていた。小泉純一郎首相も、抑止力を維持し、負担軽減を考える、と語った。果たして、日本政府が実効性のある基地削減策を米国側に提示しうるのか、また、沖縄県民が期待している形で沖縄基地の問題が解決に向かうのか、米軍基地再編の説明としてはあまりにも不透明だった。

小泉純一郎首相は、九月二十二日、開催中であった第五九回国連総会出席の後、日米首脳会談を予定していた。ブッシュ大統領は、総会で演説し、「テロとの戦い」を強調し、世界に民主主義と自由主義経済を普及させていく基本戦略を表明したという。また、日米首脳会談では、「米軍再編問題に絡み抑止力を維持しつつ、沖縄を含む地元負担の軽減に努力することで合意した。米軍のヘリコプター墜落事故に対する沖縄の反発を踏まえ、大統領が一定の配慮を示した」（共同通信）と伝えられた。

日米首脳会談後、小泉純一郎首相は、同日行われたニューヨークでの記者会見に臨んだ。その中で、当時、話題の焦点になっていた「在日米軍再編」「国連安保理常任理事国入り」に関する会談の内容を明らかにした。会見要旨は次の通りであった。(沖縄タイムス、二〇〇四年九月二十二日)

在日米軍再編

「特に基地が集中している沖縄の米軍の負担をいかに軽減するかは私の内閣にとっても最大の課題だ。基地を移転される地元自治体は一様に自分たちのところは反対だと声を上げるのが通例だ。そういう点も含めて、日本国民全体で考えていかなければならない問題だ。日米間というよりも日本政府独自で国内での基地の編成をどうするか、日本国民が沖縄以外のどこで負担するかということについても考えなければいけない難しい問題だ。日米間で、在日米軍基地の負担軽減の問題と在日米軍が果たしている抑止力の観点を合わせて今後、緊密に連携、協議していこうということだ。今、具体的にどの地域はどの地域で補ってもらうというような話の段階ではない」

米軍は、翌二十三日、空母キティホーク率いる第五空母戦闘軍に加え、新たな空母戦闘軍を太平洋に配備する方針を表明した。既に、イージス艦など計十八隻が二〇〇六年までに配備される計画は決まっている。太平洋軍の主力は第七艦隊を指揮する海軍であるが、今度、空軍機能が強化されるとみられる。「テロの脅威」をにらんで、極東からイスラム原理主義の過激派組織が暗躍する中東に至る新たな拠点づくりを目指しているとされる。陸軍は、冷戦時代の「遺産」といわれる在韓陸軍が削減される。ワシントンにある陸軍第一軍団司令部を在日米軍司令部のある座間（神奈川県）に移転する計画はそのためである。米軍再編は、中東地域への軍事戦略のもとで、急進展を見せている。そうであるだけに、沖縄基地と米軍の中近東戦略、日米関係と自衛隊の海外派兵、日本の国連安保理常任理事国入りの問題など、沖縄の米軍基地の解決に当たって、様々なことが関連し合っている。

国連安保理常任理事国入り――

「結論から申し上げれば、現憲法のままでも可能だ。国際社会が非常に変化してきた。国連平和維持活動（ＰＫＯ）や自衛隊によるアフガニスタン、イラク支援はいずれも憲法の枠内だ。現在の憲法のままでも、日本は国際社会の中でかなりの役割を果たすことができるのではないか。今までの実績と、日本の平和と発展は世界の平和と安定の中にあるという強い考えに立てば、よその国のことだからほっておいてもいいという考え方はあまり良くないのではないか。日本がこういうことができる、こういうことをやるんだという発言権を国際社会の場に得ることが必要だということならば、安保理の議席を求めていくのが妥当ではないか」

小泉純一郎首相は、訪米中、組閣人事を考え続けていた。次期小泉内閣は、内政面での懸案事項を抱えていた。彼自ら「行財政改革の本丸」と称し強力に進めている郵政民営化などは大きな課題だ。九月二十二日、ニューヨークのホテルで、小泉首相は「ポスト小泉」をうかがう自民党派閥の有力者たちを「中二階」と表現し、改革への反対または非協力の勢力に牽制をかけた。相変わらずの刺激的な言動にはびっくりした。奇をてらう小泉首相の言動をメディアは「サプライズ」と称した。沖縄問題に関しては、蓄積された沖縄の過酷な現実と切実な要求がある。サプライズではなく、沖縄県民の歴史と現実を見て、沖縄問題の解決策を提示してほしいものである。

小泉首相は、帰国後の九月二十七日、内閣改造人事を発表し、第二次小泉内閣を発足させた。一方、ブッシュ米大統領は、十一月四日、対立候補のジョン・ケリー上院議員との激戦を制し再選を決めた。共和党ブッシュ候補の陣営は九・一一テロ以来の強硬路線の堅持と「強く安全な米国」を打ち出していた。これに対し、民主党のケリー候補は、混迷するイラク戦争の失敗を批判し、国際協調への転換を訴えた。国際世論がケリー支持に大きく傾いていた情勢の中で、選挙結果は、米国民の選択が大きく二分され亀裂が浮き彫りになった状況を反映していた。この再選に対し、小泉首相は「同盟の一層の強化」と「国際社会の課題に力を合わせる」と表明した。

五、普天間飛行場跡地の将来

1、普天間飛行場跡地利用を考える

県民フォーラム「みんなで考えよう普天間飛行場の跡地の将来」が、二〇〇四年十一月一日午後二時から五時頃まで、宜野湾市の沖縄コンベンションセンターで開催された。普天間飛行場の

跡地利用の基本方針に県民の声を反映させようと、沖縄県、宜野湾市などが主催したもので、会場には、地権者や一般市民、学生、国・県・市町村職員など約四〇〇人が出席した。企画されていた内容は二部構成になっていて、講師による基調報告とパネルディスカッションが予定されていた。

八月十三日に発生した沖縄国際大学における米軍ヘリの墜落・炎上事故を機に、普天間基地の返還に限らず、とりわけSACO最終報告で発表された基地返還に対する沖縄県民の関心は高い。

市街地の中心部に居座る普天間飛行場（2005年3月）

私は、米軍基地返還の早期実現と、返還後は、地権者を含め沖縄県民共有の財産であるという視点に立った跡地の有効利用を願っている。返還は早い方がいいに決まっている。しかし、北谷町で起こっているような、返還後に土壌汚染が発覚すると大問題だ。せっかく返還された土地が大量のドラム缶やPCBなどの廃棄物処理場のままでは困るし、また、那覇軍港のように長い年数手が付けられないようであっても困る。さらに、市民や県民に幸せや豊かさをもたらすマスタープランがほしい、とも思う。基地返還後の跡地利用の学習のために会場に向かった。

主催者側からあらかじめ配布された資料によると、次のようなことなどが記されている。

普天間飛行場については、平成十一年十二月に、「普天間飛行場の移設に関わる政府方針」が閣議決定され、沖縄県と宜野湾市は協力して、平成十七年度をメドに「普天間飛行場の跡地利用の基本方針」の作成とその具体化に向けた取り組みを開始した。基本方針の策定にあたっては、「基本方針策定審議会」へ、広域的な県全体の視点からの意見反映に努めるとしている。また、政府方針は、「沖縄振興特別措置法」（平成十四年四月）や「沖縄振興計画」（平成十四年七月）に反映され、跡地利用の方向や具体的な取り組みなどの枠組みが確立されている。平成十三年度から、地権者の意向調査をはじめ、自然環境・文化財・都市計画関連・中南部都市圏基本構想などの調査を実施し、計画づくりに必要な資料が整いつつある、と報告している。一方、宜野湾市でも、十月に、普天間飛行場の将来像を含む宜野湾市都市マスタープランを作成した。普天間飛行場は、宜野湾市のほぼ中央部に位置し、その面積は約四八一ヘクタールと広大である。この規模は、那覇市の天久新都心の二倍以上の面積である。普天間基地の存在が、宜野湾市のみならず、沖縄県中南部地域の経済・物流などの大きな阻害要因になっていることは、沖縄県民なら誰もが気づいていることである。とりわけ、宜野湾市が普天間基地の返還及び跡地利用に並々ならぬ情熱を注いでいることは当然のことと言えよう。

基調報告「普天間飛行場跡地利用のあり方」を担当した福島駿介氏は、「県民・市民が真剣になって、自らの問題としてとらえ、考えてほしい」と前置きし、「跡地利用計画づくりの視点とこれからの進め方」を中心に、話を展開した。福島氏は、琉球大学工学部教授。建築計画、建築史などの専門家。宜野湾市都市計画マスタープラン策定委員会委員長を歴任し、現在、沖縄県や宜野湾市等で構成する「普天間飛行場跡地利用基本方針検討委員会」の委員長を務めている。著書に『沖縄の石造文化』などがある。

2、返還予定地は先祖伝来の私有地

福島氏は、普天間飛行場跡地利用のための基本方針を二〇〇五年度中に策定する作業を進めていること、その中で検討されている課題、一般市民の対応姿勢などについて、いろいろ語った。「返還される土地は、元々、先祖から受け継がれた土地。米軍基地の跡地というより、先祖の代からあった土地。この財産を有効に生かすことは重要だ。米軍基地に接収されてから、かなりの年数が経った。住民の半数以上が戦後世代になった。皆さんは、当事者意識を持ち、跡地利用に参加してほしい。国は、十分な代替施設を準備した時、普天間基地を返還すると言っている。これは難しい問題である。しかし、みんなで取り組まなければならない。幸いに、沖縄は、他地域より人材が育っている。普通の街、安心・安全・活気ある街づくりを考えたいものだ。見た目にきれいな街というより、本当に安全で、歴史・文化が根づいて、家族の絆が保てるような『普通の街づくり』をめざしたい。最終的には、グローバルスタンダードを念頭に、国際的な視点で地域の特性を生かす工夫をしたい」

パネルディスカッションは、「普天間飛行場跡地の将来を考える」というテーマでもたれた。

パネリストは、花城清善氏（宜野湾市軍用土地等地主会長）、稲垣純一氏（宜野湾市振興計画審議会長。沖縄国際電子ビジネス専門学校校長。専門分野は情報通信・コミュニケーション企画）、岩佐吉郎氏（名桜大学教授。専門分野は観光計画）、備瀬ヒロ子氏（都市科学政策研究所代表取締役。沖縄県公共事業評価監視員。那覇市建築審査会委員。専攻分野は地域計画）、真野博司氏（産業立地研究所代表取締役。国土審議会専門委員。専門分野は産業政策）ら五氏であった。

花城清善氏は「普天間飛行場の地権者は約二八〇〇人。基地の九一％は民有地である。今まで、長い間、自分の土地でありながら使えなかった。地権者の意向としては、会員の半数以上が自分の住宅として使いたい、と言っている。基地の中には、伝統のあった集落跡もある。基地返還後の跡地利用にあたっては、地権者や市民の負担を最小限にすることが大前提である。国側は、新制度の創設や税制面などの新たな優遇措置を検討してほしい」などと訴えた。

稲垣純一氏は「普天間飛行場のような米軍基地は、終戦直後の土地接収によって、地権者の不本意で始まったものである。だから、跡地利用にあたっては、あくまでも地権者の意向を反映させなければならない。私は宜野湾市振興計画審議会の委員の一人としても関わってきた。大事なことは、現在の振興開発と連携して『選択と集中』、何を優先し何を重視するか、検討する必要がある。特色、機能、相乗効果などを考えた街づくりを考えたい。国連を含む国際機関を誘致してはどうだろうか」と提言した。

岩佐吉郎氏は「沖縄観光でリピーターが六〇％に達した。長期滞在型の旅行者も増え、沖縄に住みたいと考えている人も多い。そのとき、美しくて住みやすい街が要求される。しかし、現在、那覇新都心や埋め立て地などを見る限り、こんな状況にはない。総合的にみた街づくりがなされていない。普天間を西海岸全体の中で考えていく必要がある。住宅地としてのモデルづくりはできないか。跡地には、リゾートホテルやテーマパークの設置を望む声も多い。高質なコミュニティーと経済活動が連携した街、あるいはパークや学園が繋がった街など考えられる。誰もが住みたくなる住居空間をテーマに、徹底的に研究してみてはどうか」と述べた。

3、一〇〇年先を見据えた計画を

備瀬ヒロ子氏は「普通は、街づくりと言えば十年先、二〇年先を想定してプランを立てる。しかし、普天間の場合は、一〇〇年先を展望していく必要がある。スタートラインは、現状をよく見つめることだ。基地と戦争、過去と現在、自然と緑・地下水脈なども念頭に入れなければならない。二十一世紀の普天間の街づくりは、戦争体験を通した文化体験を発信していくことをコアにする必要がある。普天間を開かれた経済の場にして、沖縄の熱き思いを反映していくべきだ。一〇〇年先を見据えて環境共生のシンボルになる街をつくろう。そのため、技術の博覧会を今から宜野湾市で定期開催し、実験データを跡地利用に生かすべきだ」と述べた。

真野博司氏は、「パネリスト五名のうち、私だけが県外から、東京からやってきた。私は、以前、中城湾埋め立てや自由貿易地などを通して、沖縄県の産業開発の課題に関わってきた。産業の観点からは、その立地条件があり、産業活動が期待できる。宜野湾市周辺には琉球大学や沖縄国際大学などがある。那覇市周辺の大学や名護市の名桜大学などもあり、産学連携の体制が組める状況にある。情報の集積もできている。基地開放後の跡地は、失われた緑を取り戻すことが大事であり、これは公園に繋がる。幸いに、地下水脈もある。沖縄というと、紺碧の空、群青の海、というのがイメージにある。悠遊自適の快適さの中での長寿社会を想定し、失われた森の再生のための行政的な施策が必要だ」と、課題などについて述べた。

4、米軍基地返還は戦後処理のひとつ

パネルディスカッションは、二十一世紀を展望した街づくりの話題が豊富に語られ、夢と希望に満ちた雰囲気があった。会場の聴衆は、熱心に耳を傾け、共に考えているようであった。

普天間飛行場は沖縄本島のほぼ中央に位置し、その広さは四八一ヘクタールに及ぶ。その敷地の多くは私有地ではあるが、客観的には、当然、県民の共有財産である。施設内には、琉球石灰岩台地に特有の洞穴や地下水脈があり文化財が埋蔵されている可能性も高く、貴重な生物の生息地でもある。宜野湾市民をはじめ、沖縄県民が知恵を出し合って、このような環境を十分に生かした街づくりをしていかなければならないであろう。

フロアからは、パネリストに対する質問や意見が述べられた。その中に、次のような内容の話があり、質問に対しては回答があった。

「跡地利用を国策として取り組むよう、国に強く要請すべきだ」

「跡地利用は、地権者の声を生かすべきだ」

「世界平和に寄与する人材育成のため、国連大学を誘致してほしい」

「普天間市街地や普天間神宮を念頭に入れた街づくりを考えるべきだ」

「交通インフラは重要であり、モノレールの延長も考えてみてはどうか」

「住みたくなるような街づくりとは？ 検討委員会は、具体的にどう考えているのか」

「跡地利用に対する考え方は世代間の差もある、行政側はどう対処するのか」


宜野湾市と沖縄県は、これまでの取り組み状況を広く市民、県民に知ってもらうために、このほど、「普天間飛行場の跡地利用に関するレポート」（第一回）をまとめた。これを、十月十五日から約一か月間、中南部の市町村役場のロビーなどに置き、情報提供に努めているという。今後とも、文書やインターネットなどを通して資料提供や情報公開に努めていくべきであろう。この会場でも「県民意向調査」の取り組みがなされ、世論を掌握しようとする姿勢が伺えた。

このシンポジウムで特に珍しいと感じたことは、「総合的な学習」と称して、地元の宜野湾中学校の生徒たちが数人、普天間基地跡地利用の学習のために会場に来ていたことである。一〇〇年先を論ずるような街づくりは、近き将来、現在の青少年たちの手に委ねられていく。国民の選挙権が二〇歳から十八歳に引き下げられようという、世界的な動きもある時代だ。とても良いことだと思った。

もう一つ印象に残ったことがある。それは、パネリストの一人である稲垣氏の話についてである。彼は、十月初め、那覇市文化協会が主催したカンボジアへの文化交流に参加する機会があったというが、その時の感想として、「歴史の教訓」について次のように述べた。

「わずか二〇年前のことであるが、ポル・ポト政権は、カンボジア国民の四分に一に相当する約二〇〇万人の国民を虐殺し、国家は破壊された。そのカンボジアは、今復興しつつある。しかし、元には戻れない。沖縄の場合も同様だと思う。歴史は戻れない、進むしかない。今ある状態から、将来を見つめて、前に進むよりほかない」

日米両政府は、二〇〇五年三月二十一日に在日米軍再編問題をめぐる外務、防衛担当閣僚の日米安全保障委員会・沖縄分科会の開催を予定している。この稿を整理しているのは一月中旬であるが、今後、事態の急展開も予想される。委員会での検討内容は、北朝鮮や中国の動向をにらんだ「共通の戦略目標」の合意に加え、①米軍横田基地の軍民共用化・自衛隊との共同使用②米軍基地が集中する沖縄の負担軽減―などとされている。在沖米軍基地の整理・縮小を含め、当面の最大課題になっている普天間飛行場の代替地なき早期返還を実現してほしいものである。それのみならず、従来のSACO合意にこだわることなく、半世紀以上にも及ぶ沖縄県民の悲惨な体験と苦しみ―それは、戦争と軍事基地、基地から派生する公害や人権問題などに起因していることが多い―に最大限に配慮し、沖縄基地の早期返還が実現するよう切に願ってやまない。

あとがき

二〇〇四年は米大統領選におけるブッシュ大統領再選と小泉第二次内閣の組閣が実現した。この状況を背景に、日米同盟の一層の強化が打ち出された。イラク暫定自治政府の発足もあった。しかし、イラクにおけるテロは後を絶たず死傷者は増大し続けた。香田証生さんの殺害も凄惨な事件として記憶に残る。イラク大学の研究チームは、イラク戦争による死者はNPO発表の一万六〇〇〇人よりはるかに多い一〇万人超だと発表した。イラク戦争における米兵の戦死者も一〇〇〇人を超えた。また二〇〇三年三月の開戦以降、米兵としてイラクに派遣された兵士らの遺族となった子どもが、二〇〇五年三月十一日現在で一四一三人に達したと、米誌ニューズウィークは報じた。このような状況下で、自衛隊の多国籍軍への参加、イラク派遣一年延長が実行された。沖縄県では、普天間飛行場における米軍ヘリ機の墜落・炎上事故と事故同型機の再飛行、辺野古沖のボーリング調査再開、金武町伊芸区におけるゲリラを想定した米都市型訓練施設の建設などが強行された。また、スマトラ沖地震は死者が二〇万人余にも及ぶ未曾有の災害をもたらし、世界中の人々を恐怖に陥れ驚愕させた。日本国内では、新潟県地方を強襲した大型地震や四国・近畿などの西日本や沖縄を襲った度重なる強い台風被害も甚大であった。どういうわけだろうか、凶悪な殺人事件も多かった。二〇〇四年は戦争を頂点とする人災や天災が実に多い一年であった。二〇〇四年の世相を象徴する漢字が「災」に決まったという発表もあったが、国際社会や国内外の別を問わず、一日も早く平和で平穏な日常生活を取り戻したいものである。特に、イラク戦争後におけるイラクの復興と安全確保が、米国の単独行動によってではなく、国連機構やＮＧＯなどを中心に展開されるよう願ってやまない。また、スマトラなどの天災による被災地に対し、日本が人道的な復興支援のために積極的な貢献をしてほしいと思う。

沖縄、日本、そして世界の「戦争と平和」に関連する情勢は日々変化し、日常的な問い掛けを繰り返している。北朝鮮による拉致問題・未解決者十人の再調査で証拠写真や遺骨が偽物であったことや、中国の潜水艦が石垣島近海を潜行したことや尖閣列島問題の存在、パレスチナ自治政府のアラファト議長の死去、ウクライナ大統領選挙の不正投票・再選挙など、世界中の人々が関心を寄せた出来事が数多くあった。しかし、このような困難な問題の解決には、国連を媒介にした解決策が最善であり、そのために国際協調体制をいかに確立していくかが重要な課題だと思う。

今、憲法「改正」問題が政治日程に上がってきている。憲法「改正」の最大の焦点は、何と言っても、憲法第九条の是非にある。憲法第九条は、「交戦権の放棄」を謳っている。この「改正」は改悪だと思う。なぜなら、その最大のねらいが「戦争をしない国」から「戦争できる国」に変えるための憲法「改正」だからである。日米安保条約の極東条項の再定義や集団自衛権の行使などについての議論も行われている。有事法制のもとで現実に戦時体制に突入しかねないような事態に限りなく近づきつつあるような気がしてならない。そうであるだけに、憲法「改正」は慎重でなければならない。もう一つは、教育基本法の「改正」問題である。国民の基本的人権を踏みにじるような形で「国を愛する心」が押しつけられるならば、この「改正」も改悪だ。ともあれ、沖縄という小さな島に住みながら、日本国内や世界の大小の動きが見えてくるような気がしてならないことに、その不思議さと、怖さを感じる。

「憲法記念の日」の直前に起稿し、およそ半年後の「文化の日」の頃、原稿整理の目途がついた。一冊の本としての骨格が描けるようになって安堵の気分を味わった時は、もうすでに、街のあちこちにクリスマスツリーが見られるような年の瀬を迎えていた。

春夏秋冬……自然の四季の移ろいのように、人生も幼少期を経て青年期、壮年期、熟年期、老年期が訪れる。還暦と定年退職という人生の節目に立ち、何かやってみたい、と考えたのが「健康ウォーキング」と「見て歩きの記録」であった。沖縄戦から数えて、二〇〇五年で六〇年目を迎える。沖縄で、今、考えなければならないことの最大の課題は、「戦争と平和」についてだ、という思いがあった。思いつきから始めたことであったが、自分なりに意義を見いだし、仕事を進めることができた。実際に始めてみると、いろいろな困難なこともあったが、それを超える楽しさを味わうことができた。

ボーダーインク社の新城和博氏と喜納えりか氏には、編集から出版に至るまでの過程でいろいろと相談をもちかけ、懇切丁寧に援助、協力を頂き感謝を申し上げたい。

二〇〇五年三月十四日

岸本重夫

参考文献

『鉄の暴風』（沖縄タイムス社編）二〇〇一年
『沖縄県の歴史散歩』（沖縄歴史研究会編、山川出版社）二〇〇二年
『沖縄の決断』（大田昌秀著、朝日新聞社）二〇〇〇年
『有事法制は、怖い』（大田昌秀著、琉球新報社）二〇〇二年
『観光コースでない沖縄　戦跡／基地／産業／文化』（著者―新崎盛暉・大城将保・高嶺朝一・長元朝浩・山門健一・仲宗根将二・金城朝夫・安里英子・宮城晴美、高文研）二〇〇二年
『沖縄の旅・アブチラガマと轟の壕』（石原昌家著、集英社）二〇〇三年
『沖縄戦の記録　日本軍と戦争マラリア』（宮良作著、新日本出版社）二〇〇四年
『高等学校　琉球・沖縄史』（著作・発行―沖縄歴史教育研究会　新城俊明）一九九五年
『沖縄戦から何を学ぶか　戦争を知らない世代のための平和学習書』（沖縄県教育文化資料センター編集、沖縄時事出版）二〇〇二年
『沖縄旧海軍司令部壕の軌跡』（安里一夫編著、ニライ社）一九九七年
『私のひめゆり戦記』（宮良ルリ著、ニライ社）一九八六年
『ひめゆりの沖縄戦　少女は嵐のなかを生きた』（伊波園子著、岩波書店）一九九二年
『「安保」が人をひき殺す　日米地位協定―沖縄からの告発』（森口豁著、高文研）一九九六年
『民衆法廷の思想』（前田朗著、現代人文社）二〇〇三年
『沖縄を襲った米大艦隊　「10・10空襲」の実相に迫る』（久手堅憲俊著、あけぼの出版）二〇〇四年
『十・十空襲』（全二冊）（霜鳥美也子編集、十・十空襲を風化させない市民の集い実行委員会）二〇〇一年
『学童疎開船　対馬丸の悲劇』（マリア宮城・バートラフ著、サン印刷）二〇〇〇年
『島クトゥバで語る戦世　一〇〇人の記憶』（編集・発行―琉球弧を記録する会）二〇〇三年
『これが沖縄の米軍だ　基地の島に生きる人々』（写真―石川真生・國吉和夫、解説―長元朝浩、高文研）二〇〇〇年
『金十丸、奄美の英雄伝説　戦禍をくぐった疎開船の数奇な運命』（前橋松造著、南方新社）二〇〇四年
『風音』（目取真俊著、リトル・モア社）二〇〇四年

『平和通りと名付けられた街を歩いて　目取真俊初期短編集』（目取真俊著、影書房）二〇〇三年
『沖縄・海上ヘリ基地　拒否と誘致に揺れる街』（写真と文―石川真生、高文研）一九九八年
『豚と沖縄独立』（下嶋哲朗著、未来社）一九九八年
『沖縄の豚と山羊』（島袋正敏著、ひるぎ社）一九九二年
『移民から富豪に　ワシントン六〇年』（島庄寛著、月刊沖縄社）一九八五年
『アメリカの沖縄政策』（宮里政玄著、ニライ社）一九八六年
『アメリカは何故、沖縄を日本から切り離したか』（宮里政玄著、沖縄市）一九九九年
『イラクとアメリカ』（酒井啓子著、岩波書店）二〇〇二年
『ペシャワールにて　癩そしてアフガン難民』（中村哲著、石風社）二〇〇二年
『医は国境を越えて』（中村哲著、石風社）二〇〇三年
『囚われのイラク　混迷の「戦後復興」』（安田純平著、現代人文社）二〇〇四年
『戦争と平和』（高遠菜穂子著、講談社）二〇〇四年
『「話して考える」と「書いて考える」』（大江健三郎著、集英社）二〇〇四年
『新たな思想は創れるか　9・11と平和運動』（新崎盛暉著、凱風社）二〇〇四年
『平和祈念資料館問題特集　歴史の真実は歪めてはならない』（沖縄県歴史教育者協議会編）一九九九年
『改憲は必要か』（憲法再生フォーラム編、岩波書店）二〇〇四年
『「憲法九条」国民投票』（今井一著、集英社）二〇〇三年
『憲法九条を地球憲法に　11・17オーバービー博士憲法講演会報告集』（編集・発行―第九条の会・沖縄うまんちゅの会）二〇〇四年
『日本の軍隊　兵士たちの近代史』（吉田裕著、岩波書店）二〇〇二年
『自衛隊VS.北朝鮮』（半田滋著、新潮社）二〇〇三年
『南京事件』（笠原十九司著、岩波書店）一九九七年
『平成十六年版防衛白書　日本の防衛　防衛庁・自衛隊発足五〇年を迎えて』（防衛庁編、独立行政法人・国立印刷局発行）二〇〇四年
『学校で教えない教科書　面白いほどよくわかる自衛隊』（志方俊之監修、日本文芸社）二〇〇四年

『随論　日本人の精神』（小田実著、筑摩書房）二〇〇四年
『いのちの重さ伝えたい　沖縄戦1フィート運動と中村文子のあゆみ』（真鍋和子著、講談社）二〇〇四年
『グローバリゼーションの中の沖縄』（沖縄国際大学編）二〇〇四年
『ほんとの歴史を伝えたい　太田良博著作集②』（太田良博著、ボーダーインク）二〇〇四年
『さとうきび畑』（詩・文―寺島尚彦、写真・文―大塚勝久、他　小学館）二〇〇二年
『異文化接触と変容』（編集・発行―沖縄国際大学公開講座委員会）一九九九年
『沖縄学への道』（外間守善著、岩波書店）二〇〇二年
『「沖縄学」の父　伊波普猷』（著者―金城正篤・高良倉吉、清水書院）一九九四年
『沖縄移住地　ボリビアの大地とともに』（具志堅興貞著、照井裕編、沖縄タイムス社）一九九八年
『「沖縄独立」の系譜　琉球国を夢見た6人』（比嘉康文著、琉球新報社）二〇〇四年
『自治の挑戦―これからの地域と行政』（編集・発行―沖縄国際大学公開講座委員会）二〇〇三年
『沖縄経済学会設立二〇周年記念誌　沖縄経済の自立と新たなシステム』（沖縄経済学会）二〇〇三年
『しのび寄る破綻　市町村財政危機』（沖縄タイムス社編）二〇〇四年
『日本の統計　二〇〇四』（総務省統計局編集、独立行政法人・国立印刷局発行）二〇〇四年
『一〇〇の指標から見た沖縄県のすがた』（沖縄県企画開発部編集、沖縄県統計協会編集・発行）二〇〇四年
『市町村合併』（佐々木信夫著、ちくま書房）二〇〇三年
『検証　「沖縄問題」』（著者―百瀬恵夫・前泊博盛、東洋経済新報社）二〇〇二年
『告発　米軍ヘリ沖国大墜落・炎上事件』（編集・発行―沖国大米軍ヘリ墜落事故学生対策委員会）二〇〇四年
『沖縄大百科事典（上巻）』（沖縄タイムス社）一九八三年
『沖縄コンパクト事典』（琉球新報社編）二〇〇三年
『オキナワなんでも事典』（池澤夏樹編、新潮社）二〇〇三年
『週刊金曜日』（四九三号、五〇七号、五一七号、五一八号、五一九号、五二〇号、五二二号、五二四号、五二六号、五三一号、五三二号、五三三号）（二〇〇四年一月～十一月）
『沖縄タイムス』『琉球新報』『朝日新聞』『毎日新聞』『福井新聞』『日本経済新聞』

著者紹介

岸本重夫（きしもと・しげお）

1942年生まれ、沖縄県名護市出身。1961年、名護高校卒。1965年、琉球大学文理学部数学科卒。同年4月、高校教諭に採用され赴任、38年間勤務。その間、宮古高校、小禄高校、八重山農林高校、那覇高校、南部工業高校、八重山高校、豊見城南高校、糸満高校など歴任。2003年、定年退職。

JASRAC 出 0503829-501

もう戦争は、いや
戦跡、基地、平和、沖縄――見て歩きの記録

二〇〇五年四月二〇日　第一刷　発行

著者　岸本　重夫
発行者　宮城　正勝
発行所　(有)ボーダーインク
沖縄県那覇市与儀226―3
電話098―835―2777
ファクス098―835―2840
印刷　株式会社　近代美術

ISBN4-89982-084-4